U1008191

别输在不懂说话上

让你大受欢迎的说话技巧

武庆新◎编著

北京工业大学出版社

图书在版编目(CIP)数据

别输在不懂说话上：让你大受欢迎的说话技巧 / 武庆新编著. —北京：北京工业大学出版社，2012.6(2018.5重印)

ISBN 978-7-5639-3104-0

Ⅰ.①别… Ⅱ.①武… Ⅲ.①语言艺术—通俗读物
Ⅳ.①H019-49

中国版本图书馆 CIP 数据核字（2012）第 080412 号

别输在不懂说话上——让你大受欢迎的说话技巧

编　　著：武庆新
责任编辑：李周辉
封面设计：翼之扬设计
出版发行：北京工业大学出版社
（北京市朝阳区平乐园 100 号　100124）
010-67391722（传真）　bgdcbs@sina.com
出 版 人：郝　勇
经销单位：全国各地新华书店
承印单位：九洲财鑫印刷有限公司
开　　本：787mm×1092mm　1/16
印　　张：17.25
字　　数：258 千字
版　　次：2012 年 6 月第 1 版
印　　次：2018 年 3 月第 30 次印刷
标准书号：ISBN 978-7-5639-3104-0
定　　价：29.00 元

版权所有　翻印必究
（如发现印装质量问题，请寄本社发行部调换　010-67391106）

前　言

一位著名学者曾经说过："说话是最容易的事，也是最难的事。说它最容易，因为三岁的孩子也会说话；说它最难，因为最擅长辞令的外交家也有说错话的时候。"

人们天天都在说话，但并不见得个个都会说话。俗话说："两年胳膊三年腿，十年难磨一张嘴。"可见，学会说话比学其他技艺都难。有的人说起话来娓娓动听，让人浑身舒服，忍不住会同意他的说法；有的人说起话来像是一柄尖刀，专碰别人的短处和痛处；有的人说起话来，一开口就使人感觉到讨厌。言辞的力量比我们想象中要大得多。

著名的美国成功学大师戴尔·卡耐基曾说："当今社会，一个人的成功，仅仅有15%取决于技术知识，而其余的85%则取决于口才艺术。"由此可见会说话、好口才的重要性。拥有好口才，已经成为现代人成功的必备条件之一。

好口才更是一种取之不尽、用之不竭的财富。拥有好口才能使你充分地展示风采，能使你处处受到他人的欢迎和关爱，能使你的事业得到他人永久的支持，能使你在职场、商场和情场中永远抢占先机、超凡脱俗。

要想让自己不输在不懂说话上、话说得打动人心，就要做到在说话时能够"一语百步音，一言力万钧"，做到每一句都精妙有用，这是一种能力；不该说话时，要善于沉默、洗耳恭听。

在这本书里，笔者以“说话”为主题，详细介绍了在不同场合对不同对象的说话方法与技巧，讲述了打动人心的说话细节。相信读后会让你的言辞见识上升到一个新的层次，做到会话好说、大话小说、急话缓说、虚话实说，把僵硬的语言变得婉转，把黑白的语言变得灿烂，使你轻而易举地把话说到对方的心里。

目　录

上篇：不同的话用不同方式去说，恰如其分是最美

人情话：以不经意方式说出口才能直入心扉

顺情话：把利人的利益放于明处，将自己的实惠落在暗处

赞美话：真诚而充满智慧的赞美，一定能让人喜欢

批评话：给对方留足面子，别一棒子打死

委婉话：舌头是把软刀子，既能抚慰人也能伤人

余地话：留点容纳“意外”的空间，给自己留下转身的余地

目录

善意话：只要是善意的，谎言也美丽

肢体话：让身体张嘴说话，此时无声胜有声

倾听话：只有学会“听”，才能更好地“说”

中篇：到什么山唱什么歌，在什么场合说什么话

开场话：用恰当的话开启陌生的门，给他人留下美好印象

场面话：一句话可以成事，也可以败事

演讲话：用滴水不漏的语言唤起听众的热情

解难话：一定要说得高明，别把自己置于不利之地

说服话：精通对方的心理，找准切入点敲击“心铃”

拒绝话：留点面子，转个弯说“不”

低头话：智者善屈尊，愚人强伸头

下 篇：站在对方的角度找话题，对什么人说什么话

与朋友说话：与再好的朋友说话也要注意方式

与领导说话：管好自己的嘴巴，谨慎说话赢“芳心”

与下属说话：把话说到心窝里，让下属围着你转

与同事说话：同在屋檐下，说话须谨慎

与客户说话：勇于示弱，别跟“上帝”较劲

与爱人说话：爱的火花要用妥帖的语言来点燃

上　篇

不同的话用不同方式去说，恰如其分是最美

说话是有技巧的，正确使用说话技巧，可以让难以说出口的事情顺利解决，可以让微妙的关系转危为安，更会打动人心，提升你在周围人群中的地位。

人情话：以不经意方式说出口才能直入心扉

一句人情话能让听者笑逐颜开不是一件容易的事，但只要掌握技巧，选择恰当的时机、合适的人，把精心准备好的人情话以“不经意”的方式“随口”说出来，就一定能起到预期的效果。

细节1：察言观色，以“不经意”的方式“随口”说出

说好人情话需要把握两个要点：一是说之前要观察准确，二是人情话要以“不经意”的方式“随口”说出。

一句人情话能让听者笑逐颜开不是一件容易的事，这需要把握两个要点，一是说之前要观察准确，确保做到投其所好；二是这经过精心准备的人情话要以“不经意”的方式“随口”说出来，让对方不会产生被刻意讨好的不快。

美国著名的柯达公司创始人伊斯曼，捐出巨款在罗彻斯特建造一座音乐堂、一座纪念馆和一座戏院。为承接这批建筑物内的座椅，许多制造商展开了激烈的竞争。但是，找伊斯曼谈生意的商人无不乘兴而来、败兴而归，一无所获。

正是在这样的情况下，优美座位公司的经理亚当森前来会见伊斯曼，希望能够得到这笔价值9万美元的生意。

伊斯曼的秘书在引见亚当森前，就对亚当森说：“我知道您急于得到这批订货，但我现在可以告诉您，如果您占用了伊斯曼先生5分钟以

上的时间，您就完了。他是一个很严厉的大忙人，所以您进去后要快快地讲。”亚当森听后，微笑着点头称是。

亚当森被引进伊斯曼的办公室后，看见伊斯曼正埋头于桌上的一堆文件，于是静静地站在那里仔细地打量起这间办公室来。

过了一会儿，伊斯曼抬起头来，发现了亚当森，便问道：“先生有何见教?”

秘书把亚当森作了简单的介绍后，便退了出去。这时，亚当森没有谈生意，而是说：“伊斯曼先生，在等您的时候，我仔细地观察了您这间办公室。我本人长期从事室内的木工装修，但从来没见过装修得这么精致的办公室。”

伊斯曼回答说：“哎呀！您提醒了我差不多忘记了的事情。这间办公室是我亲自设计的，当初刚建好的时候，我喜欢极了。但是后来一忙，一连几个星期我都没有机会仔细欣赏一下这个房间。”

亚当森走到墙边，用手在木板上一摸，说：“我想这是英国橡木，是不是？意大利的橡木质地不是这样的。”

“是的，”伊斯曼高兴地站起身来回答说，“那是从英国进口的橡木，是我的一位研究室内橡木的朋友专程去英国为我订的货。”

伊斯曼心情极好，便带着亚当森仔细地参观起办公室来。他把办公室内所有的装饰一件件向亚当森作了介绍，从木质谈到比例，又从比例谈到颜色，从手艺谈到价格，然后又详细介绍了他设计的经过。此时，亚当森微笑着聆听，饶有兴致。

亚当森看到伊斯曼谈兴正浓，便好奇地询问起他的经历。伊斯曼便向他讲述了自己苦难的青少年时代的生活，母子俩如何在贫困中挣扎的情景，自己发明柯达相机的经过，以及自己打算为社会所做的巨额捐赠等。亚当森由衷地赞扬他的功德心。

本来秘书警告过亚当森，谈话不要超过 5 分钟。结果，亚当森和伊斯曼谈了一个小时又一个小时，一直谈到中午。

最后，伊斯曼对亚当森说：“上次我在日本买了几把椅子，打算由我自己把它们重新油好。您有兴趣看看我的油漆表演吗？这样吧，到我家里和我一起吃午饭，再看看我的手艺。”

午饭以后，伊斯曼动手把椅子一一漆好，并深感自豪。

直到亚当森告别的时候，两人都未谈及生意。

最后，亚当森不但得到了大批的订单，而且和伊斯曼结下了终生的友谊。

为什么伊斯曼把这笔大生意给了亚当森，而没给别人？如果他一进办公室就谈生意，十有八九要被赶出来。

亚当森成功的诀窍，就在于他了解谈判对象。他从伊斯曼的办公室入手，以几句人情话巧妙地赞扬了伊斯曼的成就，使伊斯曼的自尊心得到了极大的满足，把他视为知己。这笔生意当然非亚当森莫属了。

细节 2：选择恰当的时机、合适的人说人情话

俗话说："出门观天色，进门看脸色。"观天色，可推知阴晴雨雪。看脸色，便可知其情绪。学会察言观色，在恰当的时机，对合适的人说出该说的话是成功的说话办事之道。

古往今来，无论君子小人，无不爱听好话。有时，当事人十分懊恼或不快时，只要旁人说几句得体的人情话，便云开雾散了。一次，解缙与朱元璋在河边钓鱼，整整一个上午一无所获。朱元璋十分懊丧，便命解缙写诗记之。没钓到鱼已是够扫兴了，这诗怎么写？解缙不愧为才子，稍加思索，立刻信口念道："数尽纶丝入水中，金钩抛去永无踪。凡鱼不敢朝天子，万岁君王只钓龙。"朱元璋一听，龙颜大悦。

南朝宋文帝在天泉池钓鱼，垂钓半天没有任何收获，心中不免惆怅。王景见状便说："这实在是因为钓鱼人太清廉了，所以钓不着贪图诱饵的鱼。"一句话说得宋文帝拿起空杆高兴地回宫了。

俗话说："出门观天色，进门看脸色。"观天色，可推知阴晴雨雪，携带雨具以免受日晒雨淋。看脸色，便可知其情绪。面部表情的色彩不同，其情绪也不同。学会察言观色，实在是不可忽视的说话办事之道。

《三国演义》第七十二回，诸葛亮智取汉中，曹操收兵于斜谷界口驻扎。书中道：操屯兵日久，欲要进兵，又被马超拒守；欲收兵回，又恐被蜀军耻笑，心中犹豫不决。适庖官进鸡汤，操见碗中有鸡肋，因而有感于怀。正沉吟时，夏侯惇入帐，禀请夜间口号。操随口曰："鸡肋！鸡肋！"传令众官，都称"鸡肋"。行军主簿杨修，见传"鸡肋"二字，便教随行军士，各收拾行装，准备归程。有人报知，夏侯惇大惊，遂请杨修至帐中问曰："公何收拾行装?"修曰："以今夜号令，便知魏王不日将退兵归也：鸡肋者，食之无肉，弃之可惜。今进不能胜，退恐人笑，在此无益，不如早归；来日魏王必班师矣。故先收拾行装，免得临行慌乱。"夏侯惇曰："公真知魏国肺腑也。"遂亦收拾行装。于是寨中诸将，无不准备归计。当夜曹操心乱，不能稳睡，遂手提钢斧，绕寨私行。只见夏侯惇等寨内军士，各准备行装，曹操大惊，急回帐召夏侯惇问其故。曰："主簿杨德祖先知大王欲归之意。"操唤杨修问之，修以鸡肋之意对。操大怒曰："汝怎敢造言乱我军心！"喝刀斧手，推出斩之。

通观此事，实在不是曹操之过。一方面，杨修"恃才放旷"，屡屡犯曹操之忌；另一方面，打铁看火候，曹操进退无计，正是有气无处撒的时候，杨修出风头耍小聪明。到头来，难免聪明反被聪明误。

杨修因一句话丢了性命，是因为在不恰当的时机对不合适的人说了不该说的话。曹操犹疑不定、心里烦躁的时候，即使不能给他出主意，说两句人情话使其少安毋躁才算恰当。杨修不说应当说的人情虚话，偏要说犯忌的大实话，不倒霉才怪。

细节3：同学之间，人情话该说的时候要说

同学之间，平时一定要注意培养感情、联络感情，人情话该说的时候要说。只有平时经常联络，同学之情才不至于疏远，同学才会心甘情愿地帮助你。

同学关系是非常纯洁的，有可能发展为长久、牢固的友谊。因为在学生时代，人们年轻单纯、热情奔放，对人生对未来充满浪漫的理想，而这种理想往往是同学们共同追求的目标。曾几何时，彼此在一起热烈地争论和探讨，每个人的内心世界都袒露在别人面前。加之同学之间朝夕相处，彼此间对对方的性格、脾气、爱好、兴趣等等能够深入了解。

同学关系有时的确能在关键的时刻帮上自己一个大忙。但是值得注意的是，平时一定要注意和同学培养、联络感情，人情话该说的时候要递上，只有平时经常联络，同学之情才不至于疏远，同学才会心甘情愿地帮助你。如果你与同学分开之后从来没有联络过，你去托他办事时，一些比较重要的关乎他利益的事情，他就不会帮你。

与同学保持联系的方式和机会有很多。

1. 祝贺有喜事的同学

有空给远在异地的同学们打打电话，发个电子邮件，询问一下对方近来的工作、学习情况，介绍一下自己的情况，互相交流一下，这是很有必要的，这点时间绝不能节省。碰上同学的人生大事，如果有空最好亲自参加，如果实在脱不开身，也应该有所表示。否则，就会失去一个联络感情的绝好契机。

对方有困难的时候，更应加强联系，许多人总喜欢向同学宣传自己的喜事，而对一些困难却不好意思开口，应去掉这些顾虑。

2. 安慰陷入困境的同学

当听到同学家有人生病或遇上不幸的事，应该马上想办法去看看。平日尽管因工作忙、学习重没有很多时间来往，但朋友有困难时鼎力相助或打声招呼，才能显出你们之间的深厚情谊来。患难朋友才是真朋友，关键时刻拉人一把，别人会铭记在心。

3. 积极参加同学会

现代社会里，人们都已经充分认识到同学之间交往的重要性。为了大家经常保持联络、加深合作，在一些城市里，同学会已成为一种时髦。一年一小会，五年一中会，十年一大会，关系愈聚愈坚、愈聚愈紧，彼此互相关照，“一方有难，八方支援”。这正是中国所特有的人际关系，它说明了同学关系已跃入了一个更高的层次，不受时间、空间所限，只要有“聚”，那份关系、那份情意将取之不尽，用之不竭。

细节4：以人情话润滑同事之间的关系

要想避免或化解同事之间的矛盾，工作过程中要掌握说人情话的技巧，善于以人情话润滑同事之间的关系是个简便易行又有效的选择。

谁都希望有一个和谐的工作氛围，一天八小时，一周五个工作日，一个人很大一部分时间、精力是在工作环境中度过、消耗的。如果同事之间矛盾不断，整天别别扭扭，每天一踏上上班的路就想起与同事的不愉快，那么工作就成了一种负担和刑罚。要想避免这种状况的发生，掌握说人情话的技巧，善于以人情话润滑同事之间的关系是个简便易行又有效的选择。

一般人在初次上班与同事拉关系时，试图通过一些日常的人情话引发对方兴趣，但总是选择一些无关紧要的话题。例如最典型的话为：“今天天气不错啊！”“是啊，气温也不高，挺舒服的。”

这种公式化的对话根本算不上人情话，不能给新接触的同事留下深刻的印象。同样的，对方会觉得你没有什么特别之处。这样的交谈无异于浪费时间、浪费精力。

也许有人会认为，第一次与同事见面时讲话太冒昧是不懂得社交礼节，所以有所顾忌。其实大可不必考虑这么多。例如你可以很自然地这么说：“最近我和父亲相处不太好，可在昨天我们居然高高兴兴地谈了一个下午，误会完全解开了……”或者说：“这几天太热了，我干脆剃成光头，朋友们都认不出我了……”以自己的近况为题材是一种很好的开场白。

选择说话的内容要考虑工作场合及时间。只有针对性地发话，才能加深彼此的印象。

初次见面若想给同事留下深刻的印象，首先必须先消除彼此间的距离。某单位有一次邀请某位先生上台演讲，他用自嘲的语言一开始就消除了与观众间的心理距离。他说：“今天我第一次与各位见面，特意穿了一双漂亮的新皮鞋，因为挤公共汽车赶路的缘故，新皮鞋张了嘴，脚也起了泡……”

只有尽快地消除初次见面的陌生感，才能给新同事留下永不磨灭的印象。由于人们一天一半的时间都在工作场合度过，因此说话有时候会流于形式。如何引起新同事注意，就在于如何选择话题。聪明的你，何不运用创意制造奇迹呢？

在公司里，同事之间免不了互相帮帮忙，你对这种事情应当采取什么态度呢？平常，人们总说“助人为乐”，在办公室里怎样助人才能真正成为乐趣，并且被双方所接受呢？

只要是人，都会有善恶之分，但是在办公室里交朋友却不可以这样认为，最好是一视同仁地与他们打交道。

同事之间要能同甘共苦。“今天如果不加班的话，工作是怎样也赶不完的。”假如有一位同事一边看表，一边叹气地说这些话时，你也许会说：“唉！真是够辛苦的啦，要不要我来帮你忙啊。”若能对他这么说的话，那位加班同事的内心该会多么感激啊！今天我帮你的忙，明天也许变成你帮我忙了，这种情形在工作上也是经常发生的。

此外，不要在同事背后飞短流长。喜欢说别人是非的人，也许正表示了他本人多少还有点不成熟。这样的谈话虽然可以发泄心中的苦闷，然而经常这样说的人，有一天连听他说的人都会成为他批评的对象，慢慢地，大家都会对他敬而远之。

同事们在一起相处的时间久了，就会不可避免地产生矛盾，进而引发争执。争执并不可怕，可怕的是不知道如何处理争执。处理得好，能使一切矛盾消解，甚至能让双方因此得到进一步的沟通。而若处理不好，便会引发更多的问题。既然处理争执的问题如此重要，该如何着手呢？

1. 同事哭泣的时候

表示你的关切及协助的意愿，但不要阻止他哭泣，因为哭泣是缓解情绪的好方法。给他一些时间来恢复平静，不要急着化解或施加压力。

最后再问他哭泣的原因，如果他拒绝回答，也不必强求；若他说出不满或委屈，只要倾听、表示同情即可，千万不要贸然下断语或凭自己喜恶提供解决的方法。

2. 同事愤怒的时候

当同事愤怒的时候，你千万不能以同样的情绪对待，那会使争执进一步激化，但不能妥协。对自己的意见除了要坚持外，还可以向对方表示你希望双方能冷静地分析问题并解决问题。

待对方冷静下来之后，你可以询问他生气的原因，询问时一定要照顾到对方的情绪，不要说与此无关的废话。总之，一切都要建立在谅解和宽容的基础上。

3. 同事冷漠的时候

不要有任何臆测，你可以不经意似地问他：“怎么了？”如果他不理会，不妨以友善态度表示你想协助他。

如果他因感情或疾病等私人问题影响到工作情绪，建议他找人谈谈或休假。

4. 同事不合作的时候

切勿一味地指责对方或表示不满，最好找个时间两人好好谈谈。因为这个时候更需要的是体贴的人情话，若对方因工作繁多无法配合，则可再安排时间或找他人帮忙；但若是纯粹地不合作，则更需多花时间沟通，寻求问题的症结及解决办法。谨记：要充分利用人情话这一润滑剂，说不定还能因充分的沟通而化敌为友呢！

细节5：他乡遇老乡，乡音唤共鸣

要与一个久离家乡的老乡处好关系，有一种特有效的技巧就是：运用你的语言技巧与老乡谈起家乡的话题，以此来触动他的思乡情绪，达到共鸣。

搞好老乡关系是非常重要的，不仅可以多几个朋友，最重要的是可以获得许多有用的东西，也许会受益无穷。最起码，可以为你在有求于人时提供一条“跑关系”的线索。

当今社会，人口的流动性很大，许多人离开家乡到异地去求职谋生。身在陌生的环境里，拓展人际关系有一定的难度，那就不妨从同乡关系入手打开局面。

在外地的某一区域，能与众多同乡取得联系的最佳方式是加入同乡会。在同乡会中站稳了脚跟，与其他老乡关系处得不错，那就等于交结了一个关系网络。也许有一天，你就会发现这个关系网络的作用是多么巨大，不容半点忽视。

生活在现代社会中的人也不可忽视老乡的作用。罗某是个早年离开家乡出外闯荡的游子，现在成家立业，家庭生活美满。但美中不足的是，罗某一直为没回家乡而感到遗憾，哪怕在这里能碰上几个老乡也好，思乡之情可见一斑。

恰在这时，同在这个城市的另几位老乡深感有必要成立一个老乡会，定期聚会以加深感情，有什么事大家以后可多加照应。

罗某一接到邀请，毫不犹豫地积极筹划、联络老乡，把这个同乡会当成了自己的“家”，成为“家”中领导之一。

经过两年的时间，同乡会终于发展到了具有近500人的规模，罗某也等于多认识了近500人。这些老乡，各行各业都有，贫穷富贵兼容并包，用罗某自己的话来说：“我现在办什么事非常方便，只需一个电话或打声招呼，我的老乡都会为我帮忙，而我也可以帮老乡的忙。”

正是因为罗某充分认识到同乡会的重要性，他才会积极主动地去结交各式各样的老乡，才会有了这么大的一个关系网，这于己于人又何止是些许的方便呢？

所以，结交好老乡关系，对于帮助我们办事成功的作用不可低估。

既然中国人对老乡有特殊的感情，学会利用同乡关系便可以多几个朋友，更重要的是办事时能得到关照，万一自己在外面有了什么麻烦，也可以有“征讨”别人的资本。那么，该怎样利用老乡关系呢？人情话在这时又派上了用场。

1. 利用乡音作说人情话的契机

既然是老乡，必然有共同的特点存在于双方之间，其中很重要的一点就是“乡音”。

用家乡话作见面礼，可以说是独树一帜的，它不需要物质上的东西。在这里，有一点相当重要：那就是运用这种方法的场合，最好是在异乡。因为在异乡才会有恋乡情绪，才会“爱乡及人”，这时再来个“他乡遇老乡”，哪有不欣喜之理。对方离乡愈久、愈远，心中的那种思乡之情就愈沉、愈深。因此，越是这种情况，越要运用“乡音”这种技巧，你就会得到老乡所带给你的种种好处。

2. 利用乡产作为说人情话的契机

老乡与其他关系不同之处在于，老乡之间的关系是以地域为纽带的，有一份“圈子”内的情存在心上。

“乡产”也许是很普通的东西，本身并不贵重，但在“乡产”上所包含的情意却非“乡外人”能看出来、体会出来的，它会起到勾起人思乡之情的作用；然后，别人会在这种感情的支配下，对你这位老乡另眼相待、照顾有加。你再适时加上句“老家的东西，尝个新鲜”之类的人情话，效果更佳。

3. 利用乡情作为说人情话的契机

一个人无论是出自什么原因，离开家乡、离开生活的土地，也许开头并不感到有什么难过，但时间一久，在他乡碰到不习惯的生活习俗或遇到挫折，他就会感到家乡的亲切、美好。也许，这个时候，一个人才会深深地感到，自己在家乡有割不断、丢不掉的感情寄托，那是支持着游子出外去闯世界的精神依靠。

因此，在游子的记忆深处，有一块属于家乡的领地。也许，现实的生活会暂时把这块领地掩盖起来，而一旦触及到了这块领地，那一股思乡潮就会源源不断地涌出来，如闪电一般充满游子的大脑，触及记忆的神经。

如此看来，要与一个久离家乡的老乡处好关系，有一种特有效的技巧就是：运用你的语言技巧与老乡谈起家乡的话题，以此来触动他的思乡情绪，达到共鸣，从而使老乡之间的关系更进一层。

顺情话：把利人的利益放于明处，将自己的实惠落在暗处

说话办事不分家。人们说一个人会办事，同时意味着这个人会说话。尤其是意味着这个人会说卖乖话、捧场话……

会说话顺情的人总是把他人的利益放于明处，将自己的实惠落在暗处。这样，不但会达到自己的目的，而且还可以获得对方的人情。

细节 6：在特定的情形下，要学会去捧场

生活中，在很多特定的情形下，你必须要会去捧场。俗语说："花花轿子人抬人。"人捧人，越捧越高，你也高，他也高。

捧场并非完全局限于下级捧上级。求人办事、请客吃饭，要捧主客、主角，陪客、配角也不能忽视。可以说，生活之中，在很多特定的情形下，你必须要会去捧场。举几个例子供你研读、分析：

1. "爸爸真行"

有一则小品，说的是一个恩爱家庭的故事：有一天，妻子扎上围裙、围上头巾，准备打扫卫生，拿过吸尘器，发现吸尘器坏了。丈夫走过来，很自信地打开外壳，像是内行似地修理起来，孩子们围在一旁，引以为自豪的眼神中似乎是说："瞧，爸爸真棒。"

这时，细心的妻子无意中发现原来是电源插头的接线脱落了。她没有惊动聚精会神的丈夫和孩子们，而是悄悄地把线头接上，同时，丈夫的工程也告完成。他装上机壳，示意妻子插上电源。开关一按，吸尘器

修好了。妻子对孩子们说："爸爸真行!"可以清楚地看到，丈夫原本无把握的眼神，一下就变得得意了，好像在说："这点小毛病，绝对不在话下!"

这是一位体贴聪明的好妻子，她把荣誉让给了丈夫，使丈夫在孩子面前赚了面子。如果他还聪明的话，应该知道自己除了拆装外壳外，什么也没做，过后能从妻子那里得到真情，他就会因体会妻子的用心而感激她。

2. 保住婆婆这位上司的面子

古人乐羊子外出求学七年不归，家中贫穷，乐羊子的母亲偷了误入家中的邻家的鸡宰了吃。乐羊子的妻子却不下筷子一起吃，而且落了泪。婆婆问她为什么，她回答："自伤居贫，使食有它肉。"婆婆大惭，端着煮好的鸡肉去失主家认错赔礼。

"道是无情却有情，说话甘心又醒心。"乐妻没有当面指责婆婆，反而责怪自己不勤劳，以致家庭贫困。然而就在这当中，她达到了批评婆婆的目的。

3. 拍拍妯娌的马屁

有一对妯娌平素相处较好，一天，大儿媳告诉小儿媳说婆婆不愿替她带孩子，心里有些想不通。然而，妯娌间谈论时正好被隔窗而过的婆婆听见。翌日，婆婆便在大儿媳面前有所表示。面对婆婆的脸色，大儿媳误以为是小儿媳到婆婆面前挑拨滋事，遂对小儿媳指桑骂槐。此时，小儿媳虽然肚里怄了一股恶气，但她强忍委屈，一直不露声色，直到大儿媳骂累为止。第三天，婆婆来到小儿媳家门前，被大儿媳窥见。于是，大儿媳便竖耳偷听婆婆跟小儿媳的对话。小儿媳知道大儿媳在隔壁家中，遂故意提高声音问婆婆："妈，你说嫂子在议论你不肯替她带孩子，你是怎么知道的，是谁告诉你的?"婆婆回答："前天，她在外面跟你说话时，我正好路过你们家窗前，是我自己在窗外听见的。"小儿媳又说："妈，你不必为嫂子的这句话生气。其实，嫂子也够苦的了。大哥在外做生意，她一人忙里又忙外，实在太累，你还是替她带孩子吧。"在小儿媳的恳求下，婆婆答应了。至此，小儿媳不仅消除了大儿媳对自己的误会，使妯娌关系和好如初，而且，还调停好了婆婆与大儿媳的关系，可谓一箭双雕。

4. 应付好有来头的人

有的求人者来头很大，如果直来直去地拒绝，会使他感到丢面子，日后可能会找你的麻烦。以攻为守就是拒绝这些人的一个良策。个体户陈某听说工商局长的儿子要向他借一大笔钱。他知道这钱如果出手，就有可能是肉包子打狗——有去无回，但又不想得罪这位公子。于是他灵机一动，在工商局长的儿子刚一进家门时，就立刻说："你来得正好，我正想找你去呢。这两天可把我急坏了，有一批货非常便宜，可人家非得要求一口吞，我怎么也凑不齐这笔资金，正想找你借几万呢。"对方一听这话，懊悔自己到和尚庙借梳子——走错门了，赶紧搪塞几句，一走了之。

5. 不要当着孩子伤老师的面子

批评老师当然可以，但不要当着孩子的面。如果家长当着孩子说出带有批评意味的话，孩子便会无批判地接受，认为"老师不会教"。一旦孩子瞧不起老师，也就不会听老师的话，那么教与被教的关系便破坏了。为了孩子着想，当着孩子批评老师可说是有百害而无一利。

"捧"字好像有些不顺眼，其实"捧"就是让，就是会说卖乖话。从另一角度讲，"捧"就是宣传，就是做广告，做广告是商人的"捧"。"捧"别人的办法自古有之，叫做互相标榜。俗语说："花花轿子人抬人。"人捧人，越捧越高；你也高，他也高，这不是人己两利的事吗？

细节7：得理也不要气壮，让人一步不为低

为人不可太固执，你要学会得理也让人，理直气不壮。如果是占理，让人一步不为低，人们最终会承认你的正确，并佩服你的宽宏大量。

人们常说"有理走遍天下，无理寸步难行。"这句话本来是真理，但是真理向前迈一步就成了谬误。有些人曲解了这句话，好像得理就一定

要走遍天下，就一定要气壮，就一定不要让人，甚至可以无所顾忌。其实，理直可以气壮也可以气和。你不能得理不让人，而应该得理也要让三分。在得势的情况下饶人，矛盾会立刻缓和。所以说，缓和地说话是处理人际关系的一剂良药。

下面介绍些适时退让的方法，请诸位切记，常常使用：

1. 给台阶，“你好我好大家好”

生活中常有一些人特别固执己见，容易为些小事情同别人争论，而且说话火药味浓烈。这时候，得理的一方应当有饶人的雅量，可以一面解释一面折中调和，最好使用不带刺激性的“各打五十大板”或“你好我好”的语言形式，以避免冲突的扩大。有一位先生上岳父家吃饭。进餐时，翁婿两人聊起了一条高速公路的修建问题。那先生强调：公路的进度一再推迟，是有关方面的一个严重错误；而岳父则不同意，认为公路本来就不该兴建。两人你一言我一语，争论渐趋激烈。后来那位泰山大人把问题扯到“年轻人自私心重，没有环保意识”上面，这显然是在批评他的女婿。那位先生怕再争下去伤和气，便开始缓和下来，婉转地说：“可能我们的看法永远也不会合辙。可是，那没有什么，也许我们都是对的，也许我们都是错的，这也是不可知的事。”那位先生的一席话，不仅给自己搭了台阶，也给争论双方打了圆场，避免了双方争论不休、矛盾扩大、影响感情。试想，如果那位先生意气用事地与岳父争论下去，结果会如何呢？很可能不欢而散。

2. 熄怒火，“事情原来如此这般”

不少时候，人和人之间的相互发火，是由于互不了解、有失沟通造成的。这时候，得理的一方切不可因对方的错怪而以怒制怒。最好的方式是多加解释，想办法沟通或者道歉、劝慰，与对方达成谅解或共识。一所医院里，病人挤满了候诊室。一个病人排在队伍中，将手上的报纸都看完了也没有挪动一步，于是他怒火万丈，敲着值班室的窗户对值班人员大喊：“你们这是什么医院，这么多人排队你们看不见吗？为什么不想办法解决？我下午还有急事呢！”值班员面对病人的怒火，耐心解释说：“很抱歉，让你等这么久。是这样的，医生去开刀了，抢救一个危重病人，一时脱不开身。我再打电话问问，看看他还要多久才能出来。

谢谢你的耐心等候。”患者排大队得不到及时诊治，责任并不在那个值班员身上，但是面对病人的错怪，他却沉住气一面解释、一面劝慰，这就比以怒制怒、火上添油的回答好多了。

3. 对蛮横，“这一切都怪我”

面对蛮横无理者，得理者若只用以恶制恶的方式，常常会大上其当。这时候，平息风波的较好方式，莫过于得理者勇敢地站出来主动承担责任，以自责的方式对抗恶人的恶语，以柔克刚。有一个商场营业员遇到一个中年男子来退一个电饭锅。那锅已经用得半新半旧了，他却粗声粗气地说：“我用了一个多月就坏了，这是什么货？你再给我换一个！”营业员耐心解释，他却大吼大嚷，并满口脏话说：“我来了你就得给退，光卖不退算什么！”营业员虽然占理，但为了不使争吵继续下去，便温和地对他说：“这个电饭锅已经用一段时间了，又没有质量问题，按规定是不能退的。可是你执意要退，那就干脆卖给我好了。”就在她掏钱的时候，那个粗暴的男顾客脸红了，停止了争吵，悄然离去。显然，营业员的宽容与自责方式起了良好作用。因为它反衬出对方的无理和拙劣，从而从容地制止了事态的扩大。

4. 止争吵，“算了，我只是想提醒你”

一位丈夫彻夜未归，次日才幽灵般地回到家中，妻子埋怨了几句，两人便你一言我一语地干起仗来。忽然，妻子说：“算了，没什么了不起，男人晚上不回家都成时髦了——我唯一要提醒你的是：熟悉的地方还是有风景的！”那妻子虽然占理，却没有去“痛打落水狗”，只是调侃了几句，便使一场冲突体面地结束了。

5. 破僵局，实现夫妻“邦交”正常化

冷战中的夫妻，如果一个是“室内型”的人，一个是“室外型”的人，那情况还好些，一个在外面游荡，一个在家中干自己的事；如果两人都是“室外型”性格，那这小家庭就有了三分动荡与七分危险；如果两人都属“室内型”，那日子过得无疑是十分别扭。就大多数夫妻而言，双方谁也不愿在冷战中打持久战，关键的问题是双方谁先主动来打破冷战的僵局。一般说来，大都是男方先来点高姿态，也有女方主动示弱服软的。不管哪一方，只要你不想让夫妻间的冷战威胁这个家庭，只要你有心想迅速结束冷战状态，实现夫妻“邦交”正常化，你就应该乖乖地学学下面的几招：

(1) 不把话说得太绝，为对方留有余地。

(2) 请朋友做客或约对方看电影，借机搭话。

(3) 热脸贴冷屁股，向对方大献“殷勤”。

(4) 打个电话，找个借口说说话，可减少尴尬。

(5) 求对方帮个小忙，打破坚冰。

(6) 佯装生病或不舒服，让对方来关心。

总之，打破僵局的方法很多，夫妻之怨宜解不宜结。其中根本的一点是：任何情况下都不要有给对方颜色看、惩罚对方、让对方低头认罪的不良心态。有话说话，有理讲理，宁要争吵也不要冷战，这是许多和谐夫妻总结出的一条老经验。一旦处于冷战，却无人主动来给你们调解，那就要靠两位“系铃人”来努力解开沉默无言这个“铃”了。

总而言之，为人不要太固执。如果是占理，让人一步不为低，人们最终会承认你的正确，并称道你的宽宏大量。

细节 8：站在对方的角度说好体贴话

体贴的至上功夫莫过于此：在自己获得利益的同时，为他人着想，使他人也获得实实在在的利益，从而达到双赢。

美国励志大王卡耐基的一次经历，可以作为卖乖的典范。他是这样讲述自己请求一家旅馆经理打消增加租金的念头的：

“我每季均要在纽约的某家大旅馆租用大礼堂 20 个晚上，用以讲授社交训练课程。

“有一季度，我刚开始授课时，忽然接到通知，旅馆经理要我付比原来多三倍的租金。而这个消息到来以前，入场券已经印好，而且早已发出去了，其他准备开课的事宜都已办妥。怎样才能交涉成功呢？两天以后，我去找经理。

“我对他说：‘我接到你的通知时有点震惊。不过这不怪你。假如我处在你的地位，或许也会写出同样的通知。你是这家旅馆的经理，你的责任是让旅馆尽可能地多赢利。不这么做的话，你的经理职位难以保住，也不应该保得住。假如你坚持要增加租金，那么让我们来计算一下，这样对你有利还是不利。

“‘先讲有利的一面。大礼堂不出租给讲课的人而是出租给办舞会、晚会的人，那你可以获大利了。因为举行这类活动的时间不长，他们能一次付出很高的租金，比我付的租金当然要多得多。租给我，显然你吃大亏了。

“‘现在来考虑一下不利的一面。首先，你增加我的租金，却是降低了收入。因为实际上你把我撵跑了。由于我付不起你所要的租金，我势必再找别的地方举办训练班。

“‘还有一件对你不利的事实。这个训练班将吸引成千的有文化、受过教育的中上层管理人员到你的旅馆来听课，对你来说，这难道不是起了不花钱的广告作用吗？事实上，假如你花 5000 元钱在报纸上登广告，也不可能邀请这么多人亲自到你的旅馆来参观，可我的训练班给你邀请来了。这难道不合算吗？’讲完后，我告辞了。‘请仔细考虑后再答复我。’当然，最后经理让步了。

“这里我要提醒你注意，我获得成功的过程中，没有谈到一句关于我想要什么的话，我是站在他的角度想问题的。”

把他人的利益放于明处，将自己的实惠落在暗处，不但会达到自己的目的，而且可以获得对方的人情。卖乖——会说卖乖话的确是最为精明的操纵之术。

赞美话：真诚而充满智慧的赞美，一定能让人喜欢

真诚而又充满智慧的赞美，一定能让别人喜欢你、相信你，进而信服你，心甘情愿地帮助你。深通此法的谈话高手，无不使用赞美这一招，他们往往能说到对方的心里去，而且不留痕迹。

细节 9：赞美不是阿谀奉承，要讲究技巧

爱听溢美之词是人的天性，虚荣是人性的弱点。人人都需要赞美，需要别人的肯定，抓住了这个心理，就抓住了交际成功的关键。

语言是人与人之间沟通的最好工具，赞美的语言更是人际关系和谐不可或缺的润滑剂。在现实社会里，会说赞美话的人肯定比较吃香，办事情也更加顺利。当一个人听到别人的赞美时，心里总是非常高兴，脸上堆满笑容，口里连说："哪里，我没那么好，你真会讲话！"事实上，被赞美者明知对方所讲的可能是恭维话，却还是没法抹去心中的那份喜悦。因为，爱听溢美之词是人的天性，虚荣是人的弱点。当听到他人的吹捧和赞扬时，心中会产生一种莫大的优越感和满足感，自然也就会高高兴兴地听取对方的建议了。

霍尔·凯因出生在一个非常贫困的家庭，父亲是个铁匠。因为家庭环境十分清苦，霍尔·凯因只读了八年书就辍学了，开始在外面打工为生。但是，霍尔·凯因从小就很喜欢十四行诗和民谣，非常崇拜英国诗人罗塞蒂的文学与艺术修养。

有一次，鉴于对罗塞蒂的文学与艺术修养的推崇，霍尔·凯因给罗塞蒂写了一封信。霍尔·凯因在信中高度赞美了罗塞蒂在艺术上作出的贡献，并表示自己十分崇拜罗塞蒂。

接到信以后，罗塞蒂非常高兴，立刻对从未谋面的霍尔·凯因产生了好感。罗塞蒂心想：如此赞美我的人，一定是能读懂我的诗的人，那么他也一定是个很有才华的人。没过多久，罗塞蒂就请霍尔·凯因来伦敦给自己做秘书。

给自己十分崇拜的人当秘书，这是霍尔·凯因万万没有想到的。从此，霍尔·凯因的一生发生了转变。就任罗塞蒂的秘书以后，霍尔·凯因有很多机会和当时的知名文学家往来。在这种情况下，霍尔·凯因得到了很多文学家的指点和鼓励，再加上自己不断的努力，没过几年，霍尔·凯因便开始在文学圈内崭露头角。

后来，在罗塞蒂的帮助和自己的努力下，霍尔·凯因终于获得了成功。如今，霍尔·凯因在曼岛的私人宅邸，已成为来自世界各地观光者必瞻的名胜之一。

引导霍尔·凯因走向成功之路的只不过是他对别人的一次赞美。如果当初他未曾写信给罗塞蒂，说不定只能穷途潦倒地走完一生了。

可见，赞美的力量是巨大的。赞美作为一种交际行为和手段，它的作用在于：激励人们不断进步，能对人的一生产生深刻的影响，促进人与人之间的感情。威廉·詹姆斯说过：人性的根源有一股被人肯定、称赞的强烈愿望，这是人和动物的最大不同点。谁不想被身边的人称赞，谁不希望别人肯定自己存在的重要性与价值？但是，十分露骨的奉承话，没人愿意听；而发自内心的真诚的赞美语言，却能打动所有人的心。这就需要你不仅要有赞美别人的意识，更要学会赞美。也就是说，赞美不能是单纯的阿谀奉承，要讲究一定的技巧：

第一，赞美要发自内心、真心真意。这是赞美别人时最应该注意的地方，如果言过其实，对方就会怀疑你的真实目的。

第二，试着多赞美那些自卑感很强的人，特别是那些被压抑、自信心不足的人。他们一旦得到他人真诚的赞美，自信心会倍增，精神会焕然一新，会重新鼓起生活的勇气。

第三，赞美别人的时候不要含糊其辞。含糊其辞的赞美容易使被赞美者窘迫、混乱甚至紧张。

第四，赞美要有分寸。大家都知道，适度的赞美能使人树立信心。反之，会使人反感、难堪。这就告诉你，赞美别人的时候，内容要适度、有分寸、恰如其分，赞美的方式、地点要适宜，赞美的频率要适当。

第五，赞美要有所选择。这就是说，不要赞美别人身上众所周知的长处，应赞美他们身上既可贵又不为人知的特点，这样才更容易取“悦”于人。

人人都需要赞美，需要别人的肯定，抓住了这个心理，就抓住了交际成功的关键。多用赞美语，不用花钱就能建立良好的人际关系网。

细节 10：赞美的语言有学问，要仔细斟酌再说

赞美是最有效的激励方法，用话语来肯定、鼓励员工，最容易做，也最不容易做。说赞美的语言有学问，需要仔细斟酌。

赞美是最有效的激励方法，用话语来肯定、鼓励员工，最容易做，也最不容易做。因为如果说得不好，可能会有副作用。说赞美的语言也有学问，需要仔细斟酌。

1. 要根据员工的特点，讲适合对方的话

如果员工年龄较大、资格较老，主管表扬他工作经验丰富、几十年如一日兢兢业业，他就会非常爱听；刚毕业的年轻人，表扬他有创造性、有魄力，比较合适。一位学历低的员工搞成了一项技术革新，主管表扬他学历低却办成了许多专家办不成的事，他就不见得爱听，毕竟学历低不是炫耀的资本，甚至可能是他的忌讳。话要说到心窝上，激励效果才会更显著。

2. 充分考虑赞美对其他员工的影响

为给员工积极的导向，赞美一般是公开进行的。要注意不要无意中伤害其他员工，不要激起普通员工与优秀者的对抗，造成被表扬者“光荣孤立”的尴尬局面。一般地讲，凡是受到主管赞美的员工都易受到其他的人嫉妒，主管要尽量化解员工的这种情绪。如表扬优秀者时，对其他员工的通力合作表示感谢，不可用他的成绩与平庸者或最差者比较。

3. 间接地让他知道，效果更好

当主管直接赞美部属时，对方可能以为那是一种口是心非的应酬、恭维话，意在安慰部属好好干罢了。但是如果通过第三者的传达（如在员工的朋友、亲人面前赞美），效果便截然不同，当事人会认为那是十分认真、宏观的赞美，毫无虚伪，往往会真诚接受、感激不已。

4. 对事不对人

对事不对人是批评的原则，也是表扬的原则。这可以使赞美不掺杂个人好恶的感情色彩，成为客观公正的评价，令大家心服口服。主管并非对哪个人有好感，而是他做出了成绩，从而激励所有的人。

5. 赞美要实事求是

过分的赞美效果反而不好，甚至对方会以为是讽刺。如一位技术人员搞成了一项国内领先的技术成果，主管赞美这是国际领先的技术，当事人就会以为在讽刺他，而且也容易引起其他员工的反感。

6. 赞美是有效的激励方式，但不可滥用

如果没有值得赞美的事而经常赞美，对员工心理上的冲击波就会越来越小，激励作用也就越来越小。时间一长，员工就会对赞美不屑一顾。所以，好话不能常说，常说就“不值钱”了。

7. 错过了赞美时机，效果也会降低

赞美要抓住时机，不可拖得太久。否则，等到大家都失去了兴趣、新鲜感，也就没什么激励作用了。

细节 11：真诚而热情的赞美才能温暖人心

赞美是一种艺术，只有恰如其分的赞美才会使人感到开心与振奋。因此，我们要给人以真心诚意的赞美；另外，在赞美一个人时，一定要赞美对方实际存在的优点，把握好尺度。

赞美是一种艺术，在赞美他人时要注意不要去奉承，要给人以真心诚意的赞美；另外，在赞美一个人时，一定要赞美对方实际存在的优点，把握好尺度。恰如其分的赞美不但使人感到开心与振奋，还能使人觉得被肯定与重视。然而，大多数人均非赞美的高手，他们只知道赞美的重要，却不懂赞美的技巧。

1. 因人而异

每个人的心理需要都是不一样的，同一种赞美方法对不同的人所起的作用是不一样的，有的人可能会欢欣鼓舞，而有的人可能无动于衷。赞美所起作用的大小，取决于它是否满足人们的心理需求，是否符合人的个性特征。因此，赞美也要因人而异，方式要灵活多样，不能千篇一律。

对不同的人，赞美和表扬的方式应该有所区别：对年轻人不妨语气带些夸张地赞扬他的创造才能和开拓精神，并举出几点实例，证明他的确十分优秀且前程似锦。对经商的人，可称赞他头脑灵活、生财有道。对于身处一定职位的领导，可称赞他为国为民、廉洁公正。对于知识分子，可称赞他知识渊博、宁静淡泊。对德高望重的长者，则要表达敬仰和尊重。对思维机敏的人，赞美要抓住要点，三言两语，稍加暗示即可。对疑心过重的人的赞扬，则要意思明确、表达清楚，以免产生误解。当然这一切都要依据事实，不可虚夸。

2. 情真意切

在生活中，人人需要赞美，人人喜欢赞美。这绝不是虚荣心的表现，而是渴求上进，寻求理解、支持与鼓励的表现。有时候，一句赞美会产生令人意想不到的效果。例如父母经常赞美孩子，使得家庭气氛和谐；领导经常赞美下属，使得职工的积极性、创造性不断被调动、激发；朋友之间互相赞美能增进友谊；夫妻之间互相赞美能使夫妻感情更加深厚。赞美并不难，难在真心诚意，贵在确有实效。所以说，在赞美他人的时候一定要真诚，要做到情真意切。真诚的赞美不但会使被赞美者产生心理上的愉悦，还可以使自己经常发现别人的优点，从而使自己对人生持乐观、欣赏的态度。

3. 翔实具体

当赞美的对象仅针对一件事情时，赞美会更有力量。例如，我们在社交场合常听到“你今天好漂亮哦”、“你看起来气色很好”等赞美的话语。这些赞美太过含糊笼统，听起来不够真实，会使赞美效果大打折扣，远远不如“你今天穿得很好看”更能说到对方的心里去。再例如，“你每次和人们说话时，都能让他们觉得自己很重要”肯定要比“你很会与人相处”更令人信服。大家来看这样一个故事：

1975年3月4日，风靡全球达半个世纪的喜剧泰斗、85岁高龄的卓别林，在英国白金汉宫被伊丽莎白女王封为爵士。封爵仪式开始，正当卓别林非常兴奋的时候，女王这样赞美卓别林说：“我观赏过许多你的电影，你是一位难得的好演员。”

但是卓别林似乎对这个赞美并不激动。事后，有人问卓别林受封的感想。卓别林的回答令人大吃一惊：“女王陛下虽然说她看过我演的许多电影，并称赞我演得好，可是她没说出哪部电影的哪个地方演得最好。”

听到卓别林这样说，英国女王感到非常遗憾。

从这个小故事中，我们可以看出，赞美必须说出具体事实，尽量针对某人做出的某件事，才会产生良好的效果。赞美还应注意以下几点：

1. 语言新颖

赞美的语言要有新意。赞美是所有声音中最甜美的一种，新颖的语言是有魅力、有吸引力的。简单的赞扬也可能是振奋人心的，但如果多次单调重复，也会显得平淡无味。

2. 合乎时宜

赞美之所以要合乎时宜是因为赞美是具有时效性的。当他人计划做一件有意义的事时，开头的赞扬能激励他下决心做出成绩，中间的赞扬有益于他再接再厉，结尾的赞扬则可以肯定成绩，指出进一步的努力方向。选择适当的时机进行适当的赞美，赞美才更有效果。

3. 适度赞美

适度赞美就是说在赞美别人的时候不能太过分，要适度、得体、大方，否则的话就很容易使对方产生反感。尤其在赞美领导的时候要特别注意适度。领导者同其他人一样，也有七情六欲，也会为成功而欢欣鼓舞、因失败而痛惜不已。因此，你要给予领导适度的赞扬，能够在不同程度上增强领导的进取心和自信心，但不可借赞扬之机，无原则地对领导大加吹捧。赞扬不当，很可能会使领导已经发热的头脑更加“热”，进而由“正确”转化为“错误”，而我们也可能会受到领导的斥责，被领导视为“小人”。

总而言之，赞美是用一支火把照亮别人的生活，同时也照亮自己的心田，有助于促进被赞美者美德的发扬和推动彼此间友谊的健康发展。另外，赞美并非只能献给有杰出成就的人，对于你周围的许多普通人，包括对某些自己不太喜欢和不如自己的人，也同样应真诚且热情地给予赞美。因此，请学会赞美身边的每个人，因为赞美不但会使赞美的对象感到自豪，自己也会变得完美起来。

细节 12：夫妻之间再亲密也要记得赞美

夫妻之间需要赞美。赞美可以润滑夫妻间的关系、增进夫妻感情、巩固婚姻基础，是不可多得的维护幸福婚姻的良策。

恋爱可以浪漫，结婚可以唯美，但是要维持和睦的婚姻关系则是需要智慧的。这种智慧可以是大智若愚，可以是张弛有度，也可以是随口的赞美。其中，赞美的话是最有效果的。因为，赞美是人世间最美好的语言，人都是喜欢听好话听赞美的，夫妻之间也是一样。问题是有些夫妻并没有认识到这一点，他们感到相互之间已经很熟悉或没有必要再时刻把赞美的语言挂在嘴边，其实这是一种误解。

很多人都会有这样的感觉，总感到对方在谈恋爱时的表现远比结婚后好很多，谈恋爱的时候总是甜言蜜语，把自己当成上天赐给自己最完美、最美丽的礼物。可是结婚之后对自己的态度就开始变了，不再把自己当成了生活的中心，不再对自己说一些甜言蜜语，生活慢慢地趋于平淡和乏味。

所以，夫妻之间如果互相爱慕的话，就一定有自己最爱慕对方的地方，对对方的优点要用语言给予肯定和赞美，告诉他你是多么喜欢他，而他又是多么优秀。

有一次，皮尔博爵士和他的妻子参加一个大型的舞会。皮尔博爵士一出现，很多花枝招展的年轻女性就把他围了个水泄不通，这让皮尔博太太非常难堪。然而就在皮尔博太太十分尴尬的时候，皮尔博爵士开口了："亲爱的小姐们，我有我的太太陪我已经足够了。我亲爱的太太，让我们找个清静的地方好好地喝上一杯吧！你今天晚上看起来是如此漂亮，我想和你单独拥有这个美丽的夜晚。"在这样大型的场合，皮尔博的一席话立刻成为美谈。他的一番赞美深深地感动了妻子。从那以后，人们似乎也弄清楚了皮尔博和太太婚姻幸福的真正原因——他们懂得赞美。

在现代人的生活中，随着社会节奏的进一步加快，夫妻之间的赞美越来越少了：有的妻子下班以后任劳任怨地做了一顿丰盛的晚餐，等丈夫回家。丈夫回来以后，却认为这是理所当然的事情，从来没有说过"今天的菜真好吃"，甚至还会埋怨"这个菜太咸，那个菜太过火了"。其实，丈夫哪里知道，一句赞美的话可以让妻子心甘情愿地为他做一辈子的饭。但是，很多丈夫眼睁睁地放弃了这些机会，同时也失去了赢得妻子芳心的良机。

当然，赞美并不仅限于男士对女士，有时候，妻子也要适当赞扬自己的丈夫。男人在外面打拼一天会很累，或者遇上了难题心情不好，如果回到家里还听不到一句舒心的话，那么他会很失望，甚至失去自信。

所以，妻子在丈夫回家以后要适当地说些赞赏丈夫的话，让他放松身心、增强信心。

总而言之，夫妻之间需要赞美。赞美可以润滑夫妻间的关系、增进夫妻感情、巩固婚姻基础，是不可多得的维护幸福婚姻的良策。所以，大家千万不要随随便便放弃赞扬自己另一半的机会。

细节 13：背后赞美，最能说到他人心窝

背后赞美是一种至高的技巧，在各种赞美的方法中，要算是最能说到他人心窝里的有效方法了。

一般来讲，赞美就是要当面指出对方的长处、赞美别人的优点。但有时候，如果你能选择一个适当的时机进行“背后赞美”，把好话说在背后，仍然能取得很好的效果。

下面是一个老师的一篇日记，证明了“背后赞美”的神奇效力：

“一天，我刚刚听完我班的语文研讨课。正当我与几个同事在办公室讨论的时候，门外响起了‘嗵、嗵、嗵’的脚步声。我扭头一看，是我班的学生关效帅——一个整天松松垮垮、丢三落四、很贪玩的学生。同事说关效帅这节课发言了，而且语言表达能力很强。我随口说：‘是啊，这节课他的确很帅。他呀，又聪明又帅气，就是学习……’话未说完，上课铃响了，我赶紧朝教室走去。

“下课以后，我有些奇怪：关效帅今天像换了个人似的，上课不但坐得笔直，认真听讲，发言的次数很多，而且还有自己的想法。曾经在课堂上小动作多、管不住自己的他，这是怎么了？临下课时，他还把写得比以往整齐得多的作业本及时交上，而平时他总是拖到最后啊！

“中午放学后，我到校外的商店里买食品，发现关效帅和一个比他大一点的女孩正趴在文具柜上挑学习用品。两人一边挑，一边说着话：‘姐，你们的数学老师喜欢你吗？我们的数学老师可是非常喜欢我呢！”

关效帅的语气很骄傲。

"'你怎么知道?'女孩有点不相信。

"'告诉你吧!'关效帅说，'今天上午第一节课，我从数学老师门前走过，听到老师说：这个关效帅呀，他的确很帅，又聪明又帅气。'

"关效帅那惟妙惟肖的样子把商店的老板逗笑了：'你们老师还挺喜欢你，看来你的成绩一定不错了!'

"'嗯……'关效帅挠了挠头，忽然咧嘴一笑说，'你说的恐怕是今天和以后的我呀!'

"嘿，我上午哪是表扬他呀，多么奇妙的误解！我不由感叹起来。我以前也曾在全班同学面前对关效帅提出过真正的表扬，但绝对没有像今天这样收到立竿见影的效果。我想了好久终于明白了这种表扬的魔力：这种表扬来自背后，受表扬的人不在现场，所以不会认为是假情假意或讽刺奚落；这种来自背后的表扬，会使受表扬者感到真诚、受到鼓舞，会产生巨大的推动力；这种来自背后的表扬发挥了评价的激励作用，因此收到了意想不到的效果。"

正像这位老师在日记里所记载的那样，背后的表扬和赞美的确有更神奇的效力。

那么，背后赞扬为什么比当面赞扬更有效果呢？按照一般的理解，当面说的坏话不算坏话，背后说的好话才是好话。所以，人们更容易相信背后的好话，会更加欣赏那些在背后说自己好话的人。正如罗斯福的副官布德所说的那样：背后颂扬别人，比当面赞扬更为有效。

背后赞扬是一种至高的技巧，在各种赞扬的方法中，要算是最使人高兴也最有效果的了。如果有人告诉你：某某人在背后说了许多关于你的好话，你会不高兴吗？这种赞语，如果当着你的面说给你听，或许反而会使你感到虚假，或者怀疑他不是真心诚意的，而间接听来便觉得很悦耳。

批评话：给对方留足面子，别一棒子打死

人无完人。在这个世界上，没有人不会犯错误。在错误面前，你可能要忍不住大发雷霆。“狂风暴雨”过后，你可能会沮丧地发现，你的“善意”并没有被对方所接受，甚至换来的结果可能让你追悔莫及。批评对谁来说，都不是一件让人愉快的事。但是，如果你能够掌握批评的技巧和方法的话，给对方留足面子，相信你和他人的交流会更容易些。

细节 14：批评时点到为止即可，让对方自己去反省

正确的批评方法是：批评时注意把握分寸，措辞严厉但不过头，要给人留有余地，给人自省的机会。

说话和做事一样，不能太绝，需要讲究方法，就算是批评人也是要讲究一定的方法。在生活中，你总有处于上位、把握主动权、站在正确立场上的时候，这种情况下，尤其要注意给对方留有余地，让人心悦诚服地接受你的意见。

有些人面对别人的错误而提出不同意见时，往往难以控制自己，情绪激动时还常会说些过头的话，这种批评方式实不可取。批评在于讲理，在于从思想上帮助人纠正错误，而过激的言辞、过分的话语不但不利于犯错误者接受，弄不好还会使犯错误者产生不接受批评的抵触情绪。如果是居高临下、大声呵斥式的批评，就更不应该。这样的批评只能制造隔阂、激化矛盾，把本来一两句话就能解决的问题复杂化。正确的批评

方法是：批评时注意把握分寸，措辞严厉但不过头，要给人留有余地，给人自省的机会。

有一个领导找下属谈话：“今天，我们就这个问题作一些探讨。我觉得在这一点上你的做法似乎有些不妥。”领导强调的是某一局部环节，而不是一览无余地推及全部，口气中带有商量、劝慰的味道。这样的批评容易让人接受，从而起到促使其正视问题、改正错误的作用。

但如果这样说：“我看你这辈子是不会好了。你真是屡教不改啊！”说者可能出于无奈，恨铁不成钢。但对听者来说，无疑是一种宣判，是很难让人从心底里接受的，自然也起不到批评的作用。因此，在批评下属的时候，一定要给下属留有余地，不要把话说得太绝了，否则会适得其反。

查尔斯·史考勃有一次中午经过他的钢铁厂，看见几个职工在“严禁吸烟”的大牌子下吸烟。史考勃没有简单地斥责他们“难道你们都是文盲吗”，那样只会招致工人对他的憎恨，而是使用了充满人情味的方式。他走向前，友好地递给他们几根雪茄，然后说：“诸位，如果能到外边抽烟，那我真是感激不尽了。”吸烟人都感到不好意思，知道自己违犯了规则，自觉地掐灭烟头，同时对史考勃产生了好感和尊敬之情。

费城一家大商店的经理华纳梅克，有一次来到商店巡视，发现有一位顾客在柜台前站了好久，却没有一个店员去为她服务。那些店员都挤在柜台的一个角落里聊天，他们又说又笑，把顾客丢在了一边。华纳梅克看到这种情况后，并没有大声责骂店员，而是悄悄地走进柜台亲自接待了那位顾客，一声不吭地把顾客要买的东西交给了售货员去包扎，然后离开了商店。

故事似乎并没有完，但你应该能猜到这些只顾自己说笑的店员完全没有怨恨地去改正了他们的错误。正是由于他们的上司在提醒错误的同时，给了他们反省的余地，保住了他们的面子，他们自然能体会到上司的良苦用心，会尽力把自己的工作做好。

周恩来总理给人的印象总是和蔼可亲，但是同样也面临批评纠正别人错误的问题。通过下面的例子，我们可以看出周总理是如何批评纠正下属的过错的。

1971年发生“九·一三”事件，影响巨大，出于国家安全的考虑，此事对外绝对保密。当是，我国驻蒙古大使馆官员察看现场后，派二等秘书孙某回国向周总理汇报，同机返回的还有中建公司的一位同志。周总理让符浩同志到机场去接。符浩把孙某接到招待所，而让中建的同志回家过夜，嘱咐他绝对保密。当晚，周总理听符浩汇报情况。大家坐定，周总理问：“和他一起回来的还有谁?”符浩答还有中建公司的一位同志，已经回家。没等他说完，周总理的脸色一下子沉下来，双眉猛然一蹙，厉声打断他，问：“你当过兵吗?”周总理对符浩非常了解，知道他是行伍出身。这个突如其来的质问显然是言有所指。符浩一怔，顿时感到问题的严重，立即答道：“我马上把中建公司的那位同志找回来!”他半夜驱车把中建同志接到招待所，并报告了总理，总理这才长出了一口气。

周总理在上例中的批评采用了委婉暗示的方式，它包含着丰富的“潜台词”：“你当过兵吗，难道不知道保密的极端重要性吗？你不应该失去作为一个兵的警惕性。”古人说：“引而不发，跃如也。”总理的这种批评方式就起了这种作用。他并不必把全部内容都说出来，对于一个有着丰富经验的下级来说，只需要稍稍一点就够了，无须长篇大论开导批评，对方便会全部领会其中的深意，并马上纠正其错误。这种方式对于彼此较熟的下级来说，有“响鼓不用重锤敲”之妙处。

我们常见到画家画花时只画一枝或几枝，而不是全部，有时也会在花枝添上一只小鸟，让人品味其中意境。诗人写诗同样如此，寥寥数字就能将一幅画面展现在我们眼前。同理，即使是对人提出批评，最好也要点到为止，让他自己去思考、想象和反省。

细节15：间接地提醒他人注意自己的错误

批评要学会变“害”为“利”，使“硬接触”变成“软着陆”，即在“苦药”上抹点糖，看似失去了锋芒，但却药性不减。

提起批评，也许更多人的理解是“挑刺”。其实那只是批评中很小的部分。真正高明的批评，更多的是交流、引导和印证。

如果你希望你的批评可以取得良好的效果，就要在方式方法上下工夫。批评，实际是一种说服的技巧、一门沟通的艺术。批评的目的在于打动对方，使得对方能认识到自己的错误，回到正确的轨道上，而不是贬低对方。即使你的动机是真心诚意的，也要注意方式和场合等问题。

批评得好，人家接受；反之，就麻烦缠身，成了“不受欢迎的人”。因此，批评要学会变“害”为“利”，使“硬接触”变成“软着陆”。就像在“苦药”上抹点糖，看似失去了药味，但却药性不减。

早川德次，出生于日本关东。由他一手创办并领导了58年的声宝电器有限公司（原名早川金工业研究所），生产出了日本的第一部国产收音机、第一部国产黑白电视机、第一部国产彩色电视机、第一台太阳能电池、第一台高磁波烹饪电子烤箱、第一件名片型的超薄电子计算器……该公司成为日本家电行业的“领头羊”，他本人也被尊称为日本家电的领导者。声宝公司1983年的营业额高达8000亿日元，比10年前增长了82倍。

早川德次的巨大成功，与他对下属的统御方法有着密切的联系。据说他和他的秘书之间发生过这样一件小事：

早川德次对他的秘书不注意标点符号很是恼火，但他并没有直接批评她，而是抓住了有利时机，首先营造表扬的气氛，先调动这位秘书的积极情绪，缓解气氛，然后再适时地指出她的缺点，效果非常理想。

有一天，早川德次对他的秘书说：“静子小姐，你写的字很漂亮，字体、行距适中，也很整齐，我感到很满意。”女秘书静子听到了早川德次的表扬后自然非常高兴，喜形于色。说道：“谢谢您的表扬，我以后一定做得更出色。”早川德次抓住时机，接着说：“但你以后对标点符号要特别注意一些，怎么样？”女秘书静子很痛快地答应了：“行，没问题。”问题就这么简单地解决了。

试想，如果早川德次直接地批评秘书没有标点符号的毛病，并告诫她以后要特别注意，她可能就会为自己辩护，也可能因为不愉快而无法安心工作，以后也未必做得更好。所以，每一个领导者如果以后再碰到要批评下属的情况，不妨学学早川德次的做法。

对那种自信心弱、感情脆弱者，可融批评于表扬之中，即先表扬后批评，在被批评者自尊心理的天平两边各加上相同的砝码，使他保持心理平衡，理智地接受批评。

如果你必须责备一位部属，因为他每天上班都会迟到15分钟。首先你得找出两件他做得非常好的事，比如他写的报告非常好，而且都能按时提交。由于这次找他来，主要是责备他经常上班迟到，必须和他在私下谈。你开始称赞他做得很好的某件事：

“小乔，你的报告写得真好，不仅结构严谨，而且一针见血，你的建议对我们的促销活动大有帮助。”

接着，话锋一转，责备他的时候到了：“小乔，我们在早上也常想找你提供意见，可是你每天总是迟到15到20分钟，这对我们是种损失。有时候有客户从外地打电话来，我们想找你就是找不到。发现，有时候没有你的建议，真的不知道怎样办才好。我们需要你每天早上准时到，我希望从现在就这样。”

最后，你再讲另一件小乔自认为得意的事：“你知道的，由于你的研究报告都能准时提出，我对你的建议已养成了依赖性，不能缺少你的建议，整个部门也是如此。”

这样一来，小乔虽然受到了责备，却依然维持了他的自尊。他明白他对你和部门的重要性，也明白你要他准时上班。

要改变一个下属工作不专心的态度，有人可能会这么说：“约翰，我们真以你为荣，你最近工作上有很大进步了。但是，假如你办事再努力点的话，就更好了。”

在这个例子里，约翰可能在听到“但是”之前感觉很高兴，但马上他会怀疑这个赞许的可信度。

这个问题只要把“但是”改变成“而且”就能轻易地解决了。

“约翰，我们真以你为荣，你最近工作表现进步了。而且，只要你以后再接再厉，你的工作表现成绩就会比别人高了。”

这样，约翰会接受这种赞许，因为没有什么失败的推论在后面跟着。要改变一个人而不伤感情，就应注意这个准则：“间接地提醒他人注意自己的错误。”

卡耐基说得好：“如果经过一两分钟的思考，说一句或两句体谅的话，对他人的态度作宽大的了解，都可以减少对别人的伤害，保住他人的面子。”因此，当你要批评他人时，请事先冷静地想一想采用什么样的方法，既达到指出他人过失、使当事者受到教育的效果，又不会让别人丢了面子、伤了自尊。

细节 16：选择适当机会，委婉地说出自己的建议

假如我们能选择一个恰当的机会，委婉地说出自己的建议，或是怀着真诚的心与当事人平等交换意见，既尊重了对方，又可以使问题得到妥善的解决。

人人都爱面子，都喜欢听赞扬的话。对于批评的话语，即使承认批评者说得在理，但如果批评者的话语说得过于直白，当事人也会产生排斥心理而根本听不进去。所以，在指出他人的失误时，一定要出于真诚地对他进行忠告，切不可只图自己说个痛快而忽略了对方的承受能力。不然，你的批评就很容易引来对方的误解和怨恨。

批评他人时，不能忽略批评的技巧，不顾被批评对象的感受。那种不管别人出了什么差错都要当着众人的面给予指正的做法，除了造成被批评者的心理抵触之外，根本无助于问题的解决。

假如我们能选择一个恰当的机会，委婉地说出自己的建议，或是怀着真诚的心与当事人平等交换意见，既尊重了对方，又可以使问题得到妥善的解决。

有一家建筑公司的安全检查员，职责是督促工地上的工人戴好安全帽。刚开始，当他发现有不戴安全帽的工人时，立即很严肃地批评工人，要他马上戴好安全帽。结果，被批评的工人很不高兴，等他一离开，就马上脱下安全帽表示反感。于是，安全检查员改变了方式，当他遇见有

工人不戴安全帽时，就问是不是帽子戴起来不舒服或帽子的大小不合适，并且用愉快的声调提醒工人，戴好安全帽是很重要的，最后要求工人在工作时最好戴上安全帽。结果，工人很乐意地戴上了安全帽。

要想使你的批评收到预期效果，首先就得让对方听进去批评的话。很显然，那种不顾对方心理感受、任由自己滔滔不绝的批评方式，是无法实现这一目的的。所以，间接批评不仅是出于照顾对方的自尊心，更主要的是，它能实现你想得到的预期效果。

即使需要直接对别人提出批评，也应讲究方式方法，让对方理解你真的是为他好，从而引起他发自内心的自我批评，才会起到批评的效果。

某高中的张老师听说学生小李要举办豪华的生日宴会，于是问他："小李，你的生日派对准备怎么办呢？"小李说："我家里要给我好好办一场，因为我是独生子，我们全家都特别疼我。"张老师说道："哦，我们全班同学都是独生子。"这段话，张老师就用了隐语，暗示小李：大家都是独生子，但是不能因为这个就铺张浪费。

金无足赤，人无完人。只要是人，就可能犯错误。其实，任何有上进心的人都不愿意犯错，要批评一个人的错误时，最好让对方认识自己的错误。你的目的也是为了要帮助对方，而不是为了贬低对方的品格。因此，批评以适可而止、给对方留有余地的方式为好，会让对方感谢你的宽容。

有一个人在一处禁渔的水库捕鱼，远处走来一位警察，捕鱼者心想：糟了，不知道要遭到怎么样的训斥和惩罚。警察走过来出乎意料地和气询问："你在这里洗网，难道不会污染到下游吗？"这情景令捕鱼者十分惭愧，连忙道歉，主动交出了罚金。

有一个小女孩一心贪玩，居然把她的小狗"豆豆"带进了一家严禁携带小狗入内的商场。小女孩只顾与她的"豆豆"玩耍，一点儿也不知道这条规矩。当她上了二楼，突然看到墙上"严禁携带小狗入内"的警示牌，这才发现小狗已没地方藏。她挺着急，便赶紧乖乖地站好，一边紧搂着"豆豆"一边看着迎面走来的商场的保安，等待着想象中的"狂风暴雨"。不料保安不仅没有生气，还笑眯眯地看了看她，问："多么可爱的小狗，它叫什么名字？"小女孩轻轻回答："它叫豆豆。"而那位保安摸了摸小狗的头，说：“亲爱的豆豆，你怎么糊涂了？我们这儿是不准小狗带小女孩进来的，但既然来了也就不难为你了，请离开时记住，千万别忘了带走你身边的这位小姑娘！”

这是多么艺术的劝告，又是多么艺术的批评啊！保安的这段话，给小女孩留下了一个终生难忘的印象。此事让人们知道，原来批评的语言可以是苦的，也可以是甜的。艺术地批评不但可以让他人愉快地接受，而且还能给他人留下深刻的印象。

细节 17：永远不要批评“人”，而要批评“事”

批评应就事论事，以不伤害他人自尊为前提，同时也要给他人一个台阶下。一定要记住：永远不要批评“人”，因为是“这件事”错了，而不是“这个人”错了。

批评应就事论事，以不伤害他人自尊为前提，同时也要给他人一个台阶下，激烈的措辞只能使之心生怨恨，背离了你的根本目的。

纠正错误、批评他人一定要注意场合，最好是在没有第三者在场的情况下进行。否则，再温和的批评也有可能会刺激受批评人的自尊，因为他会觉得在同事面前丢了面子。他或许以为你是有意让他出丑，或许认为你这个人不讲情面、不讲方法、没有涵养，甚至在心里责怨你动机不善。因为批评人不注意场合，带来这么多的副作用，受批评者心生怨恨，批评人、改变人的目的就很难达到。

某公司企划部主管徐彬，是一位业绩突出也很懂得处理和下属关系的部门负责人。

一次，企划部通知下午两点钟召开会议，研究一份重要的策划方案。通知强调，不得迟到，不得以任何理由请假。

尽管如此，会议开始 5 分钟后，雇员小俞才走进会议室。正在主持会议的徐彬看到小俞进门，只是抬头看了他一眼，什么也没说，继续发表着他的讲话。

会议结束后，徐彬仍然对小俞的迟到没有表态，夹起公文包转身走出会议室回到他的办公室。

过了一会儿，小俞敲门走了进来。徐彬示意他坐下，问道："怎么回事?"

小俞嗫嚅地说："昨天晚上，我加班写份材料，睡得晚了。今天吃过午饭实在瞌睡得不行，打了个盹……"

"我知道，你很辛苦。不过今天的会议十分重要，而且会议通知写得非常明白。"

"我……"小俞低下了头。

"好了，小俞，这件事就这样。以后要注意。晚上加班不要太晚，也要注意身体，去做你的事吧!"

为什么强调那么严格的事就这样轻描淡写地过去了呢？徐彬知道，小俞平日向来遵守纪律，从来没有迟到过。况且，小俞昨天晚上也确实加班写材料。这次迟到情有可原。如果批评得严厉一点，的确也说不过去。于是，他只有这样稍作提醒了。

有一个连队配合电影公司拍电影，因故少带了一样装备，致使拍摄无法进行。营长火了，当着全连战士的面批评连长说："你是怎么搞的，办事这么毛毛躁躁，要是上战场也能装备不齐?"连长本来就挺难过的，可营长偏偏当着自己的部下狠狠批评自己，心里自然觉得大失面子，于是不由得分辩道："我没带是有原因的，你也不能不经过调查就乱批评!"营长一下懵了，弄不懂平时服服帖帖的连长怎么会这样顶撞他。事后，在与连长谈心交换意见时，连长说："你当着那么多战士的面批评我，我今后还怎么做工作?"

从这个事例中不难发现，假如营长是背后批评，连长不仅不会发火，还会虚心接受批评。营长错就错在说话没有注意时机和场合。

如果万一必须在现场当众批评人，其态度措辞要特别谨慎，不能主观武断、夸大其词，不要生硬直露，更不要纠缠旧账。

不恰当的措辞可能激怒对方的自我。比如，"你必须听我的，改变那种做法，否则……"这种命令威吓很难使人心服口服，即使可能出于

下级服从上级，表面服从了你，他的心里一定怨恨你。命令威吓是最伤人自尊的。为什么不可以客观婉转一些呢：“这种做法不符合上面的规定，会带来很多麻烦，我们看看怎样做才更好。”

“你总是……”不准确，容易把人一棍子打死，从而挫伤对方的自尊。可以这样说：“你已有两次是这样做了……”最好不要纠缠旧账，一次处理一次的问题。

“你为什么这么笨？出这样的错误……”不婉转，直露地指责人、发泄怨气。为何不婉转一些：“你出这样的错，可能是不小心、缺乏经验造成的，与你的能力没有关系……”

在批评、纠正他人的错误之前，先要停一下，想一想如何说更客观、更准确、更婉转、更能达到目的。不要直率得让人觉得你粗俗简单、容易伤人。

保全他人面子的办法是给他人留下台阶、留下退路，让他体面地退却。当对方已经明确表明某一态度和意见，而你却要纠正他时，最好的办法是为他找一个安全合理的理由，不使他丢面子，又可使他全面地改变自己的观点和态度。比如：“身处那种情况，我可能也会那样说。但现在情况有了变化，我们的某些观点是否也要有些变化。”“在当时信息不全而又情急的时候，任何人都可能会出现一些偏差。现在我们掌握了较全面的情况，我们可以作出更正确的决定……”“这事可能你不大清楚，或许是其他人放错了位置，才使你也发生了误会，”所谓“其他人”，就是把责任推给模糊的第三者，使当事人有台阶可下。

一定要记住：永远不要批评“人”。因为是“这件事”错了，而不是“这个人”错了。这样利于解决问题，也不会伤到“这个人”的面子。

委婉话：舌头是把软刀子，既能抚慰人也能伤人

舌头是把柔软的刀子，能伤人，也能抚慰他人的心灵，

其实，舌头本身没有好坏之分，关键在于说出的话是好是坏。一句话，说得好是它，说得不好也是它。

因此，要想不伤害人，一定要注意说话的艺术。

细节 18：话要说得入耳，别人才愿意听

说话并不难，难的是把话说得入耳动听，说得巧妙艺术。为人应当言表心声，处世则当以话为媒。

希腊寓言家伊索年轻当奴隶时，主人曾命他备办一桌最好的酒菜招待客人。开宴时，宾客们看到席上的菜肴全是各种动物的舌头，主人大吃一惊，忙问怎么回事。伊索回答："舌头是引领各种学问的关键，不是最好的菜吗？"第二天，主人吩咐他再办一次宴会，菜要最坏的。

上菜时，伊索端上来的仍是动物的舌头，主人暴跳如雷。伊索解释说："难道一切坏事不是从口而出吗？舌头既是最好的也是最坏的东西。"

舌头本身没有好坏之分，关键在于说出的话是好是坏。一句话，说得好是它，说得不好也是它。说话并不难，难的是把话说得入耳动听，说得巧妙艺术。为人应当言表心声，处世则当以话为媒。那种心直口快、说话不顾后果的人，即使本身并没有恶意，却往往会在无意中伤害

了他人。

一剃头师傅家被盗窃。第二天早上，来了一位顾客，见剃头师傅愁容满面，就问他为何，剃头师傅回答道：“我辛辛苦苦剃头攒下的一年积蓄昨夜被小偷偷去了。唉！想一想，权当替小偷剃了一年的头吧！”顾客一听还没坐下就生气地走了。像这样不会说话的剃头师傅，真是砸自己的饭碗。

也许你会觉得这种小故事听起来好像是搞笑，其实，类似的事在生活中随处可见。

李琦在学校是高才生，本科毕业直升读硕士，毕业以后找到了一个很不错的工作，薪水很高，一去就是部门主管。于是，他成了本城有名的青年才俊。然而李琦却有一个说话不留心的缺点。

一次，午餐的时候，李琦和小赵一起去吃饭，席间说到上海的交通问题，在上海土生土长的李琦顺口发表评论：“上海这几年交通恶化实在是因为外地来的大学生太多，我认为应该好好严格户口制度，二三流大学的家伙就不要再给他们机会了。”小赵是大学毕业后从浙江到上海来发展的，听了心里自然不高兴。到公司里把李琦这话一学，一些来自外地的同事立刻觉得李琦太过狂妄，李琦平时又对工作管得很严格，这成了一种他要整治外地人的信号。其实李琦有口无心，他自己的女友还是从西安来的呢。结果，全因自己的无心之言，伤了同事之间的感情。

人与人之间的交流在于互相理解，在一句话出口之前，不能不顾忌听者的感受。那些容易引起误会或者产生歧义的话，更是要注意避免。

一位西方留学生有这样一篇文章：

一天在课堂上，我们正在进行下一课生词的预习，一个生词的意思是“占”，老师想给我们解释这个“占”字的用法。他指着一个比较胖的学生说：“他太胖了，要是坐公共汽车的话，他得占两个位子。”

全班顿时鸦雀无声，大家怀疑地盯着地下，我们都想是否听错了。过了一会儿有人问：“对不起，你说什么？”那位老师又大声地说：“他太胖了，要是坐公共汽车的话，他得占两个位子。”他又重复了一遍。我们不能相信这是真的，我们都觉得很窘迫，都低下了头。没有人知道该说什么和该做什么。这种沉默使我感到糟糕透了，特别是让我感到对不

起那位比我们任何一位都更感到局促不安的同学。

说出类似这样的话，在西方完全是不可想象的。侮辱人是一件很坏的事情，在我们西方人看来很明显这是一种侮辱，有谁喜欢听别人说自己胖呢？这种情况在西方是绝对不会发生的。这位老师很善良，他的意图肯定不是要伤害那位学生。问题就是东西方文化的冲突。我们都知道，在世界上的许多国家，像这样评论一个人的长相，是被视为相当粗暴无礼的，特别是当着大伙的面。

其实，这不只是东西方文化冲突的问题，还有个人修养的问题。生活中，因不恰当的言辞而造成的悲剧实在是太多了。所以，说话应有分寸，否则伤害人、得罪人而不自知，那才得不偿失。

细节 19：出言不逊只会自食其果

说话狠冲，像“吃了火药”一样，只图自己嘴巴一时痛快，定会引来意想不到的灾祸。

俗话说：“蚊虫遭扇打，只为嘴伤人。”以尖酸刻薄之言讽刺别人，只图自己嘴巴一时痛快，殊不知会引来意想不到的灾祸。人与人之间原本没有那么多的矛盾纠葛，往往只是因为有人逞一时之快，说话不加考虑，只言片语伤害了别人的自尊，让人下不了台，让人心中怎能不燃起一股邪火？有了机会反咬一口，也是情理之中的事。

古人早有明训：“言语伤人，胜于刀枪。”许多人常以“嘲弄”他人为乐子，其中有些虽然只是属于玩笑性质，但总让人觉得不妥，毕竟“尖酸刻薄”、“有失厚道”的批评，会使听者产生不悦，对此不得不谨慎。

在现实生活中，有些人不讨人喜欢，甚至四面楚歌。主要原因不是大家故意和他们过不去，而是他们在与人相处时总是自以为是，说话不会拐弯，常常让人难以接受。

有的人与别人说话总是硬邦邦，好像对方欠了他几百元钱没有还似的，也好像把对方当成冤家仇人似的。说话又直又冲的人，是不会有好人缘儿的。

小张本是个心直口快的人，有啥说啥，所谓的含蓄婉转向来不会，所以经常得罪同事。一次，饮水机没水了，他对同事小刘说："帮个忙换桶水吧，就你闲着。"

小刘一听不高兴了："什么就我闲着？我在考虑我的策划方案呢。"

小张碰了一脸的灰。

当天，几个同事在一起谈话，让小张说一说对公司管理的看法。于是小张竹筒倒豆子，噼里啪啦一吐为快："我认为目前我们公司的管理非常混乱，有令不行、有禁不止，简直一个乡下企业。"大家不爱听了，认为小张话里有话，似乎同事们都是坏蛋，就他一个人是好人。

一会儿，同事小汪问小张，某某事情可不可以拖一天，因为手头有更重要的事在做。

"有这么做事情的吗？"小张声色俱厉地说，"你别找理由了，这可是你分内的事，又不是给我做，你看着办！"

小汪也不甘示弱，说："喂，请注意你的言辞。你以为你是谁呀？我就是没时间！"

小张气得发抖，他说："我怎么了？本来就是这么回事嘛，我不过实话实说。"

他正在生气的时候，副总走进来对他说："你知不知道，大家都私下里叫你西伯利亚寒流。"

小张笑了："为什么呀？"

"因为你说话总是冷冰冰、硬邦邦的，扔在地上都能有声，不注意措辞，经常令人难堪。"

小张一下子把头低下了，他认识到自己没有修炼好说话功夫，难怪大家都不喜欢他。这之前，他还以为是自己工作出众，同事们妒忌他呢，原来是自己"吃了火药"，说话很冲，杀伤力太大。

与人相处，同事间每天都要说很多话。习惯了，也就不把它当回事了。但小小的一句话，学问大着呢。将心比心，每天你都要听到别人对你说的话。什么是好听的，什么是你不爱听的？哪些话让你愉悦地接受，哪些话让你怀疑说话者的品位，哪些话又令你反感甚至产生抵触情绪？请留点心，因为很多时候，你也是这些硬邦邦的言辞的制造者。

某大学有位中年老师给研究生讲现代汉语语法研究专题。有一次，负责研究生具体工作的年轻老师向他反映研究生的意见，说："你讲得不深不透。他们不是大学生了，不爱听炒冷饭的课。"直率是很直率的，可是中年老师听了却来了情绪："炒冷饭！我不炒不就是得了吗？"说完，拂袖而去。如果年轻老师会说话，他应该委婉些，把批评意见当成"希望"、"建议"说出来。比方可以这样说："这班研究生的水平比较高，他们希望老师讲点新见解、新材料，讲点国外语言研究的动态。"也许这样说，对方就容易接受。

如果你不笨，就该知道话要怎样说出口。人类为什么要开口说话呢，是为了沟通。你说话是为了传达一个信息、达到一定的效果或完成一项指令。每个意思都有不同的表达方式：强制、请求、命令、建议……哪一个是让人容易接受的？说话是为了语言背后的目的。为了不白说，就不能说得硬邦邦地砸人。

许多人自诩为"有话直说"、"想到什么说什么"、"直筒子脾气"，其实是简单地用自己的观念和习惯去衡量别人的态度与行为，一遇到不对自己胃口的事立刻就去指责，实际上这并不是对人善意的真诚，只是自我不悦情绪的随意宣泄。出言不逊者只会自食苦果。只有处处与人为善、严以责己、宽以待人，才会建立与人和睦相处的基础。

细节20：拐个弯说话会更能倾入人心

在现实生活中，有些人只顾一时口舌之快，有意无意地对他人造成了伤害。其实，有许多语言伤害原本是可以避免的，只要你学会设身处地地为别人考虑，保全别人的面子。

人们天天都在说话，但并不见得个个都会说话。俗话说：两年胳膊三年腿，十年难磨一张嘴。可见学会说话比学其他技艺都难。有的人说起话来娓娓动听，让人浑身舒服，忍不住会同意他的说法；有的人说起话来像是一柄利刃，专碰别人的短处和痛处；有的人说起话来，一开口就使人感觉到讨厌。

话说得好，小则可以安乐，大则可以兴国；话说得不好，小则可以招怨，大则可以丧身。

三国名将关羽，过五关斩六将、温酒斩华雄、匹马斩颜良、偏师擒于禁、擂鼓三通斩蔡阳、“百万军中取上将之首，如探囊取物耳”，自以为“威震华夏”、“天下无敌”。刘备自立为汉中王后，封“关、张、赵、马、黄”为“五虎上将”，关羽居首。可关羽听说黄忠也被封为“五虎上将”之一，就大为恼火：“黄忠何等人，敢与吾同列，大丈夫终不与老卒为伍!”

关羽驻守荆州期间，孙权派诸葛瑾到他那里，替孙权的儿子向关羽的女儿求婚。“求结两家之好”、“并力破曹”，这本来是件好事。以婚姻关系维系补充政治联盟，历史上多有先例。但是关羽竟勃然大怒：“吾虎女安肯嫁犬子乎?”

不嫁就不嫁，又何如此出口伤人？试想，这话传到孙权那里，孙权的面子如何吃得消，又怎能不使双方关系破裂?

关羽的傲慢和目空一切，使他的言语成为利刃，深深刺伤了每一位愿与他交好的人，这也为他的悲剧命运埋下了伏笔，最终落了个失荆州、走麦城、人头落地的下场，这不能不为后人所警醒。

有这样一则寓言：有位樵夫救了一只小熊，母熊对他感激不尽。有一天，母熊安排丰盛的晚宴款待了他。翌日早晨，樵夫对母熊说：“你款待得很好，但我唯一不满意的就是你身上的那股骚臭味。”母熊虽怏怏不乐，但嘴上却说：“作为补偿，你用斧头砍我吧。”樵夫照它的话做了。若干年后，樵夫又遇到母熊，问：“你头上的伤好了没有?”“那次痛了一阵子，伤口愈合后，我就忘了。不过，那次你说的话，我一辈子也忘不了。”母熊回答说。

的确，没有人能彻底忘掉别人对他的侮辱。即使那个人曾经有恩于他，或者他们曾经是好朋友，所有这一切都无法弥补你在语言上对他人造成的伤害。

在现实生活中，朋友相聚时，有些人只顾一时口舌之快，有意无意地对他人造成了伤害，有时一句侮辱性的语言完全可能把深厚的友情葬送。其实有许多语言伤害原本是可以避免的，只要你学会设身处地地为别人考虑，保全别人的面子。

沈彤在某国家机关做办公室文员。她性格内向，不太爱说话；可每当别人就某件事情征求她的意见时，她说出来的话总是很伤人，而且总是直指别人的痛处。有一次，同一部门的同事穿了件新衣服，别人都称赞“漂亮”、“合适”。可当人家问沈彤感觉如何时，她却毫不犹豫地回答说：“说实话，你的这件衣服虽然很漂亮，但穿在你身上就像给水桶包上了艳丽的布，因为你实在太胖了；而且这颜色对于你这个年纪的人显得太嫩，根本不合适!”

这话一出口，原本兴致勃勃的同事表情马上就僵住了，而周围大赞衣服好的人也很尴尬。因为，沈彤说的话就是大家都不愿说的得罪人的“老实话”。虽然有时她也很为自己说出的话不招人喜欢而后悔，但她总是忍不住说些让人接受不了的实话。久而久之，同事们把她排除在集体之外，有什么活动也不愿意邀请她参加。她也成为了这个办公室的“外人”。

一个聪明人在与人际交往的过程中，是从不会把话说死、说绝、说得自己毫无退路可走的。例如，“我永远不会办你所搞砸的那些蠢事”、“谁像你那么不开窍，要是我几分钟就做完了”、“你跟某某一样缺心眼儿，看他那德行”，等等。这样的话谁听了都不会痛快，人人都最爱惜自己的面子，而这样绝对的断言显然是极不给人面子的一种表现。没有人会受得了这样无礼的话，即使他不会立即与你大闹一场，也会对你怀恨在心而结怨树敌。

我们生活中很多不愉快的事，起源多在口无遮拦上，所以学会委婉地表达自己意思显得尤为重要。一般场合中，在发表自己的意见时，你可以先说“你的某某事做得挺好，效果、反映都不错”，然后，你再用“就是”、“但是”、“不过”等来做文章。谁都知道“但是”后面的才是真正要说的话，但前面的话一定要说，因为这不是假话、也不是废话，而是为营造一种和谐气氛的客气话。你若直来直去，对方必然会觉得你扫了他的面子，心中会大起反感。所以，说起话来，拐弯抹角的话少不了。

要想在公司里得到发展，在社会生活上被人们所承认，就必须了解到这一点。这也是很多老于世故的人不轻易在公开场合说一句批评别人的话的原因。所谓“不打脸”，就是不揭人隐私、不冲犯他人的敏感区域，即便是开玩笑也要以对方的得意之事作引子，如此才可避免出现尴尬的局面。

细节21：玩笑本无妨，切记适可而止

开玩笑要看准对象，要适度。开玩笑过了度，是不会被人喜欢的。这样开过度玩笑的人被习惯性地认定是“刻薄”的人，容易引起他人反感。

在生活中，适时适地开开玩笑，能使相互之间的关系更加和谐、亲密。不难发现，生活中那些会开玩笑的人特别受欢迎。他们凭借一个得体的玩笑，不仅给他人带来了欢笑，而且能迅速获得别人的好感。

但是，开玩笑要看准对象、要适度。开玩笑过了度，是不会被人喜欢的。这样开过度玩笑的人被习惯性地认定是“刻薄”的人，容易引起他人反感。

有一天，几个同事在办公室聊天，有一位姓周的姑娘提起她昨天配了一副近视眼镜，于是拿出来让大家看看她戴眼镜好看不好看。大家不愿扫她的兴，都说很不错。这时，同事老钱因此事想起一个笑话，便随口说了出来：

“有一个老小姐走进皮鞋店，试穿了好几双鞋子。她坐在凳子上，让鞋店老板蹲下来替她量脚的尺寸。谁知这位老小姐是个近视眼，看到店老板光秃的头，以为是她自己的膝盖露出来了，随手在身旁的桌子上拿了一块布将它盖住，立刻她听到了一声闷叫。

"'浑蛋!'老板叫道，'保险丝又断了!'"

接着，全办公室是一片哄笑声。事后从未见到周小姐戴过眼镜，而且她碰到老钱再也不和他打招呼了。其中的原因不说自明。说者无心，听者有意。在老钱看来，他只是联想起一则近视眼的笑话。然而，周小姐则可能认为：笑我戴眼镜不要紧，还影射我是个老小姐。所以，说笑话要先看看对哪些人说，先想想会不会引起别人的误会。像上例中，老钱严重地伤了一个姑娘的自尊，这是他始料不及的。

开玩笑时必须要注意尺度和分寸，尤其不要拿别人的隐私开玩笑。因为每个人都有隐私，而且也不允许别人触及自己的隐私。一旦有人喜欢拿别人的隐私开玩笑，那他必定是一个不受欢迎的人。

某人和妻子结婚两个月，就生了一个小孩，邻居们都赶来祝贺。这人的一个要好的朋友杰克也来了。他拿来了自己的礼物——纸和铅笔，这人谢过了杰克，并且问："尊敬的杰克先生，给这么小的孩子赠送纸和笔，不太早了吗?"

"不，"杰克说，"您的小孩太性急。本该十个月后才出生，可他偏偏两个月就出世了。再过五个月，他肯定会去上学，所以我才给准备了纸和笔。"

杰克的话刚说完，全场哄然大笑，令这对夫妇无地自容。

调侃他人的隐私是不对的，上例中杰克明显道出了友人妻子未婚先孕的隐私，这样令大家都处于尴尬的局面。

凡事均要讲适度，开玩笑也是如此。开玩笑恰如一个厨师做菜，高明与否，很大程度上取决于对火候的把握程度。过火的玩笑就像被烧煳的菜，令人大皱眉头、大倒胃口。

下面这种抓住同事的缺点进行讽刺挖苦的做法就要不得。

某公司的销售部有个叫张健的销售员，他年轻的时候长过很多青春痘，现在满脸都是疤痕。

一天，一个职员神秘兮兮地跟另一个职员说："嘿，看这张图片，你猜是谁?"

众人挤过来一看，原来是一个橘子皮。

"你拿张健的照片干嘛?"其中一个人喊道。

大家爆笑，于是"橘子皮先生"就成了张健公开的绰号。

张健本人感到十分委屈且恼火万分，从此对开玩笑的同事心存芥蒂。

做一个幽默的人固然很好，但在使用幽默时，要注意避免进入各种各样的误区。如果滥开玩笑，就会令人觉得轻浮，产生负面效应。如果因为一个不得体的玩笑而破坏了良好的人际关系，也就等于在自己面前筑了一堵墙、断了一条路。

喜欢开玩笑或嘲弄别人的人常不知不觉就过了头，因此要开玩笑之前应先三思，以免出口成刀、伤害他人。总之，涉及人身攻击、有批评味道、敏感及隐私问题有关的玩笑要少开，宁可不开玩笑，也不要让人不愉快。

开玩笑时，以下几点需要注意：

1. 开玩笑勿以讥刺他人为乐事

苛刻的玩笑很容易使他人受到伤害，陷于焦虑之中。通常，讥讽、攻击、责怪他人的玩笑也能引人发笑，但是却常常造成意想不到的后果，使本应欢乐的场面变得十分难堪。

2. 不要涉及他人隐私

开玩笑常常会无意中涉及对方生活、工作上的隐私，如此时恰逢对方的恋人、亲人尤其是上级在场，很容易造成言者无心、听者有意，造成坏了对方的"好事"的后果。

3. 不要揭他人短处

将对方生理缺陷、生活污点等短处当做笑料一一抖出，会严重伤害对方的自尊心。

细节 22：反复推敲，委婉艺术地表达自己的想法

同样一个意思，不同的人有不同的说法，不同的说法有不同的效果。你只有认真听，仔细想，反复推敲，才能掌握住适宜的说话技巧，把话

说到对方心窝去。

中国有句古话：“不看你说的什么，只看你怎么说的。”同样一个意思，不同的人有不同的说法，不同的说法有不同的效果。与人交流时，不要以为内心真诚便可以不拘言语，还要学会委婉地表达自己的想法。

有一位国王，梦见自己所有的牙齿都掉了。一觉醒来，他招来一位智者为他解梦。

智者说“陛下，您很不幸，每掉一颗牙齿，就意味着您会失去一个亲人。”

国王大怒：“你这个大胆狂徒，竟敢胡说八道，给我滚出去！”随后，他令人重打这位智者 100 大板。

国王下令找来另一位智者，并向他讲述了自己的梦。认真听完后，这位智者对国王说：“高贵的陛下，您真幸福呀！这是个吉祥的梦，意味着您会比您的亲人长寿。”

国王大喜，令人重赏这位智者 100 个金币。

这位智者走出宫殿时，一位礼宾官很不解地对他说：“真是不可想象。您对梦的解释其实同第一位智者差不多，为什么他受到的是惩罚，而您得到的却是奖赏呢?”

这位智者语重心长地说：“很简单，一切都是因为说话方式的不同啊。”

问题不在于你说了什么，而在于你是怎样说的。舌头是天底下最有威力的武器，它可以打动别人，破除你成功路上的障碍，也可以伤害别人，为你增添阻碍，所以学会利用舌头是人生的必修课。你只有认真听，仔细想、反复推敲，才能掌握住适宜的说话技巧。也只有这样，说话者也会如愿达到自己的目的。

据传在某国的教堂内，有一天，一位教士在做礼拜时，忽然熬不住烟瘾，便问他的上司：“我在祈祷时可以抽烟吗?”结果，遭到了上司的呵责。然后又有一位教士，也发了烟瘾，却换了一种口气问道：“我吸烟时可以祈祷吗?”上司竟莞尔一笑，答应了他的请求。

你在与人交流的时候，一定要注意说话或提出意见都不能太直白，否则就可能会给自己惹来麻烦。

一句话到底应该怎么说，其实很简单，你要只设身处地从他人的角度想想就会明了了。

在周末，许多青年男女伫立街头。他们中间有不少人是等待与情侣相会的，有两个擦鞋童正高声叫喊着以招徕顾客。其中一个说：“请坐，我为您擦擦皮鞋吧，又光又亮。”另一个却说：“约会前，请先擦一下皮鞋吧。”

结果，前一个擦鞋童摊前的顾客寥寥无几，而后一个擦鞋童的喊声却收到了意想不到的效果，一个个青年男女纷纷让他擦鞋。

这究竟是什么原因呢？其实原因很简单，分析一下就可以得出答案。我们听到第一个擦鞋童的话，尽管他的话礼貌、热情，并且附带着质量上的保证。但这与此刻青年男女们的心理差距甚远。因为，在黄昏时刻破费钱财把鞋擦得又光又亮，显然没有多少必要，人们从这儿听出的印象是“为擦鞋而擦鞋”的意思。而第二个擦鞋童的话就与此刻男女青年们的心理非常吻合。“月上柳梢头，人约黄昏后”，在这充满温情的时刻，谁不愿意以干干净净、大大方方的形象出现在自己心爱的人面前呢？

一句“约会前，请先擦一下皮鞋”，真是说到了青年男女心坎上。可见，这位聪明的擦鞋童，正是传送着“为约会而擦鞋”的温情爱意。一句“为约会而擦鞋”一下子抓住了顾客的心，因而大获成功。

相传，某布政使请按察使喝酒。席间，布政使因自己的儿子太多而表示忧虑。按察使只有一个儿子，又为儿子太少而发愁。一名案吏在旁边说：“子好不须多。”布政使听了这话，于是说：“我的儿子多，又怎么办呢？”那位案吏回答说：“子好不愁多。”二人皆大欢喜，大加赞赏，一起举杯痛饮。

所以，一个心理成熟、懂得社交技巧的人应该知道在什么时候，以怎样合适的方式说话办事。实话不一定要直说，而可以幽默、婉转或延迟点说，私下交流而不是当众说，等等。同样是说实话，用不同的方式说，效果会有很大的不同。

一般情况下，人们在说话之前，要经过一番慎重的考虑。要知道，人们强调的不是说了多少话，而是要通过说话最终达成什么目的。所以，在说话之前，一定确立说话的目标；另外，还要学会察言观色，善于把握对方的心理，充分考虑到说什么话、如何说、什么时候说。确定了这几点，再开始说话，才能收到良好的效果。另外，还要充分考虑说话的对象是什么样的人，然后再酌情说话，这样才会避免一些不必要的敌对情绪，成为一个到处受欢迎的人。

细节 23：说话要给人留面子，不要揭人的短处

俗话说："打人不打脸，骂人不揭短。"每个人都会有缺陷、弱点，不可以拿对方的缺陷来开玩笑，不应去触痛别人的"疮疤"。因为对任何人来说，被击中痛处都会引起不快。

俗话说"打人不打脸，骂人不揭短"、"当着矮子不说短话"。说话要给人留面子，不要揭人的短处，免得他由多心而伤心，继而对出言无忌的人失去好感。

我们每个人都会有缺陷、弱点，这也许是生理上的，也许是隐藏在内心中的不堪回首的经历。尤其是在生理上的缺陷，本人无法去改变它，而且内心也许常为此懊恼。不可以拿对方的缺陷来开玩笑，就算为自己的利益着想，也不应去触痛别人的"疮疤"。因为对任何人来说，被击中痛处都会引起不快。

鲁迅笔下所描绘的阿 Q、孔乙已、祥林嫂等人物，虽然性格各异，但在他们身上却有一个共同的特点，那就是都有一处最怕人触动的短处。阿 Q 最怕的就是有人说他头上的疤，谁要是犯了这个忌讳，他准会去找人家拼命，小 D 就曾为此领教过他的拳脚。孔乙已最怕人揭他偷人东西的短，揭了他的短，他便涨红了脸，强词夺理、竭力争辩。祥林嫂的忌讳是她曾嫁过两个男人，这是她精神上最大的负担和面子上最大的耻辱。她捐过了门槛后，本以为自己变成了干净女人，动手去拿供品，但四婶大喝一声，使她旧病复发、精神崩溃。

人们之所以有忌讳，怕别人揭自己的短处，说到底是自尊心问题，怕脸面上过不去。所以，你若想获得朋友，就一定不要触动他们的短处。

古代有一则故事，说的是有一个叫鱼子的人，生性古怪，对人尖酸刻薄，总好揭人短处并以此为乐。有一天，朋友们坐在一起吃酒，其中一个叫吴丑的因老婆管得太严而不敢多喝。鱼子便吵吵嚷嚷地说："你们知道吴丑为什么不敢吃酒吗？是他的老婆管教得太严了。有一次，吴丑喝醉了酒，还被老婆打了几个耳光呢！"吴丑被鱼子当众揭了短处，恼羞成怒，拂袖而去，大家也弄了个不欢而散。

生活中像鱼子这样的人不乏其人。他们认为，只有揭了别人的"短"，才足以证明自己的"长"，以此来获得心理上的满足。却不知这样做的结果只能使人们对他们避而远之。

有一位年轻的姑娘长得很胖，吃了不少的减肥药也不见效果，心里很苦恼，也最怕有人说她胖。有一天，她的同事小柳对她说："你吃了什么呀，像气儿吹似的，才几天工夫，又胖了一圈儿。"胖姑娘立马恼羞成怒："我胖碍着你什么了？又不吃你、不喝你，真是狗拿耗子、多管闲事！"小柳不由闹了个大红脸。在这里，小柳明知对方的短处，却还要把话题往这上面放，这自然就犯了对方的忌讳，不掀起一场风波才怪呢。

俗话说："不打勤的不打懒的，专打不长眼的。"这句话说得实在有道理。因为，人生在世有很多忌讳，如果你在无意之中触犯了别人的忌讳，就会在无形之中得罪对方。所以在说话时，一定要眼观六路、耳听八方，千万不要说大家不愿听的话。

有一位姑娘谈恋爱遇挫，头一回感情旅程就打了"回程票"，心里有点懊恼。这位姑娘性格内向，平时不善言谈，也没有向旁人袒露内心的秘密。单位里一个与她很要好的同事在办公室里看到她愁容不展，就当着众人的面说起安慰话："这个人有什么好，凭你这种条件，还怕找不到更好的？"没等她说完，这位姑娘就跑出办公室。这时，他才感到在这样的地方说这样的安慰话有些不当，可姑娘已无法领情了。几句安慰话倒成了彼此尴尬的缘由。对性格内向的人，一般不宜在众人面前直接给予安慰。尤其是涉及别人的隐私，万万不可"好心办错事"，不宜在公开场合"走漏风声"，在说安慰话时，还得"看人点菜"，不同对象要不同处置。

人们在交谈中常有一些失言："哎，你儿子的脚跛得越来越厉害了。""你怎么还没结婚?""你真的要离婚吗?"等，一些别人内心秘而不宣的想法和隐私被你这些话无情地暴露了出来，实在是不够理智。如果你想让人喜欢，就不要对跛子谈跳舞的好处和乐趣，不要对一个自立奋发的人谈祖荫的好处。不要无端嘲笑和讽刺别人，尤其是别人无能为力的缺陷，否则就是一种刻薄。

大凡具有一定修养、品德高尚的人一般是不揭人短的，这样的例子在历史上比比皆是。唐朝《封氏闻见记》记载：曾做过唐朝检校刑部郎中的程皓，从不谈论别人的短处。每逢朋友中间有人说他人的坏话时，他从不跟着掺和。而且还说："这都是大家乱说的，其实不是这样。"然后再说一番他人的好处。像程皓这样的人怎能不赢得他人的好感呢？人们肯定会愿意与这样的人交朋友。

人们对于自己的忌讳通常极为敏感。由于心理作怪，往往把别人的无意当成有意，把无关的事主动与自己相联系。有时，你随口谈一点什么事，也很可能被视为对他的挖苦和讽刺，正所谓"说者无意，听者有心"。因此，你不仅应避免谈论别人的忌讳之点，同时也应注意不要提及与其忌讳之点相关联的事物，以免造成对方的误会，以至使他的自尊心受到无谓的伤害。在与人相处时，即便是为了对方或是为了大局必须指出别人的缺点，也要讲究策略和方法。

细节 24：职业场所闲谈莫论他人是非

职业场所，我们要掌握说话的技巧，知道什么可以放开了谈，什么属于敏感话题，要尽量回避。这是为了不刺伤别人，同时也是为了保护自己。

旧时茶馆里，喜欢贴一张"休谈国事，莫论人非"的字条。现代是自由的时代，谈谈时局国事不妨事，但另有些上班族敏感区域却要记得避忌。

在职业场合，领导们时常要下诏求谏，表现出一副弃旧图新、虚心纳谏的样子，其实这大多是一些故作姿态的表面文章。你万不可知轻重地提一大堆意见，这时常会招来忌恨，埋下祸根。

在现实中，中国人的圈子里讲关系、讲人情，外企讲制度、讲秩序，很多问题即使客观存在，却也不是谁都可以去碰的。当你人微言轻的时候，更不能动不动就乱放炮，否则自己将第一个受伤。

对上司固然要摆正态度，同事之间也不能大大咧咧，更不能想起什么说什么。

很多公司不喜欢职员之间打听薪水，因为同事之间工资往往有些小差别，所以发薪时老板有意单线联系，不公开数额，并叮嘱不让他人知道。同工不同酬是老板常用的手法，但它是把双刃剑，用好了，是奖优罚劣的一大法宝；用不好，就容易促发员工之间的矛盾，而且最终会掉转刀口朝上，矛头直指老板。后者当然是他所不想见的，所以对“包打听”之类的人总是格外防备。

有的人打探别人时喜欢先亮出自己——其实这样的人亮出来的价值也不大，主动亮牌的往往没好牌，比如先说“我这月工资……奖金……你呢？”如果他比你钱多，脸上会假装同情，心里却暗自得意。如果他没你多，就会心里不平衡了，表面上可能是一脸羡慕，私底下往往不服。这时候，你就该小心了，背后做小动作的人通常是你开始不设防的人。

如果你碰上这样的同事，最好早做打算。当他把话题往工资上引时，你要尽早打断她，说公司有纪律不谈薪水；如果不幸他语速很快，没等你拦住就把话都说了，也不要紧，用外交辞令虚挡一下就可以了。比如，“换个有意思的话题”之类。

如果你转过行，就不要拿现单位和原单位比。无论比出个什么样的高下，老板都不爱听。如果你说“我原来的公司是大牌，那里的管理水平高，工作环境比现在好，效率也要比这里高……”，老板肯定会立即拉下脸，扔下一句“那么好，你就回去吧。”即使老板不在场，同事其实也不爱听你回忆昔日荣光，每个员工对自己供职的公司多少会有心理归属感，贬损新公司，员工很容易以为你也在看低他。

就算你说的都是事实，原来的公司确实不错，但你现在端的是新家的饭碗，这么不忘旧好总是不近人情。但也别以为喜新厌旧就好，如果你在现在的老板面前大谈原先的老板的不是，情况只会更糟。他觉得你今天能这么议论原先单位，下次就会这么说现在的单位。

另外，在办公室里大谈人生理想显然是滑稽的，打工就安心打工，有雄心壮志可以回去和家人、朋友说。在公司里，要是你没事整天念叨“我要当老板，自己置办产业”，很容易被老板当成敌人或被同事看做异己。如果你说“在公司我的水平至少够副总”或“35 岁时我必须干到部门经理”，那你很容易把自己放在同事的对立面上。

因为野心人人都有，但是位子有限。你公开自己的进取心，就等于公开向公司里的同僚挑战。僧多粥少，树大招风，何苦被人处处提防，被同事或上司看成威胁。做人要低姿态一点，是自我保护的好方法。你的价值体现在做多少事上，在该表现时表现，不该表现时就算韬晦一点也没什么不好，能人能在做大事上，而不在说大话上。

办公室是闲话的滋生地，在工作间歇，大家很愿意找些话题来放松一会儿，为了不让闲聊入侵私域，最好有意围绕新闻、热点、影视作品谈天，避开个人问题，放得开而且无害。

余地话：留点容纳“意外”的空间，给自己留下转身的余地

人际交往中的事常是复杂多变的，任何人都难预料以后会发生什么事，过早地把话说满，不留余地，就可能出错。

说话不留余地等于不留退路。因此，我们说话时，要留点容纳“意外”的空间，给自己留下转身的余地。

细节25：将真话变为幽默，曲折地说出来

幽默像一座桥梁拉近人与人之间的距离，填补人与人之间的鸿沟。在特定语言环境中，将真话变为幽默，曲折地说出来，往往能得到意想不到的好结果。

美国一位心理学家说过：“幽默是一种最有趣、最有感染力、最具有普遍意义的传递艺术。”幽默的语言，能使社交气氛轻松、融洽，利于交流。同时，说话幽默也体现了一种待人宽容、小事糊涂的语言沟通要求。幽默的力量，决不仅仅在于博人一笑而已，它能润滑人际关系、祛除忧虑愁闷、营造一个办事的宽松氛围。

在特定的语言环境中，为了避免不必要的麻烦，将真话变为幽默、曲折地说出来，往往能得到意想不到的好结果。

作家谌容访美期间，一次应邀到某大学演讲。大学生提出了各种各样的问题，她都给以直率的答复。

当时有人问：“听说您至今还不是中共党员，请问您与中国共产党

的私人感情如何?”显然，提这样的问题是别有用心的，回答不好会使人处于尴尬的局面。

谌容笑了笑，敏捷地说：“你的情报很准确，我确实不是中共党员。但是，我的丈夫是个老共产党员，而我们共同生活了几十年，尚未有离婚的迹象，可见，我同中国共产党的感情有多深。”

巧妙而又得体的回答，赢得了一片热烈的掌声。

如果对方提出的是你不能回答或不想回答的问题时，可以巧妙地利用其他因素转移话题，控制局面。

尴尬场合、尴尬局面的出现，往往是刹那间的事情，如果缺乏镇静、大惊失色，那只能是手足无措、乱上添乱。如果能在心理上保持平衡与稳定，神色不改、镇静自若地面对出现的问题，则有可能以巧妙机智话语应对尴尬。

美国国家安全特别助理基辛格博士，谈吐幽默、足智多谋，是一位善于应付尴尬场面的外交家。1972 年 5 月，他随尼克松总统访苏结束后，便前往德黑兰作短暂的停留。在到达德黑兰的当天晚上，伊朗首相胡韦达邀请基辛格去看舞女帕莎的表演。帕莎的高超舞艺使基辛格看得出了神。

演出结束后，他和帕莎交谈了许久才回到住所。第二天，在总统的座机上，美国《纽约时报》记者马克斯·弗兰克向基辛格打趣：“你喜欢她吗?”对于如此唐突和不怀好意的戏弄，一般人一定会窘态百出。而基辛格不假思索，一本正经地回答：“她是个媚人的姑娘，而且对外交事务有着浓厚的兴趣。”这位记者领会错了，兴奋地追问：“这是真的吗?”基辛格更加详细地说：“那还有假？我们一起讨论了限制战略武器的方案，我费了好些时间向她解释怎样把导弹装在潜艇上……”

那位记者听到此时，才感到上了当，也只好搭讪着，讨了个没趣，走了。

在与人交谈时，慷慨激昂、锋芒外露，固然是一种能力，但细语声声、诙谐幽默，也是必不可少的一种能力。

要学会幽默，不论是幽默的表达，还是幽默的应对。生活中需要幽默的语言，它会使你的生活更有乐趣。

作家冯骥才访问美国时，一个非常友好的华人家庭来访，双方相谈甚欢。突然，冯骥才发现客人的孩子穿着鞋子跳到他洁白的床单上，这是非常令人不愉快的事，但孩子的父母并没有发现这一点。冯骥才任何表示不满的言辞或表情，都可能会导致双方的尴尬。这时，幽默感帮了冯骥才的大忙。他非常轻松愉快地对孩子的父母说：“请把你们的孩子带到地球上来。”主客双方会心一笑，问题圆满地解决了。

从语言的运用上说，冯骥才只玩了个“大词小用”的花样，把“地板”换成了“地球”，如此一来，这句话的幽默效果就凸显出来了。

我们说话，目的是与人沟通，让对方接受自己的意见和看法。如何让对方在愉悦的心态下接受呢？实践证明，最好的方式是真诚、轻松和幽默。一句幽默的话语，会迅速地缩短人与人之间的心理距离，会在一种轻松的气氛中化解尴尬和矛盾，消除彼此之间的隔阂。

在一家饭店里，有位顾客点了一只龙虾。当服务员端上来时，顾客发现龙虾少了一只螯。于是，他让服务员把老板叫过来，并把龙虾指给老板看。老板赶紧解释说：“对不起，先生。您知道，龙虾是一种好斗的动物，您的龙虾可能是在和它的同类争斗时被夹掉了一只螯。”顾客并没有发脾气，而是说道：“既然这样，你帮我调换一下吧，把那只打胜的给我吧！”老板一听，笑着点头同意了。

这位顾客以一种幽默的方式表达了自己的想法，这种说话方式虽没有批评对方，但却让对方非常受用，既达到了自己的目的，又非常轻松地化解了一次争吵。

有生活经验的人都会认识到幽默对于人生的重要性。它像一座桥梁拉近人与人之间的距离，填补人与人之间的鸿沟。其实很多时候，幽默不仅可帮别人摆脱困境，同时给自己一个台阶下。这个时候，你所赢得的称赞，往往不是在夸耀你的语言功夫，而是你的个性魅力。最重要的是，你因此而化解了很多矛盾，也赢得了很多朋友。

细节 26：模糊表态，让语言富有“弹性”

巧妙回避不宜直言的问题，在一些不可能或不便于把话说得太实太死的时候，利用“模糊”语言让你的表意更有“弹性”。

当别人征求你的意见时，在阐述自己想法的同时一定不要“把话说满”，要注意运用“模糊表态”的方法，这样的回答益处良多。

李勣是唐代初年的大将，原名徐世勣，参加过瓦岗军。瓦岗军失败后投奔唐朝，任右武侯大将军，封曹国公，赐姓李，为避唐太宗李世民之讳而改名李勣。唐高宗李治即位后，李勣任司空，为人机巧、行事谨慎。

高宗李治想立太子，由于王皇后没有儿子，武则天却有，便向大臣们征求意见。

尚书右仆射褚遂良说：“王皇后是世家之女，是先帝为陛下娶的，先帝临终前拉住陛下的手对大臣们说：‘我的好儿子、好儿媳妇，现在托付给你们了。’臣听到过这话，至今如在耳边，没有听说王皇后有什么过错，怎么能轻易将她废了呢？陛下如果一定要变更皇后，恳请好好选择天下的望族，何必要选武氏呢？武氏曾经跟随过先帝，这是众所周知的，天下众人的耳目怎么能遮挡得住呢？”

长孙无忌、于志宁也上书李治，力主不选武则天，但高宗听不进去。

后来，高宗问李勣的看法，李勣生性乖巧，心想这个关键时刻超越自己的本分发表意见，可能招来杀身之祸，废皇后成功与否，都与性命有关。同意废王皇后，要是万一不成功，就将得罪王皇后；不同意废王皇后，如果武则天被选中，无疑是自投罗网。

李勣左思右想，含糊其辞地对高宗说：“这是陛下的家事，有什么必要问外人呢？”

高宗听了这话便下定决心，将褚遂良降职为潭州都督，马上废王皇后和肖淑妃为庶人，下令将武则天立为皇后。

武则天当上皇后之后，任用大臣许敬宗排斥打击不同意拥立她为皇后的大臣，长孙无忌、褚遂良、于志宁等一批人，或者被贬逐，或者被诛杀。李勣因为应付巧妙，避免了祸及自身，并且受到重用。

李勣以“不在其位不谋其政”、含糊其辞的回答，避免了杀身之祸，可谓说话的方圆高手。

清朝的嘉庆皇帝，登基后对前代留下的一些遗留问题进行清理，还准备破格提拔几位曾为父亲作过贡献却被奸臣排挤、打击的官员。但这破格提拔的事在清朝尚无先例，群臣反应不一。嘉庆拿不定主意，便问老臣纪昀。纪昀沉吟良久，说：“陛下，老臣承蒙先帝器重，做官已数十年了。从政，从未有人敢以重金贿赂我；为了撰文著述，也不收厚礼，什么原因呢？这只是因为我不谋私、不贪财。但是有一样例外，若是亲友有丧，要求老臣为之写祭文或作墓志铭，他们所馈赠的礼金，不论多少厚薄，老臣是从不拒绝的。”

嘉庆听完纪昀一席话感到莫名其妙，进而想一想，才点头称许，于是定下破格提拔这批官员的决心。

其中是何原因，原来纪昀用模糊之法，提出自己赞成皇上应该放下包袱、大胆去做的建议。纪昀的这番话听起来言不及义，但细究起来里面大有文章。既然为官清廉，何以对亲友之丧事所得概不拒绝呢？为祖宗推恩无所顾忌之故也。皇上您破格提拔曾为先帝作过突出贡献的官员，本来也是为祖宗推恩、弘扬先帝的德化，还有什么顾忌的呢？这不正和我纪昀为别人写祭文、作铭不推却馈赠，好让死者的后人为死者尽孝的道理一样吗？嘉庆皇帝为人聪慧，哪能悟不出纪昀的话中话呢？

纪昀为何如此含含糊糊呢？出于两种考虑：其一，虽然建议破格提拔这些官员，但没明说。此意见倘若被采纳，是成是败，自己名义上没有介入，皇帝也好，其他人也好，抓不着把柄；其二，嘉庆皇帝秉性聪明，而且有好自作主张的特性。不说吧，皇上不清楚自己的意见，而且还会不高兴。倘若说白了，恐有不自量力的忌讳，会起副作用。不如用此模糊之法，让皇帝自己“悟”出道理来，既说出了自己的意见，又迎合了皇帝喜好自作主张的秉性。纪昀此举，真是一举两得的“糊涂”。

巧妙回避不宜直言的问题，在一些不可能或不便于把话说得太实太死的时候，利用“模糊”语言让你的表意更有“弹性”。

生活中有一类问题，是不能用“是”或“不是”回答的，直言注定要吃亏。所以，聪明人懂得避其锋芒，模糊的问题就模糊回答。

细节 27：凡事不要把话讲得太满，要收放自如

凡事总有意外，而这些意外并不是人能预料的，话不要说得太满，就是为了容纳这些“意外”的。

科学史上有过这样一件事：

一个年轻人想到发明家爱迪生的实验室里工作，爱迪生接见了他。这个年轻人为表示自己的雄心壮志，说：“我一定能发明一种能溶液，它可以使一切物品融化。”爱迪生便问他：“那你想用什么器皿来放这种万能溶液呢，它不是可以使一切物品融化吗?”

年轻人正是把话说绝了，陷入了自相矛盾的境地。如果把“一切”换为“部分”，爱迪生便不会反诘他了。

世事浮沉不定，难以预料。不要把话说死，要留有余地，才会有回旋余地。就像两车之间要保持安全距离，才可以随时调整自己。

某项工作的难度很大，老板将此事交给了一位下属，问他：“有没有问题?”下属拍着胸脯回答说：“没问题，放心吧!”过了三天，没有任何动静。老板问他进度如何，他才老实说：“不如想象中那么简单。”虽然老板同意他继续努力，但对他的拍胸脯已经有些反感。

这是把话说得太死而给自己造成窘迫的例子。把话说得太死就像把杯子倒满了水，再滴就溢出来了；也像把气球灌足了气，再灌就要爆炸了。当然，也有人话说得很死，而且也做得到。不过凡事总有意外，使得事情产生变化，而这些意外并不是人能预料的，话不要说得太死，就

是为了容纳这个“意外”。

你在工作中一定要注意，对上级交办的事应该接受，但不要说“保证没问题”，应代以“应该没问题，我全力以赴”之类的说法，这是为了万一自己做不到所留的后路。事实上，这样说也无损你的诚意，反而更显出你的谨慎，别人会因此更信赖你，即便事情没做好，也不会责怪你。

人说话留有空间，便不会因为“意外”出现而下不了台，因而可以从容转身。所以，很多人在面对他人的询问时，都偏爱用这些字眼，诸如：可能、尽量、或许、研究、考虑、评估、征询各方意见……这些都不是肯定的字眼。他们之所以如此，就是为了留一点儿空间好容纳“意外”；否则一下子把话说死了，结果事与愿违，那不是很难堪吗？

单位领导有时会就某项决策征求职员的意见，聪明人会在发表意见的同时给自己留一条后路。事情若是办成了，当然是皆大欢喜。一旦出现了问题，每个人都会因为自保而推卸责任。这时，关键就看当时大家发表意见时每个人的说法了。在单位决策会上发表自己看法的同时，别忘记加上一句话，“这仅是我个人的想法，方案能否通过，看上级的最终的决策”，就可以使一切留有余地了。

说话不留余地等于不留退路，“要么成功，要么失败”的简单逻辑已不适合复杂多变的社会，为此付出的代价有时是你无法承受的。与其与自己较劲，不如多用一些缓和语气之类的说话方式。因此凡事要留有余地，不要把话讲得太死，要收放自如，让自己立于不败之地，从而在适度和完美之间找到平衡。

对别人的请求可以答应接受，但不要“保证”，应代以“我尽量，我试试看”的字眼。

与人交恶，不要口出恶言，更不要说出“势不两立”之类的话。不管谁对谁错，最好是闭口不言，以便他日需要携手合作时还有“面子”。

对人不要太早下评断，像“这个人完蛋了”、“这个人一辈子没出息”之类属于盖棺定论的话最好不要说，人的一辈子很长，变化很多呢！

说话不留余地等于不留退路。为此付出的代价有时是你无法承受的，与其与自己较劲，不如多用“是……不过……如果……”之类的话语方式。

聪明的人在人际交往中，说话有理有据、有礼有节、很有分寸，从不把话说死说绝，说得自己毫无退路可走。

细节 28：有些话不必说得太直、太具体

语言模糊是日常生活中随机应变的一种重要方法，常用于一些不必要、不可能或者无法把话说得太实、太死的情况。这时，需要求助于语意表达上具有“弹性”的模糊语言来应对。

说话的魅力在于有悬念，如果说话的内容毫无神秘感可言，那么它本身也就没有了耐人寻味的空间。正因为如此，我们在平常说话时，要注意说一说二不说三，让其中的部分内容处于模糊的猜测阶段。这时，我们用得最多的就是所谓的模糊语言。

德国大哲学家康德在 18 世纪就说过：“模糊观念要比清晰观念更富有表现力……我们并不总是能够用语言表达我们所想的东西。”到了 1965 年，美国数学家查德从科学意义上研究了“模糊”这个概念，使人们对数学中模糊性与精确性的关系取得新的认识。他认为：任何事物都在不断地运动、发展、变化中存在。其过渡的、中介的形态是难以绝对精确判定的；同时，各个事物之间的相互联系、渗透、转化的形态也是无穷多样的，往往是亦此亦彼的，所以事物只有在它的中心是明晰的，它的周缘地带都是模糊的。这一观点被现代语言学家所接受，形成模糊语言学。

这里讲的模糊语言是交谈中的一种策略，前提是交谈者并不是表述不清，而是为了某种需要和不便，人为地制造模糊。

有一艘满载游客的豪华客轮，在即将到达旅游景区的时候突然慢慢地停了下来。原来是客轮出了问题。见客轮迟迟不能起航，急于到达旅游区的游客心情开始急躁起来，围着带队的导游，追问客轮何时能够起航，何时能够顺利地到达。有的则进行责问，更有甚者开始叫嚷起来；

情绪激动，可见一斑。这时候，带队的导游则镇定自若、面带微笑，不停地向大家打招呼：“请大家别急，客轮只是出了点小问题。不费事的，技术员们正在做检查，一会儿就好。客轮马上就可以起航，马上就可以起航！为了大家的人身安全，请大家再耐心等待一会儿，再耐心等待一会儿!”她不断地进行重复，游客们的心情终于慢慢平静下来。

在这里，带队的导游针对游客既急于到达旅游区又要一路平安的心理，面对大家的盘问与责备，也没有给出确切的答复，却用一连串的“一会儿”、“马上”等并没有确指的词语给予承诺，然而正是这一模糊语言的运用，使游客们中途平静地滞留了近一个小时。试想，如果带队的导游在没有把握下，给出明确的时间答复，说时间短一些，如“20分钟之后，就可起航。”如果20分钟之后，客轮仍然不能起航，就把自己推向矛盾的境地。到时再作解释，游客们也不能相信，怨声再起，更难平复。或者说时间长一些，也只会增加游客们的怨气，于事无补。当然，更不能面对游客的盘问不给任何的解释。

凡事没有必然，说话没有定法。任何事情的发展变化都得有一个过程，有的还需要一个相当长的演变过程。当事情处于发展变化的初期，实质性的问题尚未表露出来，这时就需要你冷静地等待、观察、了解研究，切不可贸然行事、信口开河地去下结论。如果事情发展的方向最终正确了，可能皆大欢喜、相安无事；但若事与愿违，让别人揪住话柄，就会影响自己的前途和声誉。

在交际中使用模糊语言有以下几种情况：

一是在日常生活中，有些话不必说得太直、太具体，就可以达到目的。如果说得太死、太具体，反而容易被动。

例如，一对恋人上街时，男士突然想起忘了一件东西，说：“请等我一会儿，我去去就来。”这个“一会儿”到底有多长？是5分钟、10分钟，还是15分钟，没有确定的意义，但女方会很准确地理解为不太长的一段时间，会耐心等待。

这种说法就比使用确定的语言表述更好。如果说：“请等我5分钟。”结果因为某种原因耽搁了10分钟，而女方是个时间观念很强的人，就可能造成不愉快。

在日常生活中恰当地使用模糊语言，能使自己有一定的灵活性。

二是从交际策略的需要出发，有意识地使用模糊语言，能力免被动，争取主动。

比如，朋友邀你去做客，你自己无法确定具体时间，就可以说“大约在中秋节前后，我一定去一趟”。这样很灵活，既可以在中秋节前，也可以在中秋节后。

在外交上，这种情况就更多一些。比如，一方领导人当面向另一方领导人发出访问邀请，如果这一邀请事先未商定，被邀的一方对于是否应邀尚无把握，而出于礼貌又不便当场拒绝，通常是说：“我高兴地接受您的邀请，将在方便的时候访问贵国。”这样，如果日后无意往访，可用各种“不方便”为托词。

再如，对突发事件，在尚未弄清来龙去脉、又不得不立即作出反应时，也需要这种伸缩性很大的模糊语言，也有人称之为“外交字眼”。如：“我们注意到××事态的发展。”“我们注意到了贵国领导人的讲话。”“注意到了”只表示“知道了”，但并未点明自己的观点，使自己拥有主动权。

对本来已经清楚的事实或想法，出于某种策略的考虑，故意使用含义广泛的模糊语言，可以使你的话具有某种弹性，能收到良好的效果。

比如，有的企业主管为了纠正某种不良倾向，又不至于使矛盾激化，便使用模糊语言：“最近一个时期，我们员工的纪律状况总体看是好的，绝大多数员工比较自觉，但也有极个别员工表现较差……”这里，使用了一系列的模糊语言：“最近”、“绝大多数”、“极个别”等。

这是一种批评的艺术，它从保护有缺点的员工的自尊心出发，既照顾了面子，又提出了问题。

语言模糊是日常生活中随机应变的一种重要方法，常用于一些不必要、不可能或无法把话说得太实、太死的情况。这时，需要求助于语意表达上具有“弹性”的模糊语言来应对。当然，并不是说在任何情况下说话都要“模糊表态”，那样会给人一种圆滑的印象。只是在你不确定时，不要满口大话。

细节 29：遇到尴尬，耍耍白痴迷惑对方

生活中，遇到一些尴尬的情况时，可耍耍白痴来迷惑对方，让别人以为自己听不懂，而我们则借机曲解他的意思，这样不但给自己找到了台阶，还可以反击对方。

对于一些敏感性问题，提问者一般不直接就问题的本质提出质疑，而是从其他貌似平常的事物着手，旁敲侧击地进行诱导性询问。这时，你可以故意装作不懂对方的真正用意，而站在非常肤浅的层次上曲解其问话，并将这种曲解强加给对方，使对方意识到我方的有意误解实际上是在表达委婉的抗议和回避，从而识趣地放弃自己的追问。很多名人都擅长用曲解来巧妙摆脱对方的纠缠。

在一次记者招待会上，外国记者别有用心地问王蒙："请问，20 世纪 50 年代的你与 20 世纪 80 年代的你有何相同与不同？"这位记者的用意是路人皆知的，王蒙也十分清楚。他不慌不忙地抬起头，从容不迫地回答道："20 世纪 50 年代的我叫王蒙，20 世纪 80 年代的我也叫王蒙，这是相同之处；不同的是，那时我 20 来岁，而现在我则有 50 多岁了。"

记者的提问只给出了年代限定的范围，王蒙虽然知道对方是想借机让他谈一谈对中国国内形势改变的感受，但是却故意装糊涂曲解对方的本意，只是从自己年龄变化的角度作答。这个回答虽然也算是"合格"，但实际上没有真正给对方任何有用信息，令对方大失所望。

在千变万化的生活中，什么样的怪问题都可能碰到，而对付这些怪问题的最佳方案，就是利用语言的多义性作出迅速灵巧的变通，切不可被怪问题困死陷于被动。自然，这种灵活的变通也将会使你走出困境，走向成功。

南朝齐代有个著名的书画家叫王僧虔，是晋代书法家王羲之的四世族孙，他的行书、楷书继承祖法，造诣很深，一手隶书也写得如行云流

水般飘逸。

当时，齐高帝萧道成也是一个翰墨高手，而且自命不凡，不乐意听别人说自己的书法低于臣子。王僧虔因此很受拘束，不敢显露才能。

一天，齐高帝提出要和王僧虔比试书法高低。于是，君臣二人都认真写完了一幅字。写毕，齐高帝问王僧虔："你说，这两幅字，谁为第一，谁为第二？"

若一般臣子，当然立即回答说："陛下第一"或"臣不如也"。但王僧虔不愿贬低自己，明明自己的书法高于皇帝，为什么要作违心的回答呢？但他又不敢得罪皇帝，怎么办？王僧虔眼珠子一转，竟说出一句流传千古的绝妙答词："臣书，臣中第一；陛下书，帝中第一。"

他巧妙地把臣子与皇帝的书法比赛分为两组，即"臣组"和"帝组"，并对之加以评比，既给皇帝戴了一顶高帽子，说他的书法是"皇帝中的第一"，满足了皇帝的冠军欲；又维护了他自己的荣誉和品格，使皇帝更敬重他的风骨，觉得他不是那种专门拍马屁的家伙。

果真，齐高帝听了，哈哈大笑，也不再追问两人到底谁为第一了。

由此可见，面对难题时应把握的应变分寸在于：

当你处在窘迫中时，大的方向是必须明辨事理、说话得当；从实际出发，视情况而定，有什么情况就采取什么行动；既要解决难题，又要让双方都满意。但有一点要特别注意：如果有人故意要跟你过不去，给你制造种种麻烦时，你千万不要大动肝火，如果不能控制自己的情绪就只会激化矛盾、扩大事态，结果二虎相斗、两败俱伤。此时，你既不能感情用事大发雷霆，也不能张口结舌、无所适从，唯一的办法是：头脑冷静，控制情绪，运用办事的技巧，特别是以你的应变术去对付。

据说，有一次，乾隆皇帝突然问大臣刘墉一个怪问题："京城共有多少人？"刘墉虽猝不及防却非常冷静，立刻回了一句："只有两人。"乾隆问："此话何意？"刘墉答道："人再多，其实只有男女两种，岂不是只有两人？"乾隆又问："今年京城里有几人出生，几人去世？"刘墉回答："只有一人出生，却有十二人去世。"乾隆问："此话怎讲？"刘墉妙答："今年出生的人再多，也都是一个属相，岂不是只出生一人？今年去世的人则十二种属相皆有，岂不是死去十二人？"乾隆听了大笑，深以为然。确实，刘墉的回答极妙。因为，皇上发问，不回答不行；要是回答，心中无数又不能乱侃，这才急中生智、趣对皇上。这就叫做所答非所问。

其实，闪烁其词也好，答非所问也好，打岔串音也好，其目的都一样，就是避重就轻。但这几种方法的共性是一个，那就是假装糊涂。因为只有假装糊涂才能闪烁其词，才能答非所问，才能打岔，才能取得你所需的艺术效果。

细节30：不好回答的问题就巧妙地回避

在千变万化的生活中，什么样的问题都可能碰到，对付这些不好回答或不便回答的问题最佳方案就是：迂回地躲闪。

现实生活中，人们在进行言辞交往时，经常会碰到一些自己不能回答或不便回答的问题。对此，又不好不予理睬、拒而不答。这时，只有想方设法地闪避一下，才是上策。一般说来，当你对别人的问题采取闪避回旋的策略后，别人就不会不知趣地穷追不舍。

闪避是言语交际中从礼貌的角度出发的，它的要求是：对别人所问的问题，应当回答，但答要答得巧妙，迂回地达到躲闪、回避别人问话的目的。既要让别人不致难堪下不了台，又要维护自己不能答、不便答的原则。

清初，有位诗赋名家叫周宛云，当时慕名请教的人络绎不绝，都以能见他一面、聆听他的教诲而深以为幸。

刚开始时，周宛云见别人千里迢迢向他求教，对他们格外尽心，是非曲直、好坏褒贬，一点也不隐瞒，以为只有这样，这些求教于自己的人才会有所收获。谁知这些人拿着诗稿都是兴冲冲而来，经他批评一番之后，一个个垂头丧气而去。时间一长，外面议论周宛云老先生的话便多了起来：有人说他狂傲，有人说他自以为是，有人说他浪得虚名，有人说他黑白不分，不一而足。

周宛云老先生十分后悔，对朋友诉苦说：“我既不想招来别人的怨恨，更不想把他们狗屁不通的诗说成是天下绝作，这样该如何是好呢？”朋友淡然一笑，抚慰他说：“你呀！既不说他诗好，又不说不好，只说一句‘真不容易’就不结了？”

周宛云老先生豁然开朗，对朋友这一妙招点头称是。

这一天，有一个老人骑着毛驴带着上百卷诗稿前来向他求教，他改变以前的做法，和颜悦色地问老人：“您做诗到如今有多少年头了？”老人颇为自豪地说：“快 40 年啦！”周宛云老先生用手拍拍诗稿：“在 40 年里，竟能作出 100 多卷诗来，真不容易呀！”老人连连说：“哪里哪里！”心满意足而去。

从此以后，向周宛云请教的人都高兴而来，满意而归。他们回去都向别人说：“宛云老先生说我的诗不容易，真是有眼光！”

若是遇到不合理的问题，不好正面回答时，可以采取巧妙回避，比如说可以转移话题，也可以给个似是而非的答案，也可以空泛地回答。

在国外一个记者会上，有记者问一个官员，在两个党派之争中，支持哪一方。

发言人回答：“谁是正义的我就支持谁。”

记者又问：“那谁是正义的一方？”

官员回答：“谁坚持真理谁就是正义的一方。”

现实生活中，常常有人说话不自觉地就问到了禁忌之处，比如有人问到了你的工资，可是你觉得这是个人隐私，又不好指责他不该问，就可以说“刚刚维持生存啦”、“算是进入小康了”等空泛的概念，或者可以说：“和你的差不多。”这样说话既不会得罪人，也没有说出自己不愿说的话。

著名影星、《西游记》中孙悟空的扮演者六小龄童，在一次记者招待会上，有一位记者问他：“当初谈恋爱，你和于虹谁追的谁？”六小龄童回答：

“到底谁追谁，有什么重要？我们都没有想过要‘追’对方，因为不是在赛跑，一个在前一个在后，我们是夜色中的两颗星星，彼此对望了几个世纪，向对方眨着眼睛，传递着情意。终于有一天，天旋地转，我们就像磁石的两极碰到一起，吸在一起了。”

六小龄童根本就没有回答对方的问题，而是一开始就否定了对方问题的前提，即认为两人谈恋爱不一定是一方主动追另一方，随后便对两人的爱情作了一个浪漫、精彩的比喻。这样既回答了记者的提问，又没有透露自己的隐私。生活中，遇到有人打听隐私的时候，这不失为一个好办法，从一开始就否定对方的问题，自然也就不用按照他的提问来回答了。

一位美国客人参观韶山毛泽东故居之后，在附近一家个体饭店吃饭。老板娘一手正宗湘菜，使美国客人吃得十分满意。付款之后，客人突然发问：“如果毛泽东主席还在，会允许你开店吗?”这话甚难回答，说允许，显然不合实际；说不允许，又有贬低否定之意；干脆不回答，也会影响交际气氛。但见老板娘略加思索后，从容答道：“如果没有毛主席，我早就饿死了，哪里还能开店呢?”

这是对问题的结果认真分析后，巧妙地答非所问的处理问题的事例。美国人问得“怪”，老板娘答得“巧”。老板娘处理这个问题时，好就好在避开了问题的实质，以“颂’代答，既使对方无法获取问话的目的，又使交际场面免于尴尬。而且还维护了国家、民族、个人的尊严，可谓是机智、爽利，无可挑剔，大有外交家的风采。

如果对方提出的是我们不能回答或不想回答的问题时，我们可以巧妙地利用其他因素转移话题，让对方无法得到想知道的答案。

世界著名男高音歌唱家帕瓦罗蒂不愿把自己的体重公开。于是，当有人问他现在体重多少时，他说：“比过去轻。”再追问他过去多重时，他说：“比现在重。”他用的是和对方绕圈子的技巧，绕来绕去，最后对方还是什么信息也得不到。

在千变万化的生活中，什么样的怪问题都可能碰到，而对付这些怪问题的最佳方案，就是做出迅速灵巧的变通，切不可被对方的问题困死陷于被动。

细节 31：不好说的话就传达弦外之音

在人际交流中，总有一些话不好明白地说出来。这时，不妨把自己的弦外之意巧妙地传达，如果对方与你意见统一，大可顺势深谈，如果对方反对，打个哈哈也就过去了。

有时候，我们说话不能直来直去，要懂得迂回、暗示的作用，这样既没有伤害对方的自尊心，也不显得自己的谈话技巧单一，因为和他人之间的谈话，有时候并不能说破、说穿，只要点到为止即可。

暗示，也是一种驾驭术，这种驾驭术具有含蓄、间接的特点。老牛拉车，硬赶不行，就不妨兜个圈子，再把它引上路。

在人际交流中，总有一些话不好明白地说出来。这时，不妨把自己的弦外之意巧妙地传达，如果对方与你意见统一，大可顺势深谈，如果对方反对，打个哈哈也就过去了。如此，进可攻退可守，投石问路，万无一失。

渡江战役前夕，国共和谈破裂，国民党政府即将垮台。周恩来力劝国民党和谈代表留在北平共事，代表们也对国民党政府失去了信任，却不知毛泽东能不能容忍他们这些异党分子，就想探个究竟，也好为自己求得一条退路。可如果直接相问，就明显有乞降之嫌，大家都抹不开面子。有一个成员趁打麻将之机，轻描淡写地问毛泽东：“是清一色好，还是平和好？”毛泽东心领神会，爽快答道：“还是平和好，我喜欢打平和。”

就这样，一个重大的信息悄然传了过去，代表们全留了下来。问者自然高明，回答也是不凡。国民党的和谈代表们既想投靠共产党，又不愿有乞降之嫌，他们借闲聊之际，轻描淡写地将一个重大的消息悄然传了过去；毛泽东心知肚明，同样轻描淡写地在“无意中”将一个重大答复回应了过去。

什么事都说得透亮，并非最高明的谈话。任何一种意思都可以含蓄隐晦地表达，与朋友说话时，言语不可太直，否则会招惹对方不快。当你要向他人传达一种信息，而这种信息又只可意会不能言传的时候，暗示便派上了用场。

委婉暗示自己的意思，将明说有可能造成彼此尴尬和难堪的话暗示过去，看似轻描淡写，实则含意深刻；既能保全对方面子，又能给自己留下回旋和退让的余地，避免出现不必要的尴尬和难堪。

宋朝任益州知州的张咏，听说寇准当上了宰相，就对其部下说："寇准奇才，惜学术不足尔。"这句对寇准的评价是非常正确的，因寇准虽然有治国之才能，但不愿学习。

张咏与寇准是相交很深的朋友，他一直想找个机会劝劝寇准多读些书。因为身为宰相，关系到天下的兴衰，理应学问更多些。

恰巧时隔不久，寇准因事来到陕西，刚刚卸任的张咏也从成都来到这里。老友相会，格外高兴。临分手时，寇准问张咏："何以教准?"

张咏对此早有所考虑，正想趁机劝寇准多读书。可是又一琢磨，寇准已是堂堂的宰相，居一人之下、万人之上，怎么好直截了当地说他没学问呢？张咏略微沉吟了一下，慢条斯理地说了一句："《霍光传》不可不读。"

当时，寇准弄不明白张咏说这话是什么意思，可是老友不愿就此多说一句，说完后就走了。

回到相府，寇准赶紧找出《汉书·霍光传》，他从头仔细阅读，当他读到"光不学无术，谋于大理"时，恍然大悟，自言自语地说："这大概就是张咏要对我说的话啊!"

当年，霍光任大司马、大将军要职，地位相当于宋朝的宰相，他辅佐汉朝立有大功，但是居功自傲、不好学习、不明事理。

寇准是北宋著名的政治家，为人刚毅正直、思维敏捷，张咏赞许他为当世"奇才"。所谓"学术不足"，是指寇准不大注重学习，知识面不宽，这就会极大地限制寇准才能的发挥。因此，张咏劝寇准多读书加深学问，既客观又中肯。然而，说得太直，对于刚刚当上宰相的寇准来说，面子上不好看，而且传出去还影响其形象。张咏知道寇准是个聪明人，以一句“《霍光传》不可不读”的赠言让其自悟，何等婉转曲折，而“不学无术”这个连常人都难以接受的批评，通过教读《霍光传》的委婉方式，使当朝宰相也愉快地接受了。

说话高手不是把心里话都抖出来，而是把该说的说到嘴上，不该说的换一种方法含糊地去说，巧妙含蓄地传达自己的意思，往往能达到良好的效果。

细节 32：千万别轻易说：“这事没问题。”

别轻率地做出许诺，要三思而后行。尽量不说，“这事没问题”，“包在我身上”之类的话，给自己留一点余地。

好面子的习惯害死人，有的人就爱打肿脸充胖子，自认自己很有能耐，朋友一求，马上一拍胸脯，包在自己身上。到头来办不成，误了朋友的事，又损害了自己的名声。

三国时的蒋干就是这么一个人。他自以为了不起，认为自己的口才可以同春秋战国合纵连横的几位雄辩天才相比。他向曹操自荐，称自己可以去说服周瑜投降曹操，而且信心十足，乘一叶扁舟就去见周瑜。周瑜岂是无能之辈，年纪轻轻便能统帅诸多军队，岂是一个同窗的说客可以动摇的？他来至周瑜的兵营，没说上几句，被周瑜玩得团团转，最后走得也不正大光明，带回的密信让曹操上了当，损失两员大将。

所以，哪怕是帮再好的朋友办事，也千万别逞强，说不定还会将事情搞砸。办不成的事，要老实地说，没什么不好意思的。蒋干就是太自不量力，事没办好不说，居然还上了人家的当，孙悟空还跳不出如来佛祖的掌心呢。办不了的事就是办不了，朋友之所以来找你，就因为他也办不成，别为你帮不上别人的忙而感到不好受，与其搞砸了一件事，还不如让他另请高明。

在交际中，你必须知道：当亲友或上司委托你做某事时，一定不要不假思索地满口应承。就算感到抹不开面子，至少也要冷静一分钟，在大脑中转一个圈，考虑这件事自己能不能办得到、办得好。把自己的能力与事情的难易程度以及客观条件是否具备结合起来统筹考虑，然后再做决定。

许多事并不是你想做就能做到的。有时受各种条件、能力的限制，一些事很可能完不成。因此，当朋友提出托你办事的要求时，首先要考虑这事是否有能力办成，如果办不成，你就得老老实实地说“我不行”。这时，如果脸皮厚不了，随便夸下海口或碍于情面、不好意思拒绝都是非常有害的。我们知道，言而有信是做朋友的信条，也是友谊的基础。明明办不成的事却承诺下来，到时候不仅令人失望，还可能耽误朋友的事情。因为，如果你办不成，他可能找别人办或另想其他的法子，但你答应了却没有办成，这样做就会伤了情义。这就是随便答应帮忙的苦果。

如果为了一时的情面接受自己根本无法做到或无法做好的事情，一旦失败了，同事、亲友、上司就不会考虑到你当初的热忱，只会以这次失败的结果来评价你。

某高校一个系主任向本系的青年教师许诺说，要让他们三分之二的人评上中级职称。但当他向学校申报时，出了问题，学校不给他那么多名额。他据理力争，跑得腿酸、说得口干，还是不能解决问题。他又不愿把情况告诉系里的教师，只对他们说：“放心，放心，我既然答应了，一定要做到。”

最后，职称评定情况公布了，众人大失所望，把他骂得一钱不值。甚至有人当面指着他说：“主任，我的中级职称呢？你可是答应过的呀。”而校领导也批评他是“本位主义”。从此，他在系里的信誉扫地，校领导对他也失去了好感。

如果一个人在生活或工作上经常不负责地许下各种诺言，而很少能遵守，结果必须会给别人留下恶劣的印象。

有的朋友托你办的事可能不符合政策，这样的事最好不要许诺，而应该当面跟朋友解释清楚，不然，朋友会认为你不愿办事。有的朋友找你办的事可能不违反政策，但确有难度，就跟朋友说明，这事难度很大，自己只能试试，办成办不成很难说，让他不要抱太大希望。这样做是给自己留有余地，万一办不成，对朋友有交代也不失诚信。对于那些举手之劳的事情，只要答应朋友了，无论如何也要去办好，不可今天答应明天就忘了。否则，朋友找你时，你会很难看，也让朋友对你失去信任。

不要轻率地对朋友做出许诺，并不是一概不许诺，而是要三思而后行。尽量不说“这事没问题”、“包在我身上”之类的话，给自己留一点余地。顺口的承诺只是一条会勒紧自己脖子的绳索。

因此，千万不要轻易许诺，如果许了诺，便一定要遵守。别人会被你的态度所打动，他们会认为你是一个讲信誉的人，从而会信赖、依靠你，你在生活或工作中办起事来自然就会越来越顺。

善意话：只要是善意的，谎言也美丽

善意的谎言本身即是谎言，这一点是毋庸置疑的。谎言、说谎是欺骗，欺骗是不道德的，不道德的事不得人心，这些都是打小师长们就谆谆教诲过。但我们扪心自问，又有谁没有说过谎言呢？无论是对自己的亲人、朋友、还是不相识的人，目的也有很多种，但当我们给谎言加上一个“善意”时，仿佛大家都可能接受了。

细节33：该委婉含糊时，就不要直白

在日常交际中，总会有一些人们不便、不忍或语境不允许直说的话题，需要把“词锋”隐遁，或者把“棱角”磨圆一些，使语意软化，便于听者接受。

其实，“直言直语”本来是人性中一种很可爱、很值得大家珍惜的特质，唯有这种直言直语的人，才能让是非得以分明，让正义邪恶得以分明，让美和丑得以分明，让人的优缺点得以分明。但有时，“直言直语”却是一个人的致命伤。

如果你不掩饰自己的情绪，不管什么场合，也不问对象是谁，不考虑说话会引起什么后果，心里有什么就说什么，直来直去，想说啥就说啥。结果是无意中得罪了别人。

老实厚道的李军是一家公司的中级职员，他的心地是公认的“好”，可是一直升不了职；和他同年龄、同时进公司的同事不是外调独当一面，

就是成了他的顶头上司。另外，别人虽然都称赞他“好”，但他的朋友并不多，不但下了班没有“应酬”，在公司里也常独来独往。

其实，李军的能力并不差，也有相当好的观察、分析能力。问题是，他说话太直了，总是直言直语、不加修饰，直接、间接地影响了他的人际关系。

喜欢直言直语的人的性格一般都具有“正义倾向”，言语的爆发力、杀伤力很强，所以有时候这种人也会变成别人利用的对象，别人鼓动你去揭发某事的不法，去攻击某人的不公。不管成效如何，你总要成为牺牲品，成效好，鼓动你的人坐收战果，而你分享不到多少；成效不好，你必成为别人的眼中钉，是排名第一的报复对象。

所以，在与人交往的过程中，该委婉含糊时就不要直白。

在日常交际中，总会有一些人们不便、不忍或语境不允许直说的话题，需要把“词锋”隐遁，或者把“棱角”磨圆一些，使语意软化，便于听者接受。比如，当你不赞成别人的某种做法时，应巧妙地借助语气助词，把“你这样做不好”改成“你这样做不好吧”；也可灵活使用否定词，把“我认为你不对”改成“我不认为你是对的”；或者用和缓的推托，把“我不同意”改成“目前，恐怕很难办到”。这些话，都能帮助你取得良好的沟通效果，而不至于得罪别人。

平时少直言指出他人处事的不当或去纠正他人性格上的弱点，这不会被认做“爱之深，责之切”，而会被看做和他过意不去。

比如，某甲认为同事小敏的衣服难看，便马上对她说：“腿短而粗的人不适合穿这种裙子。”结果，小敏脸一沉，扭头便走，留下某甲发愣。或者某甲当着处长的面指点小张说：“你的稿子里错别字很多，以后要仔细些。”

实话固然是实话，但不久后却隐约有人传言，某甲惯于在上级面前打击别人，抬高自己。

倘若如此，某甲恐怕会意识到自己的真诚并不那么受人欢迎，既然这样，又何苦呢？

细节 34：有些时候，只有说谎才更加圆满

不加选择、不分对象、不分场合把什么都和盘托出，只会被人当成“笨蛋”来看，只有把握一定的原则，把握好其中的分寸，才会成为一个受人欢迎的人。

遵守道德的标准，谎言就是一种智慧。生活离不开谎言，有些时候，你不能不说谎；在一些非常时候，甚至只有说谎，才会更加圆满。

《最后一片叶子》是美国作家欧·亨利的一篇短篇小说，故事是这样的：

在某医院的一个病房里，身患重病的病人房间窗前有一棵树，树叶被秋风一刮，一片一片地掉落下来，病人望着落叶萧萧、凄风苦雨的景象，身体也随之每况愈下，一天不如一天。她想：当树叶全部掉完时，我也就要死了。一位老画家得知后，被这种悲泣深深打动了，他用画的树叶装饰树枝，使那位濒临死亡的女病人坚强地活了下来。

在生活中，也不乏这样的事例，作为医生，面对一个生命垂危的重症患者，为了宽慰他，医生会对病人说：“只要配合治疗，很快就会康复。”

几乎没有一个医生会对病人说：“你根本没有希望了，很快就会死。”同样，作为病人的亲友，在去探望病人时，即使知道他活不了几天了，也要与医生配合，把谎说下去，让病人满怀信心地接受治疗。因为生命本身有时是会创造奇迹的，即使没有奇迹出现，让病人充满希望地多活两天也是一种人道的表现。这个时候，你不说谎，还能怎么办？

在医疗方面，谎言必不可少；在教育方面，适当的谎言也会对人产生积极的影响。

教育学家通过研究发现，教师如果善用美好的谎言鼓励学生，学生则会树立信心，并且真正有所进步。

曾经有人做过这样的试验：

把能力相当的初一年级学生分成三个小组，第一组经常给予表扬与称赞；第二组经常给予责备和批评；第三组既不给予表扬和称赞，也不给予责备和批评。

给三个组以相同难度的数学练习题做，这个试验连做了一个星期，得出的结论是：第一组学生的成绩在不断上升；第二组学生一开始有进步，中途就停滞不前了，学习效果不好；第三组学生前三天成绩上升，以后的成绩变得直线下降。可见能使学生实力倍增的谎言格外受到欢迎。

有这么一个故事：

王员外家添了个孙子，在孩子满月的那天，来了许多庆贺的宾客，大家边看着孩子边有意无意地闲谈。

李秀才说：“令孙将来一定福寿双全、飞黄腾达、富贵荣华、光宗耀祖!”

罗秀才说：“人都是一样的，这孩子将来也会长大、变老、死去!”

李秀才受到热烈的欢迎，被奉为上宾；而罗秀才则受到客人的鄙视、主人的嫉恨和冷遇。

难道罗秀才说的不是实话吗？当然是实话，可这种实话是不中听的。相反，李秀才说的极有可能是假话，一个人“福寿双全”是很难的，但这种假话却讨得了主人的欢心，因为主人正是这么期望的。

礼节性语言和奉承话可给人们的幻想与虚荣心带来极大的满足，使人从困境与艰难中摆脱出来。它让人觉得自己在别人的生活中是受到尊重与重视的，因此它在生活中也是必不可少的，所以卢梭在《忏悔录》中说：“我从没有说谎的兴趣。可是，我常常不得不羞愧地说些谎话、以使自己从不同的困境中解脱出来。有时为了维持交谈，我迟钝的思维、干枯的话题迫使我虚构一些事情以便有话可说。”

林语堂先生也曾说过：“什么是中国人的教养？我一直苦苦思索，于是发现了以下三点：一说谎；二具有像绅士一样说谎的能力；三以幽默感理解自己心境的平静，并且对地球上的任何事物都不过于热衷”。

人，总是要面对生活的。生活中，真实是重要的，真诚更加重要，这对人生、对社会无疑是有更大价值的。然而，大家所处的社会是纷繁复杂的，大家都是凡人，都期望能出人头地。每个人心中都有这样或那样的欲望和念头，不加选择、不分对象、不分场合把什么都和盘托出，那只会被人当成“笨蛋”来看，只有把握一定的原则、把握好其中的分寸，你才会成为一个受人欢迎的人。

细节35：编造出来的真实往往更具吸引力

你完全没有必要固执于“绝对诚实”。如果你能本着真诚的原则，编造出他人容易接受而不伤害其他任何人利益的谎言，那才是真正的高明。

英国著名作家、戏剧家萧伯纳曾经说过：“我开玩笑的方法，就是编造真实。编造真实乃是这个世界最有情趣的玩笑。”的确，编造出来的真实往往更具吸引力，而且如果能运用得当，它还会给你带来巨大的收获。

《三国演义》中，张松欲献四川地图与曹操。曹操看不起矮小、貌陋的张松，拂袖而去。曹操的主簿杨修是一位能言善辩的人，斥责张松的同时，傲慢地声称曹丞相具有雄才，并出示曹操撰写过的兵法书籍《孟德新书》来佐证。谁知张松博闻强记，拿过来看了一遍，便熟记于胸，而后大声说：“这本书，我们蜀中的三尺小童都能够背得，你怎么能说是‘新书’呢？这是战国时无名氏所作，曹丞相窃为己有，也只能骗得了你这样的人物！”杨修驳斥说：“丞相私藏的书，虽然已经成帙，但是并没有流传开来。你说蜀中小儿暗诵如流，是在欺骗我吧。”张松立即表示：“你如果不信，我现在就背给你看。”于是将《孟德新书》从头至尾背诵一遍，并无一字差错。杨修大惊，得知此事的曹操也纳闷：“莫非古人与我暗合？”竟然下令将这本书撕碎之后烧毁。于是，让杨修领张松来见他。

在这场交锋中，张松之所以能够灭掉曹操、杨修的傲慢气焰而获胜，就在于成功编造了一种“真实”，将本来没有的情况当做客观事实推出，并使对方相信了，最终达到了自己的目的。

而要想让这种编出来的事实真正发挥出它的作用，就需要巧妙把握好两个步骤：

1. 编得合情合理，让对方真假难辨

在你编造某种真实的时候，要尽量显得合情合理，不能与现实生活的差距过大。要编得大致符合当时、当地、当事人的实际情况。

在交往的过程中，如果对方对你抱有某种程度的戒备与警惕，对你所说的一切也会本能地产生怀疑。这就更需要在编造时，在合理上下些工夫。有时，不妨来一点真真假假，造成一种虚虚实实的混沌局面。如张松的“无名氏”，不说具体人名，让人莫测高深。这时，对手的知觉是“实亦实，虚亦实”。于是，也就自然而然地相信你编造的全部内容，而落入圈套。

2. 表达要疏而不漏，态度诚恳

表达形式是言语。同时，应当辅以情感、神态、动作、语调等的帮助。对手对你所编造内容的接受程度，取决于对你表达的感知与理解的深浅。自己的表达越明晰、越确切、越执著，就越有诱惑力，对手的感知与理解力就越强，从而导致其产生错觉的概率也越高。在《三国演义》中，诸葛亮为了孙刘联合抗曹，在劝说周瑜时，便编造出“曹操征伐江南，是为了得到二乔”之说。而为使周瑜深信不疑，其释义意就相当细致周密，先是将曹植《铜雀台赋》中的“连二桥于东西兮，若长空之虾蝾”，改为“揽二乔于东南兮，乐朝夕之与共”，巧妙地移诗意与二乔。激起周瑜大怒后，又佯作惶恐之状，连称：“失口乱言，死罪，死罪！”之后，又故意劝他“事须三思，免致后悔”。这样才巩固了自己所要达到的目的。

因此可以说，表达是在操纵对手的知觉。一旦开始编造，摆在自己面前的是，既要千方百计调动对手的情感，使他对自己建立起足够的信任，又要竭尽全力维护自己的虚拟，使对手没有任何怀疑的余地。要让对方明白：如果不相信你所说的，便会给自己带来麻烦；只有相信你所说的，自己才能获得利益。迫使他只能作出“相信你所说的”这个唯一的选择。

为了更有效，还可以利用人们对共同点具有的认同心理，站到对手的角度上，设身处地为对手的利益说话，使对手感到自己是为他好，双方的利益是一致的，并适当使用一些缓解对方警惕性的言语。如诸葛亮的“事须三思，免致后悔”。现代社会诸如“考虑到我们双方的利益”、“这是人人皆知的”、“早就如此”、“聪明的人都会这样做”之类。如此，对手的防线最终会崩溃，自觉不自觉地会相信你所说的话。

有一年在贵阳举办的中国国际名酒节上，外省的一家经贸公司与贵州一家酒厂谈判，酒厂就成功地运用了这个方法。该公司欲订购白酒 10 吨。但贵州的酒厂如林、名酒如云，各家竞争相当激烈。究竟订哪家的，委实举棋难定。

对这么一宗大生意，厂家掩藏起内心的兴奋，平静而又抱歉地说：“对不起，我们今年的货早已订完了，已开始订明年的了。如果你们需要，我们设法给你们安排明年早一些的。”听了这一席话，公司当然大感意外：“是吗？前天你们还在大拉客户呢！”厂家随即摆出一副赤诚的样子：“商场如战场嘛，你们是聪明人，会不懂吗？那是我们的一种策略。众所周知，我们的酒是根本用不着‘拉’的；更何况过了一天，情况还不会变吗？这不，今天一清早，广东一家公司才将今年的最后一批 10 吨全部订完。你们可以去问问他们嘛！”这么一说果真有效，公司有些急了：“是的，听说你们的酒好，我们才慕名而来。我们来一趟也不容易，能不能通融一下，先挪给我们一些？”厂家故做为难状。

公司更加着急，好话说了一大堆。厂家这才以关怀、同情的口吻道：“既然你们要与我们长期合作，考虑到我们的长远利益，我们可以给其他客户做做工作，每家匀出一点，给你们凑足 10 吨。”

公司听完大喜，厂家更大喜了。

编造出的“真实”，由于经过周密思考和精雕细琢，往往更有可信度。虽然这是一种谎言，但从某种意义上讲，只要你的谎言合乎情理，它比真诚更能打动人，它是人们交往与沟通的一种生活必需。无论是在工作上还是在生活中，无悖于道德的谎言都会为你赢得更多的好处。

如果你能本着真诚的原则，编造出他人容易接受而不伤害其他任何人利益的谎言，那是你的高明。你完全没有必要固执于“绝对诚实”。相反，你若本末倒置，即使“真诚”也会遭人唾弃。

细节36：善意的谎言比实话更有效力

有些时候有必要说点“假话”，使用善意的谎言并不是鼓励你说谎，而是告诉你在某些时候，善意的谎言比实话更有效力。

美国人迈克一生耿直，憎恶人际交往中的任何虚假。为此，他在50年的生命旅途中付出了沉重的代价，并终于有所顿悟，他痛苦地发现自己竟没有一个可以倾心交谈的人，连妻子和儿女也抛弃了他。迈克只能把自己的感悟写在日记上，他这样写道：“我到今天才相信，人与人相处是没有绝对诚实的。有时候，适当的假话和假象更能促进友谊和爱情。”

迈克的经历是许多人困惑的缩影。我们提倡人与人之间应该坦诚相待，但却发现坦诚会使人在许多时候陷入困境。迈克是勇敢的，所以他把人类长期羞于启齿的隐秘说了出来：有些时候，交际并不需要完全诚实。

与人交往时要真诚，但也不能太死心眼儿。因为很多时候，很多人并不喜欢真实；还有一些时候，实话实说会把场面弄僵。这种情况下，你就不妨说个善意的谎言。这样一来，大家皆大欢喜，岂不是更好？

在某些特定的情形下，巧妙的谎言可以活跃气氛、消除尴尬，顺利地进行下一步的沟通。

我们应该以诚待人，应该说真话，这是没有疑问的。但有时也有必要说点“假话”，这一点人们已有一些认识。例如，某人患了不治之症，生命危在旦夕，知道这一情况的亲友多不以实情相告，而是编一些美丽的谎言以隐瞒事实，以期病人在最后的日子里能快乐地度过。换言之，也正因为有了美丽的谎言，才使得病人在病痛中能充满希望地顽强支撑。其实，在一般的交际活动中也常有说假话产生好的效果的时候。怎么理解呢？

1. “效果”的谎言有时是以装糊涂的形式出现的

这种装糊涂的言辞有时能避免或解除尴尬，在同一场合，说大实话倒会带来相反的效果。

生活中，人们常常会碰到这样的场面，到朋友家做客时，主人热情地给客人夹菜，可恰恰是客人不喜欢吃的菜。这时，客人不外乎有两种态度，一种是不拂主人盛情，一边道谢一边违心地说：“好吃！好吃！”结果，一句谎话却让自己很难堪。如果这种态度不改，那就难免要做一辈子难堪的客人。要是主人知道了原委，是要后悔一辈子的。这种窝囊的谎言，既苦了自己又伤了别人，值得吗？另一种态度，便是巧妙地拒绝。先说一句：“别客气，我自己来！”再补充一句：“这个菜我挺喜欢吃，就是胃受不了！”这巧妙的谎言，既不伤主人的面子，又避免了活受罪，岂不两全其美！

2. “谎话”能使本来很有距离的双方达到某种“共识”

一天，李华和朋友去拜访一位教授，那个教授为人严肃，平时不苟言笑。坐了半天，除了开头说了几句应酬话，剩下的只是让人尴尬的沉默。

忽然，李华的朋友看到教授家养的热带鱼，其中几条色彩斑斓，游起来让人眼花缭乱。李华知道这鱼叫“地图”，他也养了几条，还很得意地为这位朋友介绍过。见朋友目不转睛地看，心里纳闷，他又不是没见过，怎么这样？教授见李华的朋友神情专注，就笑着问：“还可以吧？才买的，见过吗？”李华刚想开口：“见过，我家也养着几条呢！”李华的朋友却抢先说：“还真没见过。叫什么名字？明儿我也打算养几条呢！”

教授一听来了兴致，神采飞扬，大谈了一通养鱼经，朋友听得频频点头。那位教授像是遇到了知音，说说笑笑，如数家珍地给他讲每条鱼的来历、名称、特征，又拉着他到书房看他收集的各类名贵热带鱼的照片，气氛顿时活跃起来。

一句谎话使教授前后判若两人，本来几乎陷入僵局的交谈又顺利地进行下去了，这都归功于朋友的一句谎话。若据实相告，那很可能就会继续尴尬下去的。

3. 有时候对家人也应撒点谎

有一对夫妻到国外去创业，刚开始时，他们的生意做得比较顺，赚了一些钱。一次，生意上出现了一些麻烦，导致他们破了产。他们一无所有了，而且还要偿还银行贷款。妻子十分绝望，已经没有了活下去的信心，丈夫为了鼓励妻子的信心，就对她说："你不要急，我还有一部分存款，只是现在不能花，不到万不得已时不拿出来用。"

妻子听了丈夫的话，心里得到了一丝安慰，不再绝望了，恢复了继续奋斗下去的信心和决心。其实，丈夫根本没有存款，只不过想通过这个善意的谎言来安慰妻子而已。

其实，人们反对撒谎，但善意的谎言值得提倡。在日常工作与生活中，每个人都应该学习这种有效的撒谎方法，它是一种善意的谎言，以隐藏真意，不伤及对方为目的。如果在与人交往中能装装糊涂，灵活运用，有时也能避免尴尬、解除窘境，也会使你魅力大增。

肢体话：让身体张嘴说话，此时无声胜有声

体语作为非言语符号，其形成和使用较之语言的出现和运用历史更久，而且其使用频率和使用广度较之言语亦更甚。据美国体态语言学大师伯德惠斯·戴尔的测定，两人沟通时，有65%以上的信息是用非言语符号，即体语传递的。

细节37：暗示代替直言，效果常常更佳

人与人之间的距离是客观存在的，而常常一个小小的暗示就可以把你与别人联系在一起。但暗示需要你去意会，如果错误理解对方的暗示，就会南辕北辙，完全搞反对方的意思。

处理是与非，很多时候是一念间的把握。人与人之间的距离是客观存在的，而常常一个小小的暗示就可以把你与别人联系在一起。但暗示需要你去意会，错误地理解对方的暗示，就会南辕北辙，完全搞反了对方的意思。恰到好处地处理是与非，不在于话说了多少，而在于两个人相互看一眼就会心领神会、心照不宣。这不仅节省了时间，也使墙外的耳朵听不到一点动静。或者你说的是“这”而指的却是“那”，意会者明白，对于其他人就会是一头雾水了。

在工作、学习、社会交际中，处处都有暗示的语言在传送信息。暗示代替直言，效果常常更佳。

一位顾客坐在一家高级餐馆里，把餐巾系在脖子上。餐馆经理很反

感，叫来一个女服务员说：“你让这位绅士懂得，在我们餐馆里，那样做是不允许的，但话要说得尽量委婉些。”女服务员来到那位顾客的桌旁，很有礼貌地问：“先生，你是刮胡子，还是理发？”话音一落，顾客立即意识到自己的失礼，赶快取下了餐巾。

暗示有很多种，但概括起来大致有如下几种，掌握了便可以运用，也可以捕捉对方的暗示：

(1) 故事暗示。以讲故事的方式暗示对方。

(2) 笑话暗示。说话中依靠某种隐蔽的观点，以便使他人形成一种印象，认为这些观点正是自己思维的产物，并于脑中形成思维定式。

(3) 诙谐暗示。以幽默的语言或随意说笑的方式，向他人传递信息。

(4) 岔题暗示。故意把话题引开，以暗示自己心里的想法。

(5) 侧面暗示。从侧面提出一些看似与主题无关的话题，可以此来达到启示、提醒、劝阻、教育他人的目的。反过来，你也可以领会对方侧面说话的意图。

(6) 比喻暗示。用比喻的方式进行暗示。

(7) 反问暗示。反问暗示很大程度上取决于对方的智商，因为谜底被深深地埋在谜面下。

(8) 借物暗示。在同一语境中，故意说其他事来表达心声。

心理学家认为，有许多体态语言能让下属知晓上司的内心世界，了解他所说的是否就是他的真实想法。

当上司拍拍你的肩后部时，表明他真诚地赞许你；上司友好地、坦率地看着你，甚至偶尔眨眨眼睛，则表明他同情你，对你评价比较高或他想鼓励你，甚至准备请求你原谅他的过错；上司说话时不看着你，这是个坏迹象，他想用不重视来惩罚你，说明他不想评价你；上司用锐利的眼光目不转睛地盯着你，则表明他在显示自己的权力和优势；如果上司拍拍你的肩前部时，或从上往下拍，则表明上司倨傲而又显示宽容，这些动作表明他是支配者。

“嘻嘻”的嗤笑，是幸灾乐祸的表现；“嘿嘿”笑时，则意味着讥讽、阴险或者蔑视，这样笑的人多数为狂妄自大、自恃清高的人；“哈哈”大笑时，意味着放松和大胆。

双手叉腰、双肘向外，这是古典体态语，象征着命令式，同时也意味着在与人接触中，他是支配者；手势、表情丰富的领导，是容易冲动、重感情的人；如果手势做得太夸张，那么他就是个敏感的人，容易受别人的影响，是个软弱的领导人。

当上司伸出食指，则表明他是支配者，有进攻性；当上司舒适地向后靠，双手交叉在脑后，双肘向外，这是自负的表现；上司从上到下看了你一眼，则表明其处于优势和支配地位，还意味着自负；上司久久不眨眼盯着你看，表明他想知道更多情况；双手合拢，从上往下压，表明上司想使其内心平静下来；当上司的双手平静地放在背后时，则表明他具有优越性；上司只偶尔看你，并且当他的目光与你相遇后即马上躲避，这种情形连续发生几次，表明面对你，这位上司缺乏自信心；两个食指并在一起，放在嘴边，其余手指交叉在一起，与两个食指形成了一个锥体，这表明在你讲话前，上司已做好了拒绝的准备。

细节38：用微笑传递心语，会更受人欢迎

在笑的范畴内，人们最为推崇的就是“微笑”。你向对方微笑，对方也报以微笑，他用微笑告诉你：你让他体验了幸福感，使他觉得自己是一个受欢迎的人。

笑，能传递愉快；笑，能打破僵局。相比较而言，会笑的人，在社会交往中，比那些严肃的人有更大的优势，更有利于促进人际关系的和谐和增进朋友之间的友谊。

在拥挤的餐厅，当你挨着一个陌生人坐下时，很可能会首先冲他微微点头一笑，意思是说：“对不起，我只能坐在这里了，因为别处没空位。”在公共汽车上，你踩了别人一脚，会立刻致以歉意的一笑，意思是：“实在对不起，我不是故意的，请你原谅!”当朋友把令他愉悦的事讲述给你时，纵然你当时心境不佳，但也会出于礼貌和友情而露出表示

高兴的笑容。同样的，你正处于苦恼之中，但当上级领导出现在你面前时，你也很可能会赔上笑脸。

有个关于笑的传说流传甚广：

唐伯虎是明朝的江南才子，秋香是华太师府上的丫鬟，他们的啼笑姻缘流传至今，不断搬上舞台银幕，最主要的原因是秋香摄人魂魄的笑。

唐伯虎在去庙会的路上，遇上华夫人与秋香等众丫鬟也去上香，一个偶然的相遇，一个短暂的接触，使唐伯虎被秋香的回眸一笑魂牵梦绕。他放不下，忘不了，秋香的笑就像一个神奇的魔法师抓走了唐伯虎的灵魂一样，让唐伯虎乔装成乞丐寻机接近秋香，华夫人与秋香等众丫鬟在回府的路上，又遇唐伯虎前来乞讨，秋香并不知这乞丐就是大名鼎鼎的风流才子唐伯虎，她看这个乞丐憨态可笑，就充满爱心地施舍他两个馒头，并对他回头二笑。

秋香回头二笑，令唐伯虎神魂颠倒，他已经离不开秋香了，怎么才能接近秋香呢？他宁可卖身为奴，到华府做个奴才，也要与秋香在一起。

在华府门前，一身奴才打扮的唐伯虎向华府仆人请求把自己带到华府去。仆人要赶走唐伯虎，于是在华府门前，唐伯虎与华府仆人发生了争吵，秋香与众丫鬟出来观看，此时秋香又对唐伯虎回头三笑。

秋香之笑，使唐伯虎决心一定要进华府。华夫人得知这名身为奴才的人就是唐伯虎，于是百般阻挠唐伯虎进华府。唐伯虎施展才华，写诗作对，挥毫泼墨，最终赢得华太师的信任与喜爱，并把秋香嫁给了他。

唐伯虎才气过人，文字书画精湛超群，一表人才，风流倜傥，按常理，只有绝色佳人才能被他看上。而秋香只不过是个华府里的丫鬟，长得也不是多么出众，她是用什么方法迷住了这个大才子呢？这就是她的笑。

在笑的范畴内，人们最为推崇的就是“微笑”。你向对方微笑，对方也报以微笑，他用微笑告诉你：你让他体验了幸福感，使他觉得自己是一个受欢迎的人，所以他也会向你报以微笑。换言之，微笑可以使人体会到自己的价值和地位。

微笑能给人一种平易近人的印象。善于交际的人在人际交往中的第一个行为准则就是面带微笑。一个友好、真诚的微笑会传递给别人许多信息，能够使沟通在一个轻松的氛围中展开，可以消除由于陌生双方见面紧张所带来的交际障碍。同时，微笑也显示出你的自信，希望能够通过良好的沟通达到预期的目标。

人会笑，所以人有丰富的脸部体语。英语中有“读他人的脸”之说，汉语中有“鉴貌辨色”一词。这都是说，我们可以识别他人面部表情的含义。笑会向我们传递以下信息：

(1) 露出笑容以后随即收起，或把笑容突然收起，随即沉下脸来，说明此人比较深沉。

(2) 停止露出笑容，是向对方表示无言警告。

(3) 不置可否的微笑表示一种婉转地拒绝或进退两难的意思。

(4) 与陌生人相遇或相撞时，露出微笑是为了向对方表示自己没有敌意。服务行业的从业人员脸上常带微笑，除表示没有敌意外，还进一步表示欢迎和友善的意思。

(5) 哑然失笑是企图掩盖自己的内心失望，属一种自我解嘲的笑。咬嘴唇也可以传达同样的信息，但克制程度比哑然失笑强。

(6) 社会地位高的人的笑容比地位低的人要少；而且前者比后者更少用非语言传播方式（即动作、手势和表情）来表达意思。

(7) 女性比男性喜欢笑、容易笑，而且大部分伴随着语言信息的传递。

(8) 女性和男性笑的意义不同：男性在掩饰自己的感情时，大多会露出微笑；女性常带笑容会被认为是缺乏自信、实力不足或有求于人。

(9) 男性之间谈话时，微笑能弥补话题的中断或润滑两人之间的关系。女性之间谈话或男女之间谈话时，女性露出微笑，反而会使谈话中断。

(10) 没有必要露出不高兴神情的场合却做出不高兴的样子，是不愿被人发现其内心喜悦的意思，“假作嗔怒”就是在这种场合做出来的表情。它的对立面是“强作欢笑”，用来掩饰自己内心的痛苦。此类“假作”或“强作”表情的秘密都可能被眼睛或瞳孔传达出来的信息所“揭穿”。因为一个人在高兴和喜爱的时候瞳孔会放大，眼睛就显得有神，反之就会现出眼光滞迟、暗淡的样子。

如何辨别笑的真假是一门很大的学问。真实的微笑，从肌肉的运动可以看出来，这种运动分为两组，一组是将嘴角往上牵动的颧骨肌，另一组是环绕眼睛的括约肌。由于大多数人不能自觉地牵动这些眼部肌肉，因此假笑者只能牵动嘴角，眼睛周围的肌肉却是丝毫未动的。另外，假笑的人的笑脸还会出现不对称现象。感到悲哀的冷笑，可以从内向的人的脸孔看到，当他的努力变成泡沫或遭遇到挫折时，就会垂下双肩幽幽地笑起来。这时的他已经进入"忧郁状态"，陷入自闭的境地，即使有笑容也十分不自然。

细节 39：手势——言语的忠实"帮工"

手势语几乎时时伴随着言语交际，忠实地充当着言语的"帮工"，有时甚至"喧宾夺主"，一马当先，独立地在言语交际中"冲锋陷阵"。

讲话者时常有节奏地做出各种手势。这些手势在强调、渲染讲话者的思想时扮演了重要的不可或缺的角色。

在第二次世界大战中，领导英国进行战争的首相丘吉尔曾做了一个手势，引起了轰动。当时，他出席一个场面盛大而又重要的集会，一露面，群众便对他鼓掌欢呼。丘吉尔随即做了一个表示 victory（胜利）的 V 形手势——用食指和中指构成 V 形。做这个手势时，手心要对着观众。不知丘吉尔是不知道还是一时失误，把手背对着观众了。顿时有人鼓掌喝倒彩，有人发愣，有人忍不住哈哈大笑。这位首相所做的手势不是表示"胜利"，而是一个不尊重别人的动作。

苏联领导人赫鲁晓夫在美国访问期间，他的言论和举止引起一些争议。引起争议的手势之一是，他紧握双手，举过头顶，在空中摇晃。他的意思显然是表示问候、表示友谊。但是，在场的人和电视观众对此并不欣赏。美国人很熟悉这个动作——这是拳击手击败对手后表示胜利的姿势。在此之前，赫鲁晓夫曾说过要埋葬美国的话，许多美国人认为，这种手势表示他好像已经取得胜利，扬扬自得，因此感到不快。

现实生活中，我们应注意各种不同的手势，了解各种不同的手势类型及不同作用。人们在沉默不语的时候，几乎很少有手部完全僵直不动的情景。手势语几乎时时伴随着言语交际，忠实地充当着言语的“帮工”，有时甚至“喧宾夺主”，独立地在言语交际中“冲锋陷阵”。手势语通常对语言起着巨大的辅助作用，有时甚至起着独立作用。手势语与言语二者的相互影响表现为：

(1) 手势语强调言语所传输的信息，如：口头上说某人心宽体胖，同时两臂下垂，在身体两侧微微张开呈弧形加以夸大。

(2) 手势语重复言语所传输的信息，如：口头上要求肃静时，还要手心向下频频拍动。

(3) 手势语代替言语所要传输的信息，如：足球场上的裁判可以不和运动员对话而只以规定的各种手势语传输信息。

(4) 手势语增加言语信息之外的信息，如：当你钓鱼回来向别人讲述那条“溜掉了的大鱼”时，你会用双手比画那条鱼的大小。

手势语与言语关系甚密，不可忽略手势语的交际功能。人的言语有可能是假话，而手势语却能真实地表露人们的情感。英国大哲学家培根就说过：“美的精华在于文雅的动作。”手势语的运用应适切，如何做到适切呢？

(1) 适合交际对象，即应考虑到对方因其社会特征、心理特征或文化、亚文化特点而对手势语理解的影响。例如：

年龄因素——与老年人交谈，双手不可反剪，因为此举有不恭敬之嫌。

文化程度因素——与文化程度低的人多用“洋手势语”，如“OK”手势，就有“卖弄”、“做作”的意味。

工作性质因素——如有本人职业范围以外的人在场，就不好使用那些专业、行业手势符号。如聋哑学校教师所惯用的聋哑人手语、电影导演在摄影棚中的手势语和机场导航人员的手势语等，否则将使人家坠入云雾之中。

民族文化因素——中国人伸出大拇指表示“呱呱叫”，在伊朗绝不能用这一手势，而在日本表示“老爷子”，在欧美一般表示“1”。无视不同民族体态文化的差异，势必造成交际障碍。

(2) 适应交际情境和环境。在家里与友人促膝谈心到得意处，有时会拇指、食指、指掌用力相搓发出声响，但如果换成庄重的场合就有伤大雅。

(3) 适合人际关系。双方关系的重要性，往往甚于交际内容，例如熟人、朋友间的交际也常少不了唠唠家常、扯扯闲话、寒暄客套、戏谑、逗趣，这类谈话的目的无非是保持彼此之间的联系。交谈内容有时会成为膨胀交际过程的水分，而交际意义的主体则体现于交际双方的关系。

交际对象的熟识程度一般分为三级：陌生人、熟人和朋友。熟识程度和关系的差异，决定了我们不能用千篇一律的手势语言对待所有人。比如：

陌生人之间——交谈通常是粗浅的。向生人的自我表露最好以表面信息为主，以不过多的信息量为适度，以委婉、试探性的方式进行信息交流。因此手势语切忌过分，应以少、小、稳为原则。

熟人之间——会有更多的自我表露，从嗜好、牢骚到共同参与的活动等，都是时常谈及的话题。在熟人之间的口语交际中，积极听显得尤为重要。积极听的技巧在于听者的包括手势语在内的体态反应，一声不吭、僵直不动的“洗耳恭听”容易给人漠不关心或消极应付的印象。比如可以配合简语反馈（简短答辞），拍手以示赞同对方的态度，摆手表示附和对方否定的观点，用于比画对方所述物的大小比例以表明理解等，这都有助于促成交往。

朋友之间——如果不能不断地用言语和非言语来传递友谊，那么朋友关系也会回归到相识关系，反之则可能发展为更亲密的关系。尽管朋友间表示关心、忠诚、同感和理解可以有其特别代码，比如有些手势语可以表示默契，然而也不能忽视一般的手势语技巧。

细节 40：用眼泪沟通情感，征服对方

眼泪的语言不过是人们沟通情感的“方言”，也是人们情感沟通的桥梁。会哭而且哭得恰到好处，那才是既有人情味又有男子汉气概的大英雄。

眼泪的语言不过是人们沟通情感的“方言”，是现实生活中感受较强的一种表现，也是人们情感沟通的桥梁。

探索哭泣在生理、社会和情感生活的不同功能时，人们发现，眼泪原本的目的是眼睛的一种生理反应，如今却成为人类的一种特性。我们在解释各种眼泪的意义时，必须有所超越，不再把流泪视为简单的反射行为，而需重视潜藏其中的情感。我们需要聆听的不只是眼泪的语言，还包括隐藏在泪水背后，渴望别人了解自己情感的需求。

在人类的行为当中，眼泪扮演着各色各样的角色。人们总是对眼泪可以突然改变互动情势的强烈力量感到惊讶不已。

一名男医生在医院斥责一名护士。他真的伤害了她，因为严词斥责令人难堪。站在一旁看到这幅景象的人，很明显地看出她愈来愈难过，这名医生却一点也没有注意，依然长篇大论地指责她。

突然，一滴眼泪从她眼中涌出，只是一滴而已，泪珠流下她的脸颊。这位医生一向都是摆足架势，这时却突然住口不言了。这滴眼泪清楚地传达出对方原本看不见的信息。男医生道歉后迅速地离开了。

对医生而言，这滴眼泪真有其他事物无法传达的意义。言辞无法说出的事物，眼泪能够传达。哭泣是多种感情的一种自然表露的方式——喜悦和悲伤都会令人哭泣。所以，当别人开始哭泣的时候，你应该递上纸巾，请求对话“暂停”。

哭，其实是一种学问。哭也有真假。古代历史上，像蹇叔哭秦师、申包胥哭秦廷，那是真哭；而像诸葛亮为周瑜吊孝，谋略的成分就要大

于感情的自然流露了。

《三国演义》里，诸葛亮听说周瑜死了，便去凭吊周瑜。周瑜部将都要杀诸葛亮，因见赵云带剑相随，不敢下手。诸葛亮设祭物于灵前，亲自奠酒，跪在地下，边哭边读祭文："呜呼公瑾，不幸夭亡！修短故天，人岂不伤？我心实痛，酹酒一觞；君其有灵，享我蒸尝……想君当年，雄姿英发；哭君早逝，俯地流血。忠义之心，英灵之气；命终三纪，名垂百世；哀君情切，愁肠千结；惟我肝胆，悲无断绝。昊天昏暗，三军怆然；主为哀泣，友为泪涟……"

这一哭可谓是时惊四方、名垂千古。周瑜三气而命绝，当时，不去吊祭难弥蜀吴之裂痕；去了，不仅如何表白颇费思量，就是自家性命也有危险。诸葛亮长歌当哭，当着活人面哭死人，对着死人说活人，把一个不能言谈、萧萧杀气的灵堂变成为任其声泪纵横的情感表白之地，此举也促进与巩固了蜀吴联盟。

诸葛亮的哭，是他特殊外交手段的大方略。不仅在中国古代，就是现代的外国政坛，能不能哭和该怎么哭，也是一个优秀政治家必须揣摩领悟的技巧。会哭而且哭得恰到好处，那才是既有人情味又有男子汉气概的大英雄。可见，哭不仅是一种特殊的语言，也是一门不浅的学问呢！

倾听话：只有学会“听”，才能更好地“说”

会说话不等于在什么场合都滔滔不绝，只能当主角而不能做观众。有时候，话说得越多，越显得平庸，说出蠢话或危险的话的概率就越大。必要时，你可以把表达的机会留给别人，伏尔泰说：“耳朵是通向心灵的道路。”只有学会“听”，才能更好地“说”。

细节 41：领会对方的弦外之音，别被表面的字眼迷惑

俗话说：“听话听音，锣鼓听声。”如果你想真正地了解一个人，就做一个老老实实的听者，从他的弦外之音中揣摩出对方真正的心思。

俗话说：“听话听音，锣鼓听声。”在交谈时，有些话不会说得那么直白，这就需要你领会对方的弦外之音，别被表面的字眼弄迷糊了。

黎巴嫩诗人纪伯伦曾经说过：“如果你想了解一个人，不是去听他说出的话，而要去听他没有说出的话。”一般来说，一个人不会把自己的真实意见想法直接地表达出来，但他的感情或意见，总会在他的语言表达里体现得清清楚楚。如果你想真正地了解一个人，就不要去刨根问底，试图让对方表白自己，而是要做一个老老实实的听者，从他的弦外之音中揣摩出对方真正的心思。

假设你的车子停在路边，一只轮胎跑了气。正当你在拼命地想办法的时候，一位好心肠的青年走过来，问：“轮胎跑气了？”硬要照字面来解释，你可能回答：“这还看不出来，笨蛋！”可是如果懂得他的用意，

就会好言好语地回答他的关切，也许他立刻就会帮你换轮胎了。

曼宁哲博士在他的《以爱对恨》一书里，把“轮胎跑气了”这句话注释如下：“喂，我看你有麻烦了。别以为我不认识你，现在机会到了，只要你肯，我也许可以做你的朋友。你容我亲近吗？如果我帮助你，你是不是欢迎？我愿意帮助你，可是我不想碰钉子。”

这个年轻人为什么不干脆地说：“我很愿意帮你的忙？”曼宁哲博士解释：“一般人都胆怯，而且彼此猜疑，不愿有话直说。他们愿意探探对方的口气，需要先弄明白对方是不是和自己的性格一样。

在一座山上住着一户人家，平日辛勤地种田，但日子过得还是紧巴巴的。有一天，主人有一位很久以前认识的朋友来访，主人特别要妻子煮一些下酒好菜，两人高兴地谈论到天明。

谁知道，客人这么一来，就连续住了很长一段日子，而且似乎没有打道回府的意思。此时，家里的菜已经快要吃光了，主人又不好明说让客人离开，很是发愁。

隔天，吃完饭后，主人陪着客人聊天。这时候，主人忽然看到庭院的树上有一只鸟正在躲雨。于是，主人灵机一动，对着客人说：“你远道而来，这几天我都没有准备什么丰富的菜肴招待你，真是不好意思！”

“别这么说，我觉得一切都很好。你和嫂子不但款待周到，而且我吃得好、睡得好，感激不尽呢！”

“不，不，不，那是因为您不嫌弃！”

“快别这么说，有你们的照顾，我真的觉得十分舒适。”

“你看窗外树上有一只鸟吗？”

“看到了，怎么啦？”

“我等一下准备拿斧头把树砍了，然后抓那只鸟来煮，晚上我们喝酒时，才有下酒菜呀，你觉得如何？”

客人想了半天，十分疑惑地问：“当你砍树的时候，可能鸟早就飞掉了吧，你怎么抓它呢？”

主人悻悻然地看着完全没听出他弦外之音的客人，无力地回答：“不会的，在这个人世间，还有更多不知人情世故的呆鸟，大树都已经倒了，都还不知道要飞呢！”

故事中的客人，由于不通人情世故，没有听出主人的弦外之音、言外之意，结果成了不受欢迎的人，也致使两人的友情出现了裂痕。在实际生活中，如果揣摩不出他人尤其是领导话里话外隐藏的含义，则可能为自己招来大麻烦。

范军刚调入一家公司时，科长对他说："你才来到，恐怕对此处的各种情况都很生疏，不妨先走走看看，等你把各处的具体情况熟悉了之后再说。"

这位科长似乎十分通情达理，范军也信以为真。他在公司里悠闲地逛了三个月，没做什么具体工作。

没料到，有一天科长突然把范军叫去，用一种十分不快的口吻说："我是欣赏你的工作能力才推荐你来公司的，可是许多职工都反映，你整天闲逛、懒懒散散，大家因此而满腹意见。你可要注意影响，有点作为呀！"

范军听了以后，哑口无言。但他在心里却暗暗地想道："不是你叫我走走看看，熟悉情况的吗？我现在完全按你的吩咐去做，你反而责怪我了。"

这件事究竟是谁的过错呢？只要稍加分析，就能发现，这应完全归咎于范军的天真和疏忽。

范军是被科长看中而特地录用的。开始，科长的嘱咐纯属客套，其背后的潜台词是：新进人员在不熟悉情况时贸然行事，容易遭到老职工的抵制，所以，谨慎小心为妙。

但是，范军对科长的用意居然一无所知，天真地领会科长的客套话，并照办不误，因而出现了纰漏。此时，他若不受科长的责备，才是怪事呢！

领导或上司对部属的期待，不会每次都以率直的语言表达出来，有时嘴上说"这样做"，心中却要求"那样做"。也就是说，上司有时因为碍于情面，会用委婉暗示或其他曲折隐晦的方式把自己的要求说出来。因而，他所形之于语言的和他内心所期待的并不完全合拍、表里一致。

况且，就上面的事例而言，即使科长真的说"闲散一段时间"，范军也不应听其所言去悠闲度日。俗话说："天下没有白吃的午餐。"放眼所有的上司来看，绝没有一人会希望职员无所事事、白拿钱而不干事。

范军本该料到科长的“弦外之音”，掌握领导的“真心”。然后，在熟悉环境和新工作的过程中，与老职工广为交往、多方请教，早日融合在新集体中，并做出一些令上司和同事刮目相看的成绩来。

人生在世，绝不可只注意表面语言。言外之意，往往比语言本身更为丰富。

细节 42：言多必有所误，为人处世要多听少说

言谈能反映出一个人为人处世的涵养功夫，说话能把握分寸，说得恰到好处，是一种修养、一种水平，既不能喋喋不休，口若悬河，又不能该说话时却沉默寡言。

中国有句俗话说：“言多必失。”它是讲，一个人总是滔滔不绝地说话，说得多了，言语中就自然而然地会暴露出许多问题。例如你对事物的态度、对事态发展的看法、今后的打算等，会从言语中流露出来，被你的对手所了解，从而制定出相应的策略来战胜你。而且，你的话多了，其中自然会涉及其他人。别人在传话的过程中也难免会加入他个人的主观理解，等到你谈的内容被谈话对象听到时，可能已经大相径庭了，势必造成误解、隔阂，进而形成仇恨。

人处在不同的状态下，讲话的心情不同，话的内容也会不同。心情愉快的时候，看事看人也许比较符合自己的心思，故而赞誉之言可能会多；有时心情不愉快，讲起话来不免会愤世嫉俗，讲出许多过头的话，招来很多麻烦。

大家一定都有过这样的感受，一个陌生人往往在说第一句话时，就形成了对他的印象，这就是所谓的“先入为主”。因此，当你来到一个陌生的环境中时，说好第一句话是相当重要的。为了给对方一个好的印象，少说话是最有效的办法。一则可以隐藏自己不自信的地方，二则可先了

解对方，然后再讲出自己的意见不迟。如果上来就滔滔不绝，那就很有可能陷入糟糕的境地。

说话应该把握好分寸，有的话该说，有的话不该说；有的时候能说，有的时候不能说。若你总是不看时候、不分场合、不管对错就信口开河，那你迟早会吃亏。事实证明，很多人在事业、生活方面不顺利，追根溯源，都是由于失言造成的。

有一次，一位年轻的女孩来到深受爱戴的牧师圣菲利普面前倾诉自己的苦恼。圣菲利普明白了女孩的缺点，其实她心地不坏，只是常常喜欢说些无聊的闲话。这些闲话传出去后就会给别人造成许多伤害。

圣菲利普说：“你不应该谈论他人的缺点，我知道你也为此苦恼，现在我命令你要为此赎罪。你到市场上买一只母鸡，走出城镇后，沿路拔下鸡毛并随意去扔。你要一刻不停地拔，直到拔完为止。你做完之后就回到这里告诉我。”

女孩觉得这是一种非常奇怪的赎罪方式，但为了消除自己的烦恼，她没有任何异议。她买了鸡，走出城镇，并遵照吩咐拔下鸡毛扔掉。然后，她回去找圣菲利普，告诉他自己按照他说的做了一切。圣菲利普说：“你已完成了赎罪的第一部分，现在要进行第二部分。你必须回到你来的路上，捡起所有的鸡毛。”

女孩为难地说：“这怎么可能呢？在这时候，风已经把它们吹得到处都是了。也许我可以捡回一些，但是我不可能捡回所有的鸡毛。”

“没错，我的孩子。那些你脱口而出的愚蠢话语不也是如此吗？你不也常常从口中吐出一些愚蠢的谣言吗？你有可能跟在它们后面，在想收回的时候就收回吗？”女孩说：“不能，神甫。”

“那么，当你想说些别人的闲话时，请闭上你的嘴，不要让这些邪恶的羽毛散落路旁。”

“病从口入，祸从口出”，这句话确实有一定的道理。大多的灾祸是从自己的言谈中招来的，因而只有慎言才能少祸。

贺若敦是周朝的一名大将，立有大功，因为对朝廷赏赐不公心怀不满，便口出怨言，结果被权臣宇文护逼令自杀。临死时，他叫来儿子贺若弼说：“我因口舌而死，你不能不记住！”接着用锥子将贺若弼的舌头刺出血来，以此告诫他慎言少说。

贺若弼开始还能记住，经常以“君不密则失臣，臣不密则失身”来提醒自己，遇事三缄其口。可随着他在隋朝的功劳日大，地位日高，便把父亲的告诫忘到脑后去了。同父亲一样，他也因对朝廷封官不满而大发牢骚，被免去了官职；他不接受教训，反而怨言更多，于是被逮捕下狱。

言谈的灾祸，主要表现在以下几个方面：一是对国事、政事的滥发议论，所以在以前的茶馆及旅店门上均挂有“莫谈国事”的牌匾；二是对身边的人和事评头论足，正是这种不考虑后果的高谈阔论，惹怒了上司和同事，从而埋下了灾祸的导火线；三是在众人之中鼓唇弄舌、搬弄是非，像长舌妇一样，今天道东家长，明天说西家短。这种缺少修养的言谈，没有不遭到报复的。说话能把握分寸，说得恰到好处，是一种修养、一种水平，既不能喋喋不休、口若悬河，又不能该说话时却沉默寡言。可见，言谈能反映出一个人为人处世的涵养功夫，要把握好分寸和态势。

言多者必有所误，所误必有所失。为人处世，不可言多，道理自在。

细节 43：会说的不如会听的，要学会倾听

常言道：“会说的不如会听的。”倾听别人说话可说是有效沟通的第一个技巧。最会说话的人，通常也是最佳的倾听者。

拥有一副伶牙俐齿，能“口吐莲花”，固然是一件好事。但是千万不要把这一本事用过了头，时时处处指手画脚、喋喋不休。常言道：“会说的不如会听的。”当你与他人交谈时，管住自己的嘴巴，竖起自己的耳朵，少说多听，才是明智之策。

美国汽车推销之王乔·吉拉德曾有一次深刻的体验。一次，某位名人来向他买车，他推荐了一种最好的车型给他。那人对车很满意，并掏出

1 万美元现钞，眼看就要成交了，对方却突然变卦而去。

乔为此事懊恼了一下午，百思不得其解。到了晚上 11 点他忍不住打电话给那人：“您好，我是乔·吉拉德。今天下午，我曾经向您介绍一部新车，眼看您就要买下，为什么突然走了？”

“喂，你知道现在是什么时候吗？”

“非常抱歉，我知道现在已经是晚上 11 点钟了。但是，我检讨了一下午，实在想不出自己错在哪里了，因此特地打电话向您讨教。”

“真的吗？”

“肺腑之言。”

“很好，你用心在听我说话吗？”

“非常用心。”

“可是今天下午，你根本没有用心听我说话。就在签字之前，我提到我的儿子吉米即将进入密执安大学念医科，我还提到他的学科成绩、运动能力及他将来的抱负。我以他为荣，但是你毫无反应。”

乔不记得对方曾说过这些事，因为他当时根本没有注意。乔认为已经谈妥了那笔生意，不但无心听对方说什么，反而在听办公室内另一位推销员讲笑话。

这就是乔失败的原因：那人除了买车，更希望得到对于一个优秀儿子的称赞。

其实，很多人人际关系失败的原因，不在于说错了什么或是应该说什么，而是因为听得太少，或者不注意听所致。一位心理学家曾说：“以同情和理解的心情倾听别人的谈话，我认为这是维系人际关系、保持友谊的最有效的方法。”

成功交谈的秘密在哪里？著名学者查理·艾略特说：“一点儿秘密也没有，专心致志地听人讲话才是最重要的。”

倾听别人说话可说是有效沟通的第一个技巧。最会说话的人，通常也是最佳的倾听者。有调查显示，人们在听别人说话时，往往只能获得真实信息的 25%，而大部分信息都是因为不会聆听而忽略掉了。要想成为一个会聆听的人，你一定要掌握以下要点：

1. 听的态度要正确

在听对方谈话时，不要因为对方的叙述平淡而漫不经心，也不要在别人结结巴巴讲不清时，流露烦躁和责怪的神情。在听的时候，一定要专心，而且态度要谦虚，目光始终注视着对方，不断地采用积极的回应词语，比如“嗯”、“是这样的”、“我就这样想的”等。

2. 不要中途打断对方

有些人在听别人讲话时，常常是听着听着就不耐烦了，就想打断对方的话，来发表一下自己的见解，这是让讲话者非常反感的事。他会认为你不尊重他，也会因为你打断了他的思路，而失去再讲下去的兴趣。有时，谈话并不是一下子就能抓住实质的，应该让对方有时间不慌不忙地把话说完，即使对方为了理清思路而作暂短的停顿，也不要打断他的话，影响他的思路。

3. 善于运用肢体语言

在聆听的时候有时不方便说话，所以可以通过肢体语言来表示：可以不断地点头示意，表示认同对方的话；或者给予微笑，表示鼓励他继续往下说。在聆听时，最好身体向说话看的方向稍稍前倾，表示在全力关注他的话。这个时候，千万不要做无关的动作，如看表、修指甲、打哈欠、伸懒腰或面露不耐烦的表情，这些都是不礼貌的，都会使对方对你产生反感。

4. 提出问题

在提出问题时，一定要围绕着对方所说的话来提，表示你没有听清，或者有新的想法。通过这种提问让对方知道，你是在仔细听他说话，因为仔细听了，才会发现问题。做一个友善、同情而有耐心的倾听者，对于别人的谈话，真诚地表示赞赏，提出别人感兴趣的问题，鼓励他们谈论自己及其所获得的成就。有时候若提问得恰当，可使谈话更深入地进行下去。

5. 重述

在听别人谈话时，不要表示出或坚持明显与对方不合的意见，因为对方希望的是听他说话，或者希望听的人能设身处地地为他着想，而不是给他提意见。在讨论结束时，你可以重复对方说过的某句话或某段话，以此确定你没有误解，也是为了强调重要内容。在重述时，可以说：“正如你指出的意见一样，我认为……”、“我完全赞成你的看法，比如……”。

6. 避免出现沉默

听别人说话，并不是默默地听。听者要有响应地听，不要出现沉默现象，可以采用提问、赞同、简短评论、复述对方话头、表示同意等方法。比如，“你的看法呢”、“再详细谈谈好吗”、“我很理解”、“想象得出”、“好像你不满意他的做法”等，表示全神贯注地聆听。尤其重要的是要能适当地与说话者相呼应，使双方的交谈奏出和谐的乐曲。

7. 要听出言外之意

作为一个会听的人，除了将对方所说的话照单全收之外，还要听出其言外之意，尽可能地收集相关的信息。要从说话者的言语中听出背后隐含的信息，把握住说话者的真实意图。

善于听人说话是一种艺术，如果听者态度诚恳，则说话的人思维与心情都将随之高涨、顺畅，继而谈笑风生、妙语连珠，提出许多新颖的构思，发表许多独特的见解，使谈话的气氛融洽而愉快。相反，如果听者表现出不耐烦，甚至中途打断对方的谈话，并加以反驳，那么交谈就无法进行，应避免这样的情况发生。

专心地倾听是向别人表达的高级敬意之一。当你周围的人意识到你能耐心倾听他们的意见时，他们会自然向你亲近，对你表示好感。这样，你就可以与许多人进行思想和感情上的交流，从而建立广泛的人际关系。

细节 44：话出口前，先在脑子里想一想

一句捧场的话，可以使人飞黄腾达，一句进谗的话，也可以使人折戟沉沙。言辞的力量，比你想象中要大得多。因而，你做事的时候，要三思而后行，说话也一样。

《三国演义》中有一段“白门楼斩吕布”的故事。吕布被曹操所擒，曹操考虑到吕布的本领高强，有意饶其不死，想留下为己所用。为此，他征求刘备的意见。刘备出于种种考虑，希望曹操处死吕布。这时，刘备本可以列举吕布的很多劣迹恶行，但他仅选择了吕布心狠手辣、恩将仇报、亲手杀死义父的典型事例来说服曹操。刘备只说了句：“公不见丁建阳、董卓之事乎？”一句话，提醒曹操想到吕布反复无常，很难成为心腹，弄不好就成为吕布的刀下鬼。于是，曹操下决心，立斩吕布。

吕布曾有恩于刘备，吕布被斩之前，也曾提醒刘备：“君不记辕门射戟之事乎。”然而，刘备却不予理会，只用一句提示性的话，就坚定了曹操的决心，立时就要了吕布的性命。

据说，墨子的学生曾经问墨子：“话是说得多好，还是说得少好？”墨子说：“你看田里的青蛙，整天叫个不停，却没有人理会它。而公鸡每天只在天快要亮的时候，才叫一两下，人们都很注意它。可见，话不在说得多而在说得有用。”

林肯曾经为诉讼历史上最著名的案件作过精彩辩护，在短短一分钟的时间里就驳倒了对方两个小时的论述。事情是这样的：

在罗克岛和达文波特之间，有一条大河，河面非常宽阔。于是，罗克岛铁路公司决定在这条河上修建一座大桥，以便能让人们顺利通行。但是，这个时期正是轮船公司生意最好的时候，如果在此时修建大桥，势必会影响轮船公司的经营秩序，经济毫无疑问也会下滑。

于是，轮船公司为了阻止罗克岛铁路公司在这个时期修桥，把罗克岛铁路公司告上了法庭，试图让法律否定他们的决定。谁也没有料到，这会成为运输历史上最著名的诉讼案件。

轮船公司的辩护律师叫韦德，是个相当有名的“利舌律师”。法庭辩论的最后一天，听众云集。他滔滔不绝，讲了两个小时，声音很大，法庭外面也听得到。他千方百计要为轮船公司辩护，甚至暗示修建铁路桥会引起航运工人抗议和游行。

轮到罗克岛铁路公司的律师林肯发言时，听众不耐烦了，怕他也滔滔不绝。那也正是韦德律师的计谋。但是，林肯没有那么做，他只用了一分钟，不可思议的一分钟，案子因此闻名。

林肯站起身来，停顿了一会儿，仿佛让大家重温法庭庄严，然后平静地说："首先，我向控方律师的滔滔雄辩表示祝贺。但是，跨河陆地运输远比河内水上运输重要。陪审团各位，你们要裁决的唯一问题是，对于未来发展而言，跨河陆地运输和河内水上运输哪一个更重要，哪一个是不可阻挡?"一分钟，他说完了，坐下。陪审团只用了很短的时间就做出了裁决，建桥方胜。

林肯的话语简明扼要，抓住事情的关键，起到千万言也不能比的效果。许多人都有喋喋不休的坏习惯，一分钟就能讲明白的事，却非得说15分钟。人们一般最厌恶的就是谈话抓不住重点，旁敲侧击、不着边际，结果，说来说去也使人无法把握住他谈话的要点，这样的人常常会让人厌倦。

为了使你的话更有力度，在话未出口时，先在脑子里构思一个轮廓，然后再按次序有条不紊地说出来就行了。如果你使用的是电话交流的方式，最好事先把要谈的事情逐一列出，写在一张纸上，然后再说："我知道你很忙，有这么几件事需要和您讨论……"。这样一来，对方就很容易接受，从而愿意和你交谈。

细节45:在不漏掉有用信息的前提下,语言越简洁越好

在不漏掉有用信息的前提下，语言越简洁越好。不要躲躲闪闪或拐弯抹角地说话，该说什么就说什么，这并不意味着你品味低俗，而是说明你有恰当的词汇可用。

一些大公司的门口，常写着这几个字："要简捷，所有的一切都要简捷!"这张布告提示我们：办事要简捷，长话短说是很必要的，因为喜欢赘言长谈的习惯已经不适用于今日了。

很多人以为口才就是口若悬河、夸夸其谈，实际上，这是一种误解。特定场合下也许用得上这种方式，但在更多的时候，这并非表示我们很

有口才，相反，却会证明我们说话缺乏诚意、不负责任。因为这种说话方式很容易让人以为是夸大其词，必定会受人怀疑和轻视。

如果我们希望别人注意我们，必须创造或者借用一些绝妙的好词好句。多读一些语言大师所写的书，挑选一些妙联佳句，学习一些有趣的名人名言、睿智的故事，在适当的场合不经意地脱口而出，都可以收到良好的效果。

有一次，美国的艾森豪威尔将军应社团之邀，担任演讲会的讲演者之一。在他前面，已经有五位演讲者滔滔不绝地发表了长篇大论。

轮到艾森豪威尔将军上台讲演时，已将近半夜，不少听众无精打采，有的甚至昏昏欲睡。他环顾四周说："在我前面几位先生的演讲内容，合起来可成为一篇精彩的长篇小说，我实在没有能力增加一个字。可是每篇文章都应该加上标点符号，就让我来为这部长篇小说点上结束的句号吧!"

艾森豪威尔将军说完，就走回座位。结果，博得满堂喝彩。

言多众人忘，言少众人记。事后，听众记住了艾森豪威尔将军的"句号"，却忘记了那一部"长篇小说"。讲得多是一回事，讲得恰当、得体是又一回事。许多人都有喋喋不休的习惯。对此，只告诉他三个字：改掉它，否则后患无穷。

在不漏掉有用信息的前提下，越简洁越好。不要躲躲闪闪或拐弯抹角地说话，该说什么就说什么，这并不意味着你品味低俗，而是说明你有恰当的词汇可用，而没有进行不必要的掩饰。一般人总误解推销员知少说多、自卖自夸。说得多了，反而会把顾客吓跑。通用电器公司的一位副总裁曾说过："我们在会议上投票表决，推销员为什么会失去推销机会，结果 75%的人认为是说得太多了。"

在与人交谈中，措辞的简洁和高雅是非常重要的一环。如果措辞啰啰唆唆，谈话抓不住重点、不着边际，说来说去也使人无法把握住他谈话的要点，这样的人常常会让人厌倦。

要做到措辞简洁高雅，在谈话中应该着重注意以下几个方面。

1. 说话要尽量简明扼要

说话一般是越简明越好，有些人在叙述一件事情时说了很多话，但还是无法把他的意思表达出来。听者花了很多时间和精力，仍然不知道他想说明什么东西。如果你犯有这种毛病，一定要自己矫正。矫正的最好办法是，在说话之前，先在脑子里作一个初步的计划，然后再把计划要说的东西讲出来。

2. 用语不要过多重叠

在汉语里，有时的确要使用叠句来引起别人的注意或加强语气。但是，如果滥用叠句，就会显得累赘。例如，许多人在疑惑不解的时候常常会说："为什么，为什么?"其实，一个"为什么"就足以表达你的疑惑之情，为什么偏要多加一个呢？还有的人答应别人一件事情的时候，常常说："好好好……"，一连说上好几个，其实，说一个"好"就足够了。如果你有这个毛病，也还是改一下好。

3. 同样的言词不可用得太频繁

一般地说，听者总希望说者的语言丰富多彩。你虽然不必像某些名人所说的那样，每说一事都要创造一个新词汇，但也应该在许可的范围内尽量使表达多样化，不要把一个名词用得太频繁。即使是一个非常新奇的词，如果你在几分钟之内就把它复述了好几次或十几次，那么人们对它的新奇感就会丧失，并对它产生一种厌倦感。

4. 要避免口头禅

有些人的交谈中非常爱说口头禅，诸如"岂有此理"、"我以为"、"俨然"、"绝对的"、"没问题"一类的话几乎是脱口而出，不管这些话是否与所说的内容有关联。这类的口头禅说多了，不仅影响说话的效果，而且还很容易被别人当做笑柄。因此，这类的口头禅应下决心不说。

5. 要避免使用粗俗的词

常言道："言语是个人学问品格的衣冠。"一个相貌堂堂、看上去高贵优雅的人，如果一开口就说出粗俗不堪的话，那么别人对他敬慕之心就会马上烟消云散。其实，这些人中的相当一部分并非学问品格不好，只是在追求语言的新奇和俏皮的过程中染上了这种难以更改的坏习惯。在交谈中，你一定要下决心改掉这种坏习惯。试想一下，在一个陌生人面前，你说了粗俗的话，他会怎么想呢？他不一定会认为这是一个习惯问题，而可能会认为你是一个修养不足、不可交往的人。

6. 不要滥用术语

粗俗的词不可用，太深奥的词如专用术语也不可多用。如果不是同一个学者讨论学术问题或不得不用时，过多地使用专业术语，即使你使用得很恰当，也会给别人以故弄玄虚的感觉。满口诸如“形而上学”、“一元论”、“二元论”、“沙文主义”、“哀的美敦书”等术语，不懂的人认为你在炫耀才学，而听得懂的人则认为你非常浅薄。

上述几点只是列举了几个易于为人们觉察到的问题，那些较为隐晦的问题还有赖于说话者自己在实践中去揣摩和克服。如果你在说话时能措辞简洁、生动、高雅而又贴切，那么就可能会成为一位交际明星、说话好手。

细节 46：有时，静静地听比大声地说更能倾入人心

沉默可以掩饰你的喜怒情绪、平息对方的怒火。有些时候，适时的沉默常常比雄辩更有说服力，也更有威慑力。

在人生绝大部分时间内，说得越少，就显得越神秘，就越能掩藏自己的真实意图，越能控制别人。当一个人能够适时地闭上嘴巴时，他就会获得更多成功的机会。

有一位不速之客突然闯入洛克菲勒的办公室，直奔他的写字台，并以拳头猛击台面，大发雷霆：“洛克菲勒，我恨你！我有绝对的理由恨你！”接着，他恣意谩骂他达十分钟之久。办公室所有职员都感到无比气愤，以为洛克菲勒一定会拾起墨水瓶向他掷去，或是吩咐保安将他赶出去。然而，出乎意料的是，洛克菲勒并没有这样做。他停下手中的活，用和善的神气注视着这一位攻击者，那人越暴躁，他便显得越和善。

那名无理之徒被弄得莫名其妙，他渐渐平息下来。因为，一个人发怒时遭不到反击，是坚持不了多久的。于是，他咽了一口气。他是做好了来此与洛克菲勒作斗争的，并想好了洛克菲勒将要怎样回击他，他再

用想好的话语去反驳。但是，洛克菲勒就是不开口，所以他不知如何是好了。

最后，他又在洛克菲勒的桌子上敲了几下，仍然得不到回应，只得索然无味地离去。洛克菲勒呢？他就像根本没发生过任何事一样，重新拿起笔，继续他的工作。

不理睬他人对自己的无礼攻击，便是给他最严厉的迎头痛击！成功者每战必胜的原因，就是当对手急不可耐时，他们依然故我，显得相当冷静与沉着。

有许多人在遇到麻烦的时候，常常喋喋不休、唠叨不止，因此暴露了自己的弱点。处在这种尴尬的情况下，与其聒噪不停，甚至说错话，倒不如保持沉默。

另外，当一个人在发泄他的愤怒和不满情绪时，也要注意保持沉默，千万不要插嘴，等他发泄完了心中的怒火，心中舒坦了，就会对你产生感激之情。

渡边君是一家空调公司的客服人员。一天，公司收到客户一封措辞十分严厉的对空调公司服务不满意的信，公司便派他到这位客户家中调查调解此事。

那位客户一听是空调公司的人，脸色立刻变得铁青。当时，渡边君心想："我的第一任务是让这个家伙火一样的怒气平息下去。"所以，他一言不发，只是静静地听对方大发牢骚。等客户终于把那些埋怨空调公司的话说完之后，渡边君也知道了问题的症结所在，便有针对性地提出了调解方案。

听完渡边君的建议之后，那位客户拍着他的肩膀说："小伙子，你这话倒还中听。不过，我埋怨的是那浑蛋的空调公司。"渡边君接着说："我很感谢您中肯的意见。但是，如果您不说您的问题已得到满意的解决，我是不能回去的。"

"好的，"这位客户说，"就看在你的面子上，我以后再也不写信到你们空调公司去了。"果然，他很守信，以后再也没有写信到空调公司去。

当对方正在气头上时，唯一能使他平静的办法是：静静地听他把话说完。此时的沉默会给对方留下宽厚、大度和尊重别人的印象。这样，你很快就能与他建立起感情，问题也就好解决了。

不同的沉默方式，如果运用恰当，会收到不同的效果。

1. 转变话题的沉默，能使人乐而忘求

对要回答的问题保持沉默，而选准时机谈大家关心的热门话题，往往是转变话题的最高明手法。

2. 一如既往的沉默能使人就范

当有人对自己分内的事要推脱抱怨的时候，你越好言相劝，他会越以为自己受了不公正待遇。保持沉默，会让他在冷静之后反省自己，学会尽职尽责。

3. 咄咄逼人的沉默能使人不攻自破

对犯了错误的人，沉默是一种有效的冷处理，比喋喋不休的谴责更有力度。

4. 平平淡淡的沉默能使人深思

有些人态度积极，但发表意见时不免有些偏颇。直截了当地驳回，又易挫伤其积极性；循循善诱时，又费时间和精力，最好的办法便是平平淡淡地保持沉默。

几个人一起谈话时，你说他听、他说你听，相互交流、相互沟通，虽不应该唱独角戏，但也不是你要应答所有人的话，应该懂得适时保持沉默。

适时保持沉默，是一种智慧的表现。在实际生活之中，如果能够灵活运用，将对你的事业起到不少的帮助。

细节 47：耐心倾听，让对方尽情地说吧

如果你不同意对方的话，也许很想打断他，请不要那样做，那样做很危险。你要耐心地听着，抱着一种开阔的心胸，诚恳地鼓励他充分地说出自己的看法。

有些人在与陌生人初次谈话时，总喜欢自卖自夸、喋喋不休，让对方在大多数时间内听自己说，其实这是错误的。让对方尽情地说话吧！他对自己的问题了解得比你多，所以向他提出问题，让他把一切都告诉你。

如果你不同意他的话，也许很想打断他。不要那样做，那样做很危险。当他有许多话急着要说的时候，是不会理你的。因此，你要耐心地听着，抱着一种开阔的心胸，诚恳地鼓励他充分地说出自己的看法。

唐太宗李世民曾以诚恳地诱导他人说出自己的看法著称。

魏征在当时是朝野上下都敬佩的官吏。满朝文武既敬佩他的博学多才，又敬佩他的直言进谏，他因此一时名噪朝野。然而，唐太宗却不相信，总想找机会试探魏征。有一次，魏征进谏，太宗问道："魏爱卿，你是忠臣还是良臣？"

魏征深深地低着头说："老臣一向为国鞠躬尽瘁，往后当然也会坚守岗位，不负陛下所托。但请陛下不要把老臣视为忠臣，就当做是良臣吧！"

唐太宗问道："忠臣与良臣有何不同呢？"

"自然有所不同。所谓良臣非但其本身可受世人称赞，而且也可以为君主带来明君的隆誉，双方都一样可以世世代代繁荣下去。忠臣非但自己会遭受诛杀的横祸，而且君主也会背上暴虐无道的罪名，国家也会灭亡，最后也许只留下'曾经有位忠臣'的名声流传后代。由此可见，良臣与忠臣有如天地之别！"唐太宗听后深感佩服。

刘先生是一家天然食品公司的推销员。一天，他还是一如往常地把芦荟精的功能、效用告诉一位陌生的顾客，对方和别的客人一样没有兴趣。刘先生自己嘀咕："今天又无功而返了。"当刘先生正准备向对方告辞时，突然看到阳台上摆着一盆美丽的盆栽，上面种着紫色的植物。刘先生对对方说："好漂亮的盆栽啊，平常似乎很少见到。"

"确实很罕见。这种植物叫嘉德里亚，属于兰花的一种。它的美，在于那种优雅的风情。"顾客从容地解释道。

"的确如此。会不会很贵呢？"刘先生接着问道。

"很昂贵。这盆盆栽就要 800 元呢！"顾客从容地接着说。

“什么？800 元？”刘先生故作惊讶地问道。

他心里想：“芦荟精也是 800 元，大概有希望成交。”

他慢慢把话题转入重点：“每天都要浇水吗？”

“是的，每天都要很细心地养育。”

“那么，这盆花也算是家中的一分子喽！”这位家庭主妇觉得刘先生是个有心人，于是开始向他传授关于兰花的知识，而刘先生也聚精会神地听。

过了一会儿，刘先生很自然地提道：“太太，您这么喜欢兰花，您一定对植物很有研究。您是一个高雅的人，肯定也知道植物带给人类种种好处，带给您温馨、健康和喜悦。我们的天然食品正是从植物里提取的精华，是纯粹的绿色食品。太太，今天就当做买一盆兰花，把天然食品买下来吧！”

结果对方竟爽快地答应下来。她一边打开钱包，一边还说道：“即使是我丈夫，也不愿听我唠唠叨叨讲这么多。而你却愿意听我说，甚至能够理解这番话。希望改天再来听我谈兰花，好吗？”

这一结果出人意料，但并非情理之外。实际上，只要你善于以话语诱导陌生人，你要办的事情往往会柳暗花明，甚至在你毫不知情时走向成功。

中　篇

到什么山唱什么歌，在什么场合说什么话

场合就是指谈话的社会环境、自然环境和具体场景，具体场景又涉及谈话的时间、空间及周围环境。它们虽然无言，却在言语交际中起到不可低估的参与和影响作用，谈话双方对于话题的选择与理解、某个观念的形成与改变、谈话的心理反应以及交谈结果，无不与场合有直接联系。这就要求谈话者必须估计场合影响，并有意识地巧妙利用场合效应。

开场话：用恰当的话开启陌生的门，给他人留下美好印象

良好的开头，往往会给他人留下美好的第一印象。当你面对陌生人时，应该开口的时候就开口，应该搭讪的时候就搭讪。每个人都渴望别人的尊重，当你能够一开口就叫出别人的名字，便会赢得他人的友谊。

细节 48：主动、热情地通过话语探寻与对方说话的共同点

两个萍水相逢的人要想在短暂的时间内，达到心灵上的共鸣，说好第一句话至关重要。说好第一句话的关键是给人亲热、友善、贴心的感觉，消除彼此间的陌生感。

人们经常需要同一些陌生人打交道。初次见面，给人的印象最为关键。俗话说：“酒逢知己千杯少，话不投机半句多。”有的人相处一辈子形同路人，而有的人却一见如故。两个萍水相逢的人要想在短暂的时间内，达到心灵上的共鸣，说好第一句话至关重要。

说好第一句话的关键是给人亲热、友善、贴心的感觉，消除彼此间的陌生感。常见的方式有三种：

1. 以攀认式的谈话拉近彼此的距离

赤壁之战中，鲁肃见诸葛亮的开场白是：“我，子瑜友也。”子瑜，就是诸葛亮的哥哥诸葛瑾。短短的一句话就拉近了鲁肃跟诸葛亮之间的关系。其实，任何两个人，只要彼此留意，就不难发现双方有着这样或那样的“亲”、“友”关系。譬如：

"你是北京大学毕业生，我曾在北大进修过四年。说起来，我们还是校友呢!"

"您是文艺界老前辈了，我也是个文艺爱好者。咱俩真是'近亲'啊。"

"您来自皖南，我出生在皖北，两地相隔咫尺。今天得遇同乡，令人欣慰!"

这种初次见面互相攀认式的谈话方式，很容易让人在短时间内产生一见如故的印象。

2. 敬慕式的谈话方法给人一种贴心的感觉

对陌生人表示敬重、仰慕，这是热情有礼的表现。用这种方式必须注意：要掌握分寸、恰到好处，不能胡乱吹捧，说话的内容要因时因地而异。

例如：

"您的艺术品我曾经观摩过多遍，受益匪浅。想不到今天竟能在这里一睹艺术家的风采!"

"今天是八一建军节，在这光辉的节日里，我能见到您这位为中国革命出生入死的老战士，的确很荣幸。"

"桂林山水甲天下，我很高兴能在这里见到您——尊敬的山水画家!"

3. 问候式的谈话给人一种亲切、友善的感觉

把"您好"作为向对方问候致意的常用语。如果能因对象、时间、场合的不同而使用不同的问候语，效果则更好。对德高望重的长者，应说"您老人家好"，以示敬意；对年龄跟自己相仿者，称"老× (姓)，您好"，显得亲切；对方是医生、教师，说"李医生，您好"、"王老师，您好"，有尊重意味。节日期间，说"节日好"、"新年好"，给人以祝贺节日之感；早晨说"您早"、"早上好"则比"您好"更得体。

两个武警战士从浙江某县城上车，坐在一条长椅上。

"你好，请问你在什么地方下车?"其中一人问对方。

"到终点站，你呢?"另一人说道。

"我也是，你到浙江什么地方?"

"我到杭州找女朋友，你就是此地人吧?"

“不是的，我是从外地来走亲戚的。”

经过双方的言语试探，双方发现彼此都对这个城市很熟悉，对浙江很了解，这样他们的共同点就彼此都清楚了。两个人发现对方与自己的共同点后谈得很投机。

一个陌生人在面前，你不必拘束。只要主动、热情地通过话语努力探寻与他们交谈的共同点，赢得对方的好感，这样就能拉近你们之间的距离。

总而言之，说好初次见面的第一句话是叩开对方心扉的敲门砖，也是使人对你一见如故的秘诀。

细节 49：率先向陌生人发出友好的信号

与陌生人交往，首先要找出交往的契机，主动伸出友谊之手，打开对陌生人关闭着的心灵之门。这就需要你率先向对方发出友好信号，激起对方的谈话欲望，以达到交流的目的。

渴望友谊，希望拥有更多的朋友是每个人的愿望。但朋友都是由陌生人发展而来，有相当一部分朋友是萍水相逢时认识的。比如，在风光绮丽的景区、在熙攘喧闹的汽车上或者别人开的派对中，凭一个会心的微笑、几句得体的幽默话、一个礼貌的动作等，都可以与他人相识。关键是得找出交往的契机，主动伸出友谊之手，打开对陌生人关闭着的心灵之门。然而，不是所有的人都是善谈的，有的人比较沉默寡言，虽然有交谈的欲望，却不知从何谈起。这就需要一方率先向对方发出友好信号，激起对方的谈话欲望，达到交流的目的。

设想在火车中你已坐了很久了，而前面还有很长很长的路程。坐在你旁边的一位乘客像是一个颇有趣的家伙，而你很想同他聊上几句，了解一下他的底细。于是，你便搭讪道：“对不起，你有火柴吗？”

可是他一句话也不讲，只是点点头，从口袋里掏出了一盒火柴递给你。你点了一支烟，在还给他火柴时说了声“谢谢”，他又点了点头，然后把火柴放进了口袋里。

你继续说：“真是一段又长又讨厌的旅程，你是否也有这种感觉?”

“是的，真讨厌。”他附和着，而且语调中明显带有不耐烦的意味。

“如果看看一路上的稻田，倒能使人高兴起来。在稻谷收获之前，这一路一定很有趣。”

“唔，唔!”他含糊地答应着。

这时，你再也没有勇气说下去了。因为你已经给他一个表现兴趣的机会，他若是个农民，那么他一定会接下来发表一番看法的。

假若他对这个话题富有兴趣，那么无论他是多么沉默的一个人，也会发表一些言论的。因此，你在谈话的停滞之中，思考了一番后，又重新开始了。

“天气真好，凉爽极了!”你说：“真是理想的赛球时节。今年秋季有好几个球队都很出色呢!”听到这里，那位坐在你身旁的乘客挺直了身子。

“你看××队会怎么样?”他问。

你回答：“××队会很好，虽然有几个老将已经离队，然而几位新人都很不错。”

“你听说过一个叫刘龙的队员吗?”他急着问。

你的确听说过这个球员，而且猛然发现此人和刘龙长得很像，立刻判断刘龙定是此人之子。于是说：“他是一个强壮有力、有技巧，而且品行很好的青年。××队如果少了这位球员，恐怕实力将会大减。但是刘龙快要退役了，以后这个队如何还很难说。”

这位乘客听了这番话，便兴高采烈地与你谈了起来。

你终于激起了他的兴趣，特别是他对自己儿子的慈爱之心。

你对做父母的人称誉他们的孩子，甚至表示你对那孩子感兴趣，那么孩子的父母很快便会成为你的朋友了。给他们一个谈论他们孩子的机会，则他们会很自然而又无所顾忌地滔滔不绝了。

如此一来，无论问得对不对，总会找到对方感兴趣的话题。问得对，可以依原题顺势而下；问得不对，根据对方的解释又可顺水推舟，在对方的生活上畅谈下去。

陌生人见面，还可以通过慷慨地给予帮助来激发他们的谈话欲望。

一般说来，初次相见或不太熟悉时，没有谁愿意向有困难的陌生人施舍什么帮助，因为他们怕不清楚对方的底细帮出麻烦来。这种想法固然有一定的道理，但正是这“一定的道理”把自己结识别人的大好机会给赶跑了。善于交际的人是不会这么想的，他们认为“与人方便，自己方便”，只有放下顾虑、慷慨解囊，才能赢得别人的感激与好感——这是一座沟通感情的桥梁。小陈在一家出版社打工，但没有住处，租房的房租又特别贵。同来打工的当地人小冯见他愁眉不展，便与他搭讪问他怎么了。当小冯得知因由后，坦率地对刚认识的小陈说：“如果你不嫌弃的话，就在我那儿搭个铺吧。大话不敢说，住个一年半载是没问题的。”见小冯如此慷慨，小陈心里顿时热乎乎的，认定这个人是一位值得交往的朋友。

主动关心他人，善于倾听也可激发对方的谈话欲望。

刚刚大学毕业走入社会的小林在一家咖啡馆喝咖啡，见旁边一位中年人独自深思，这激起了他的好奇心，便找话与他搭讪：“大哥，你怎么了？看你好像是热得不舒服，来杯咖啡吧。”“谢谢，我这儿有。”那人笑着答道，并说：“你是不是觉得我有些无聊？说句话不怕你笑话，有时我可真想能重新开始自己的人生。那样，我肯定会以另一种方式来生活的。”小林诧异道：“你这指的是什么呢？能同我谈谈吗？”中年人缓缓说：“过去，我不肯相信任何人，包括老婆、亲戚、朋友，到头来得到的，你瞧——孤身一人。你知道，我有二十多年没见过任何一个家人了……”那人把小林当成了一个可以倾诉的对象，慢慢地诉说着自己的过去，小林则把他的过去当成一堂教育课耐心地听着。尽管两人素昧平生，但却成为了好朋友。

对于那些腼腆的人，交谈者应主动寻找话题，消除对方的紧张感。一个大学毕业生被分配到一家报社工作。报到时，单位的老同志主动询问：“你是什么学校毕业的呀？”逢到这个时候，新职员不得不张口说话：“我毕业于××学校……”这样一来，如果学校不是名校，则可说：“没关系，许多成功者都不是什么名牌学校毕业，可以在工作中继续学习，工作实践很重要。”毕业生听了很高兴且受到了很大鼓舞。假如是著名的学府，则可以说：“你真了不起，毕业于那样一所名牌大学！”“你在学校是学什么专业的……你们学校的管理怎么样……”无论母校是著名的学府还是名不见经传的学校，毕业生总是喜欢谈及。由于提起了学校，使刚刚报到的大学生消除了紧张腼腆的心理，对母校的感情使他一下子健谈了起来。

朋友相交，重在交流。由陌生人到朋友，通过交流才会相互了解，要在掌握交谈艺术的同时激发对方的谈话欲望。只有这样才能彼此加深了解，从陌生走向熟悉，进而成为朋友。

细节 50：面对陌生人，没话找话说

“找话”就是“找话题”。好话题是初步交谈的媒介、深入细谈的基础、纵情畅谈的开端。好话题的标准是：至少有一方熟悉，可以谈；大家感兴趣，喜爱谈……

健谈的人一般都善于寻找话题。有人说：“交谈中要学会没话找话的本领。”所谓“找话”就是“找话题”。写文章，有了个好提纲往往会文思泉涌，一挥而就；交谈，有了好话题，就能使谈话融洽自如。好话题是初步交谈的媒介、深入细谈的基础、纵情畅谈的开端。好话题的标准是：至少有一方熟悉，可以谈；大家感兴趣，喜爱谈；有展开探讨的余地，容易谈。

那么，在与陌生人相处的时候，怎么找到话题呢？

1. 中心开花

面对众多的陌生人，要选择众人关心的事件为话题，把话题对准大家的兴奋中心。这类话题是大家想谈、爱谈、能谈的，人人有话，自然能说个不停了，以致引起许多人的议论和发言，导致“语花”飞溅。

2. 即兴引入

巧妙地借用彼时、彼地、彼人的某些材料为题，借此引发交谈。有人善于借助对方的姓名、籍贯、年龄、服饰、居室等等，即兴引出话题，常常取得好的效果。“即兴引入”法的优点是灵活自然、就地取材，其关键是要思维敏捷，能作由此及彼的联想。

3. 投石问路

向河水中投块石子，探明水的深浅再前进，就能有把握地过河；与陌生人交谈，先提一些“投石”式的问题，在略有了解后再有目的地交谈，便能谈得更为自如。如在聚会时见到陌生的邻座，便可先“投石”询问：“你和主人是老乡还是老同学?”无论问话的前半句对，还是后半句对，都可循着对的一方面交谈下去；如果问得都不对，对方回答说是“老同事”，那也可谈下去了。

4. 循趣入题

问明陌生人的兴趣，循趣发问，能顺利地进入话题。如对方喜爱象棋，便可以此为话题，谈下棋的情趣，车、马、炮的运用等。如果你对下棋略通一二，那肯定谈得投机。如你对下棋不太了解，那也正是个学习机会，可静心倾听、适时提问，借此大开眼界。

引发话题方法很多，诸如“借事生题”法、“即景出题”法、“由情入题”法等。可巧妙地由某事、某景、某种情感，引发一番议论。引发话题，类似“抽线头”、“插路标”，重点在引，目的在导出对方的话茬。

5. 适时切入

看准情势，不放过应当说话的机会，适时插入交谈，适时的“自我表现”能让对方充分了解自己。

交谈是双边活动，只了解对方，不让对方了解自己同样难以深谈。陌生人如能从你“切入”式的谈话中获取教益，双方会更亲近。适时切入，能把你的知识主动有效地呈献给对方，实际上符合“互补”原则，奠定了“情投意合”的基础。

6. 借用媒介

寻找自己与陌生人之间的媒介物，借此找出共同语言，缩短双方之

间的距离。如见一位陌生人手里拿着一件什么东西，可问：“这是什么？看来你在这方面一定是个行家。正巧我有个问题想向你请教。”对别人的一切显出浓厚兴趣，通过媒介物引发他们表露自我，交谈也会顺利进行。

细节51：与内向型的人交流，用他感兴趣的事激起他的热情

面对内向型的人，就应该担当起主角的重任，用他感兴趣的事激起他的热情。当他把你当做知心人的时候，就会表现出狂热的一面。

俗语说：“一把钥匙开一把锁。”知道了怎样应付外向型的人，并不意味着你就能应付内向型的人。

内向型的人最大的特征就是寡言少语，处理事情都是以低姿态进入。这种人外表温柔、文静，虽然不善言辞，但说出来的话却条理清楚、逻辑严密，很富有说服力。

内向型的人有点像隐士，把自己的一切深深地掩藏起来。要了解或看透他真不容易，因为他对外界怀有强烈的警惕心，不轻易相信人，不轻易地赞美和抨击别人。他可以说是一个“温柔杀手”，会谋杀你交流的激情，不会轻易地表明自己的立场。对于你来说，他可能成了一个倾听者。如果此时你不考虑进行一下角色转换，让他继续担任主角，那你们的交流肯定是沉闷的。由于内向型的人不如外向型的人善于交际应酬，当面对陌生人时，常常发窘。并且由于他的敏感，该拿主意的时候总是犹豫不决，但喜欢思考。内向型的人对令人头皮发麻的数字、理论等枯燥无味的东西却可能会感兴趣。虽然他不喜欢被人指挥和吩咐，但他却喜欢别人赞美自己，欣赏自己的长处，谈论自己感兴趣的话题。面对这种人，你就应该担当起主角的重任，用他感兴趣的事激起他的热情。当他把你当做知心人的时候，就会表现出狂热的一面。

某单位新来了一位张总。新官上任，烧起了第一把火——召见手下各部属，进行人事调整。如果能给新领导一个满意的第一印象，以后的

日子自然好过。因此，被召见的人都做了充分的准备。但是，出乎意料的是，那些员工满腔热情地进去，却垂头丧气地出来。只有一个人例外，这人是公关部的谭某。

失意的同事马上围住了得意扬扬的谭某，向他求教被委以重任的玄机。

“这或许都是一根别针的功劳吧！”谭某故作神秘地说。“当我走进办公室的时候，发现那里几乎变了一个样。原来杂乱不堪甚至落满灰尘的书桌变得干净整齐，各件物品摆放得井井有条。再看到老总那严肃却又显得变幻不定的脸色，我便对他的性格和脾气有了几分把握，决定按方抓药，用相应的办法去应付他。结果不出所料，我成功了。”

“老总是什么性格？你究竟用了什么方法？”同事们迫不及待地追问道。

“别急，别急，让我慢慢说给你们听。首先，老总的性格是内向型，这可以从办公室的变化和他的神态大致揣测出来。这种类型的人，一般都注意细节，喜爱干净、整齐。注意到这一点，我决定与他在这方面取得一致。向他问了好以后，我便坐了下来，接着我顺手从地上捡起了一根别针，把它放在桌上。老总看了那别针一眼，脸上露出了笑容。接着，在介绍我的部门时，我列举了大量的数据以证明我们取得的成绩，并对当前的形势作了一些分析。然后，我就高兴地出来了。”

“怎么我就没看到那根别针呢？”听完谭某的话，旁边一个同事自言自语地说道。

“那根别针是我坐下去时扔的，你们当然见不到了。”谭某笑着说。

看完这个例子，你一定很佩服谭某看人及随机应变处理问题的本事。你是不是也很想学会这一招？学会这一招并不很难，只要平时待人接物时多动动脑，你也会成为个中高手。

细节52：与外向型的人交流，先听后说

初次与外向型的人交流，要先倾听，了解到对方的性格，猜透他的脾气，明白对方需要什么样的赞美，这样才能一拍即合。

当你面对的是一个口若悬河、说起话来像连珠炮滔滔不绝的人时，那么你可以初步判断他属于外向型。外向型的人一般不会控制自己的愤怒或掩饰自己的得意，他们以那特有的大嗓门向听者传达自己的思想。

与外向型的人交流，是一件很轻松、很容易的事。因为他本身就非常地擅长社交。他那富有感染力的大嗓门再加上有些夸张的手势，往往使现场气氛很热烈。不过，作为倾听者的你，千万得记住：此时，他是绝对的主角，你是配角，你千万别有与他争夺光彩的意思，否则他与你较真，就有你好受的。所以，当碰到有冲突的观点时，你最好保持沉默。

外向型的人比较单纯，说话办事不拘小节，因而很容易相处，也很容易看透他的内心。他会如开机关枪一样毫不掩饰地将自己的观点和盘托出，敢说敢做，一般不会隐瞒什么事情。但是，外向型的人支配欲都很强烈，一般不喜欢听到你说“不”。当他的观点被你理解或接受时，他就会喜形于色，要是你再赞美他几句，他往往会忘了自己姓什么。这种人不喜欢冗长枯燥的说教，最乐于接受轻松简洁明快的赞美。

用一句话来概括外向型的人，就是爽快干脆，所以你对他也要爽快、干脆，拖拖拉拉、犹豫不决最让他难以忍受。碰到外向型的人，最好是竖起耳朵闭上嘴，即使你不问他，他也会告诉你他的喜好。这时，你只要顺着他的意思，引出他得意光彩之事，往往能产生意想不到的效果。

一向精明的王先生非常生气，因为他最喜爱的一件新外套被洗衣店的人熨了一个焦痕。他决定找洗衣店的人赔偿。但麻烦的是那家洗衣店在接活时就声明，洗染时衣物受到损害概不负责。与洗衣店的职员做了几次无结果的交涉后，王先生决定面见洗衣店的老板。

进了办公室，看到高高在上的老板面无表情地坐在那儿，王先生心里就来了气。

“先生，我刚买的衣服被您手下不负责任的员工熨坏了，我来是请求赔偿的，它值 1500 元。”王先生大声地说道。

那老板看都没看他一眼，冷淡地说：“接货单子上已经写着‘损坏概不负责’的协定，所以我们没有赔偿的责任。”

出师不利，冷静下来的王先生开始寻找突破口。他突然看到老板背后的墙上挂着一支网球拍，心中便有了主意。

“先生，您喜欢打网球啊？”王先生轻声地问道。

“是的，这是我唯一的也是最喜爱的运动了。你喜欢吗？”老板一听网球的事，立刻来了兴趣。

“我也很喜欢，只是打得不好。”王先生故作高兴且一副虚心求教的样子。

洗衣店的老板一听，更高兴了，如碰到知音一样地与王先生大谈起打网球的技法与心得来。谈到得意时，老板甚至站起身做了几个动作。而王先生则在旁边称赞老板的动作优美。

激情过后，老板又坐了下来。

“哎哟，差点忘了！你那衣服的事……”

“没关系，跟您上了一堂网球课，我已经满足了！”

“这怎么行！小李，”一个年轻人跑了进来，“你给这位王先生开张支票吧……”

一切就这么简单。

这位王先生可说是位察言观色的高手。一般来说，外向的人都比较喜欢运动；并且办事爽快，吃软不吃硬。王先生正是看出了这一点，巧用心机，使洗衣店老板能够在别人面前一展风采，当他的内心获得满足的时候，什么话都好说。

场面话：一句话可以成事，也可以败事

会说话的人，一句话可以成事；不会说话的人，一句话却可以败事。办事的关键就是“会说话”、“说好话”。会说话的人的良好谈吐，可以增进人与人之间的了解，可以把彼此间的距离缩短。办事的时候懂得用语言感动人、说服人、感染人，让对方接受自己的观点，更容易把事情办好。

细节 53：要讨母亲的欢心，先赞扬她的孩子

再强硬、再难打交道的人，只要能找到他感情的软肋，事情就会好办。人心都是肉长的，你的话如能让他的心窝子热乎乎的，求人办事会变成别人主动为你办事。

日常交往并不总是在熟人间进行，求人办事常常要闯入陌生人的领地。进入一个陌生的家庭环境里，要迅速打开局面，首先要寻求理想的突破口。有了突破口，便可以以点带面或由此及彼地发挥开去，从而实现让对方在感情上接受你的效果。

人常说：“要讨母亲的欢心，莫过于赞扬她的孩子。”聪明的人应该利用孩子在交际过程中充当沟通的媒介，一桩看似希望渺茫的事，经过孩子的起承转合，反倒迎刃而解。

纽约某大银行的乔·理特奉上司指示，秘密进入某家公司进行信用调查。正巧，理特认识另一家大企业公司的董事长，这位董事长很清楚该

公司的行政情形，理特便亲自登门拜访。

当他进入董事长室坐定不久，女秘书便从门口探头对董事长说：

“很抱歉，今天我没有邮票拿给您。”

“我那12岁的儿子正在收集邮票，所以……”董事长不好意思地向理特解释。

接着，理特便开门见山地说明了来意。可是董事长却含糊其辞，一直不愿做正面回答。理特见此情景，只好离去，没有任何收获。

不久，理特突然想起那位女秘书对董事长说的话，邮票和12岁的儿子。同时，也联想到他服务的银行国外科，每天都有许多来自世界各地的信件，有许多各国的邮票。

第二天下午，理特又去找那位董事长，告诉他是专程替他儿子送邮票来的。董事长热诚地欢迎了他。理特把邮票交给他，他面露微笑，双手接过邮票就像得到稀世珍宝似地自言自语：

“我儿子一定高兴得不得了，啊！多有价值！”

董事长和理特谈了40分钟关于集邮的事情，又让理特看他儿子的照片。一会儿，没等理特开口，他就主动地说出了理特要知道的内幕消息，足足说了一个钟头。他不但把所知道的消息都告诉了理特，又召回部下询问，还打电话请教朋友。理特没想到区区几十张邮票竟让他圆满地完成了任务。

其实，再强硬、再难打交道的人，只要能找到他感情的软肋，事情就会好办。人心都是肉长的，你的话如能让他的心窝热乎乎的，求人办事会变成别人主动为你办事。

细节54：以一个“礼”字把对方架在很高的位置

谁都愿意听顺耳话，何况是在被人求的时候。因此，在求人时，以一个“礼”字把对方架在很高的位置，对方一定很乐意帮助你。

有这样一个故事。

过去，有个年轻人骑马赶路，忽见一位老汉从这儿路过，便在马上高声喊道：“喂！老头儿，离客店还有多远?”

老汉回答：“五里!”年轻人策马飞奔，急忙赶路去了。结果一气跑了十多里，仍不见人烟。他暗想，这老头儿真可恶，说谎话骗人，非得回去教训他一下不可。他一边想着，一边自言自语道：“五里，五里，什么五里!”猛然，他醒悟过来了，这“五里”不就是“无礼”的谐音吗？他拨转马头往回赶。追上了那位老人，急忙翻身下马，亲热地叫声“老大爷”，话没说完，老人便说：“客店已走过去了，如不嫌弃，可到我家一住。”

这是一则流传很广的故事，它通俗而明白地告诉人们在人际交往过程中讲究礼貌的重要性。

和别人打交道，总是以称呼开头，它好像是一个见面礼，又好像是进入社交大门的通行证。称呼得体，可使对方感到亲切，交往便有了基础。称呼不得体，往往会引起对方的不快甚至愤怒，双方陷入尴尬境地，致使交往梗阻甚至中断。那么，怎样称呼才算得体呢?

1. 考虑对方的年龄特征

见到长者，一定要呼尊称，特别是当你有求于人的时候，比如：“老爷爷”、“老奶奶”、“大叔”、“大娘”、“老先生”、“老师傅”、“您老”等，不能随便喊“喂”、“嗨”、“骑车的”、“放牛的”、“干活的”等，否则，会使人讨厌，甚至发生不愉快的口角。另外，还需注意，看年龄称呼人，要力求准确，否则会闹出笑话。比如，看到一位二十多岁的妇女就称“大嫂”，可实际上人家还没结婚，这就会使对方不高兴，不如称她“大姐”合适。

2. 考虑对方的职业特征

我们在社会上看到一些青年人，不管遇到什么人都口称“师傅”，难免使人反感。可见在称呼上还必须区分不同的职业。对工人、司机、理发师、厨师等称“师傅”，当然是合情合理的，而对农民、军人、医生、售货员、教师等称“师傅”就有些不伦不类，让人听着不舒服。对不同职业的人，应该有不同的称呼。比如，对农民，应称“大爷”、“大娘”、

"老乡"；对医生应称"大夫"；对教师应称"老师"；对国家干部、公职人员、解放军和民警，最好称"同志"。在新的历史条件下，随着改革和开放的深入发展，人们的社会交往日渐频繁和复杂，人们相互之间的称呼也就越来越多样化，既不能都叫"师傅"，也不能统称"同志"。比如，对外企经理、外商，就不能称"同志"，而应称"先生"、"小姐"、"夫人"等。对刚从海外归来的华侨、港台同胞、外籍华人，若用"同志"称呼，有可能使他们感到不习惯，而用"先生"、"太太"、"小姐"称呼则会使他们感到自然亲切。这种称呼，也逐渐为国内的一般工作人员所接受。

3. 考虑对方的身份

有位大学生到老师家里请教问题，不巧老师不在家，他的爱人开门迎接，当时不知称呼什么为好，脱口说了声"师母"。老师爱人感到很难为情，这位学生也意识到似乎有些不妥，因为她也就比这位学生大 10 多岁。遇到这种情况该怎么称呼呢？按身份，老师的爱人，当然应称呼"师母"，但人家因年龄关系可能不愿接受。最好的办法就是称呼"老师"，不管她是什么职业（或者不知道她从事什么职业）。称呼别人老师含有尊敬对方和谦逊的意思。

4. 考虑自己与对方之间的亲疏关系

在称呼别人的时候，还要考虑自己与对方之间关系的亲疏远近。比如，和你的兄弟姐妹、同窗好友、同一车间班组的伙伴见面时，还是直呼其名更显得亲密无间、欢快自然、无拘无束；否则，见面后一本正经地冠以"同志"、"班长"、"小姐"之类的称呼，反倒显得外道、疏远了。当然，为了打趣，故作"正经"开个玩笑，也是可以的。

在与多人同时打招呼时，更要注意亲疏远近和主次关系。一般来说以先长后幼、先上后下、先女后男、先疏后亲为宜。外交场合，宴请外宾时，这种称呼的先后有序更为重要。1972 年周恩来总理在欢迎美国总统尼克松的招待会上这样称呼："总统先生，尼克松夫人，女士们，先生们，同志们，朋友们!"这种称谓客气、周到而又出言有序的外交家风度，给人们留下了深刻的印象，是大家学习的典范。

5. 考虑说话的场合

称呼上级和领导要区别不同的场合。在日常交往中，对领导、上级最好不称官衔，以“老张”、“老李”相称，使人感到平等、亲切，也显得对方平易近人、没有官架子，明智的领导会欢迎这样的称呼的。但是，如果在正式场合，如开会、与外单位接洽、谈工作时，称领导为“王经理”、“张厂长”、“赵校长”、“孙局长”等，常常是必要的，因为这能体现工作的严肃性、领导的权威性和法人代表资格，是顺利开展工作所必需的。

6. 考虑对方的语言习惯

中国幅员辽阔，人口众多，方言、习俗各异。在重视推广普通话的前提下，还要注意各地的语言习惯。违背了当地的语言习惯，就可能碰钉子。

有人在承德避暑山庄碰到这样一件事情。几个年轻人结伴去旅游。一天，他们从避暑山庄出来，想去外八庙，为了抄近路，两个小伙子上前去问路，正遇上一个卖鸡蛋的农家姑娘。一个小伙子上前有礼貌地叫了声：“小师傅！”开始这姑娘没有答应，小伙子以为她没听见，又高声叫一声，这下可激怒了这位姑娘。她嘴上不饶人，气呼呼地说：“回家叫你娘小师傅去！”两个小伙子还算有涵养，压了压火气，没有发作。本来是有礼貌地问路，反倒挨了一顿骂。这是为什么？后来才知道，当地的农民管和尚、尼姑才称“师傅”，一个大姑娘怎愿意听别人称她“小师傅”呢？两个小伙子遭到痛骂也就不奇怪了。

中国是礼仪之邦，说话办事能否顺利达到目的，礼貌的举止有时会起到很大的作用。

据说有这么一件事。一位妇女抱着小孩上火车，车上位子已经坐满，而这位妇女旁边，一位小伙子却躺着睡觉，占了两个人的位子。孩子哭闹着要座位，并指着要他让座。小青年假装没听见。这时，小孩的妈妈说话了：“这位叔叔太累了，等他睡一会儿，他就会让给你的。”

几分钟后，青年人起来客气地让了座。

这位妇女无疑处于一个“求人”的地位，她能靠一句话而求人成功，聪明之处正在于以一个“礼”字把对方架在了很高的位置：他应该休息，而且他是个好人，因为如果他不“睡”了，他会主动让给你的。显然，一个再无礼的人面对这样的礼貌也不会无动于衷。

谁都愿意听顺耳话，何况是在被人求的时候。明白了这一点，在求人办事时就应该知道怎么做了。

细节 55：求人办事，要说恰当的话

求人办事，感情归感情，完全可以拿它说事儿，但必须先调整好自己的心态，说一些恰当的话。

小时候的玩伴或同学、战友，当年在一起时亲密无间。时过境迁，人家现如今有了出息，地位高了，心态也不一样了。如果你去求他办事，无视你们之间现在的差距，还是以“当年如何”的心态跟他交流，注定是剃头挑子一头热。在这里必须明白一点，感情归感情，你也完全可以拿它说事儿，但必须先调整好自己的心态，说一些恰当的话。

明代开国皇帝朱元璋，少年时做过放牛郎，结交了一帮穷朋友。做了皇帝后，那种高处不胜寒的感觉便渐渐袭来了，他很怀念过去的一帮穷朋友，总想找机会与他们敞开心扉地叙谈。

有一天，一个人从乡下赶来，一直跑到皇宫门外。在他的哀求下，传事官进去启奏说：“有旧友求见。”

朱元璋吩咐传进来，那人见面后即下拜说：“我主万岁！当年微臣随驾扫荡芦州府，打破罐州城。汤元帅在逃，拿住豆将军，红孩子当兵，多亏菜将军。”

朱元璋听他说得动听、含蓄，心里很高兴，回想当年那种饥寒交迫、有乐共享、有难同当的情景，心情很激动，立即封他为御林军里的官员。

这个消息让另一位穷朋友听说了，心想：“同是那时候一块儿玩的人，他去了既然有官做，我去也不会倒霉的。”

和朱元璋一见面，他高兴极了，生怕旧友忘了自己，便指手画脚地

说："我主万岁！还记得吗？从前你我都替人家放牛。有一天，我们在芦花荡里把偷来的豆子放在瓦罐里煮。还没等煮熟，大家就抢着吃，把罐子都打破了，撒了一地的豆子。你只顾顺手从地下抓豆子吃，却不小心连红草叶也送进嘴里，卡住了喉咙。还是我出的主意，叫你用青菜叶子放在手上一拍吞下，才把红草叶顺进肚子里去。"

当着百官的面，朱元璋又气又恼，哭笑不得，为顾全脸面，他喝令左右："哪来的疯子，拿下，重责。"这位皇帝的穷朋友，既不掩饰自己又不赞美别人，结果落得如此的下场。

由上述例子可知，即使是亲如兄弟的朋友，现在地位不同了，也要看人脸色再说话。

演讲话：用滴水不漏的语言唤起听众的热情

演讲的目的在于宣传思想和激励他人，用意想不到的见解引出话题，营造“此言一出，举座皆惊”的艺术效果；用滴水不漏的语言，深刻影响听众，极大地感染听众，唤起听众的热情和兴趣，引起最广泛的情感上的共鸣。

细节 56：开场白要像磁铁一样吸引住听众

如果在最初的十分钟内吸引住了听众，后面的演讲将会变得很容易。因此，开始讲话的几句“道白”，应像磁铁一样吸引住听众，达到“此言一出，举座皆惊”的效果。

万事开头难，开始演讲时想用短短的几句话就牵动听众的心实在不易。有经验的演讲家在长期实践中得出一个结论：如果在最初的 10 分钟内吸引住了听众，后面的演讲将会变得很容易。因此，开始讲话的几句“道白”，就应像磁铁一样吸引住听众，达到“此言一出，举座皆惊”的效果。

就近取材的开场白，能够贴近听众，会使听众倍感亲切。如李鹏同志在南非的演讲《谱写中非友谊的新篇章》的开场白：

“中国人民一直关注南非的发展进程。中国的少年儿童从小学教科书中就熟悉了‘好望角’这个名字。人们自然经常把这个具有独特景观并在世界航海史上发挥过重要纽带作用的地方，同素有‘彩虹之国’美称的南非联系在一起……进入 90 年代以来，以曼德拉先生和其战友们为代表的南非政治家，以其非凡的政治胆略和智慧，克服重重困难实现了国家种族和民族的和解，建立了新南非……姆贝基先生当选总统以来，对内继续贯彻‘重建和发展计划’；对外奉行独立自主的全方位的外交政策，倡导‘非洲复兴思想’，积极扩大国际交往，在国际事务特别是非洲事务中发挥着重要的影响和作用。”

这个开场白以眼前的“好望角”景观，“建立新南非”的业绩和他们的领导人曼德拉为话题，当地的听众对谈到的景观、事业和人物都非常熟悉，自然会使人感到非常亲切。

另外，以诙谐、幽默的语言作为开场白，会使现场的气氛轻松和谐，能激发听众的兴趣，使人对你产生好的印象。例如周恩来同志《把知识经验留给后代》的开场白：

“这是个别开生面的会，只请了年满 60 岁的政协委员参加，陈毅和彭真两位副主席例外，他们是候补老人。我也是到今年才敢开这个会，因为今年刚过 60 岁。陈毅同志喜欢用《秋江》里的一句台词，说过了六十又是个新花甲。老道理新解，很好。”

这个开场白抓住老年人的心理特点，既亲切和蔼又诙谐风趣。使听众感兴趣，对演讲内容难以忘怀。

由此可见，好的开端是演讲成功的一半。

细节 57：用真切的感情打动听众的心

若缺乏真挚而热烈的情感，只是用“人工合成”的感情，虽然能欺骗听众的耳朵，却骗取不到听众的心。因为，心弦是不会随随便便地让人拨动的。若要使人动心，必先使己动情。

感人心者莫先乎情。唯有炽热的情感，才会使“快者掀髯，愤者扼腕，悲者掩泣，羡者色飞”。演说如果感情不真切，是骗不过成百上千听众的耳朵的。美国著名政治家林肯非常注意培养自己真诚的品格。1858年，他在一次竞选辩论中说：“你能在所有的时候欺瞒某些人，也能在某些时候欺瞒所有的人，但不能在所有的时候欺瞒所有的人。”无哗众取宠之心，有实事求是之意，才能取悦于你的演讲对象，使他们接受你的思想。一个演说者如果讲话华而不实，只追求外表漂亮，开出的只能是无果之花。若缺乏真挚而热烈的情感，只是用“人工合成”的感情，虽然能欺骗听众的耳朵，却永远骗取不到听众的心。因为，心弦是不会随随便便地让人拨动的。若要使人动心，必先使己动情。著名演说家李燕杰说：“在演说和一切艺术活动中，唯有真情，才能使听众信服。”第二次世界大战期间，英国首相丘吉尔在对秘书口授反击法西斯战争动员的讲稿时，“像小孩子一样，哭得涕泪横流”。他的这次演说动人心魄，极大地鼓舞了英国人民的斗志。

真情是演说最好的技巧。在演说中，唯有真诚的情感，才能产生巨大的影响，才能唤起群众的热诚，才能产生震撼人心的力量。美国有个小说家说得好：“热情是每个艺术家的秘诀，而每位演说家都应当是一位艺术家。这是一个公开的秘诀。这如同英雄的本领一样，是不能拿假武器去冒充的。”情不深，则无以惊心动魄，无以得到别人赞同。

演说者在表达自己的真情实感时，必须能够平等待人、虚怀若谷，他的话语才能如滋润万物的甘露，点点滴入听众的心田。而居高临下、盛气凌人、眼睛向上，把自己打扮成上帝，以教育者姿态自居的人是无法和听众交心，也无法打动听众的。

用自己的心去弹拨他人之心，用自己的灵魂去感染他人之灵魂，使听者闻其言、知其声、见其心，这才是演说的高境界和高水平。

有位大学生发表演说时有这样一段话：“在生活中有棱角的人常常遭非议；而我认为，一个不被争议的人是个近乎平庸的人。世界在非议中被认识，真理在非议中被确立。一个真正干事业的人，往往由于被激烈地争议，反而更强烈地闪耀出心灵的光辉！”这段议论受主观感情的支配，不需要交代论据，也不需要论证，它在抒情中洋溢着演说者或悲或喜、或憎或爱的情感，流露出演说者的思想，因而获得了人们热烈的掌声。

真情实感是演说的灵魂，为了表达自己的感情，演说者必须借助一定的形式，否则感情的表达就不畅快、效果也不佳。

俗语说：“良好的开端是成功的一半。”许多有经验的演讲者在多次演讲后就会体会到一个事实：在演讲的最初十分钟内，吸引听众是比较容易的，但在接下来的时间里保持这种状况就显得比较困难。所以，聪明的演讲者总是有一个好的开头，然后一直设法像磁石一样紧紧地吸引住听众。

如何开好头？励志大师卡耐基认为，你不必费多少脑筋，只要稍加注意就行了。卡耐基在总结自己的经验以及别人经验的基础上，归纳了以下几条以资借鉴。

1. 用故事开始自己的讲话

讲演者所用的故事，可以是一般或幽默的故事，要能吸引听众且与演说主题相关。对于这两类故事要区分对待。幽默的故事比较能逗人发笑，引起听众兴趣。但如果讲话者没有幽默的禀赋，板着一副严肃的面孔讲幽默故事也是收不到预期效果的。再者，如果听众听不懂你的幽默，效果也一定非常糟糕！所以，大多数情况下，说一般的故事即可打动听众。只要讲演者列出具体的故事情节，或者时间地点人物，照样能达到吸引目的。

2. 借助于物品

展示的物品一定要与你的演讲内容有关，或者是能更有助于你表达主题。展示物品可以是一幅画、一张照片或一件其他的实物；有的演讲者在一张纸上写几个字，也可以引出话题。

卡耐基在一次演讲中别出心裁，拿出几根头发展示给听众，问听众这是什么。听众不知其意，皆答“头发”，卡耐基话题一转，问听众：“你们都知道头发是长在头上的，这几根头发为什么掉下来了呢？”一句问话吸引了听众的注意力，他们开始专心致志地等待卡耐基演讲，卡耐基接着说：“这就是烦恼的副作用。如此乌黑的头发长在头上多么漂亮，可是它却无可奈何地离开了养育它的‘土地’。我们为什么要烦恼呢？”

这一节讨论“烦恼的副作用”的课给听众留下了深刻的印象，卡耐基没有花多大工夫，仅仅用了几根头发而已。

3. 在演讲开头提一个问题

就如上一例子那样，提一个问题，可以指引听众的思路，使听众按你的思路去思考问题，共同产生一种知道正确答案的欲望，自然能使他们集中精力。

提的问题不宜过多，达到抛砖引玉的效果即可，只有愚蠢的演讲者才在演讲开始时提一个又一个的问题。

4. 用名言开头

使用名人的话语开头的好处是，名人都是大家耳熟能详的，并且具有某种权威性。许多人对名人都有一种崇拜感，所以，引用他们的话就自然而然地产生了一种吸引力。

5. 用使人惊奇的事实开头

使用惊人的事实开头，可以使听众产生一种探究的欲望，从而引发听众的兴趣。

如果演讲者开始的时候说："昨天夜里，本市发生了一件不寻常的事件，一只老虎在大街上引颈长啸，警局出动了……"听众会马上表示出极大的兴趣。

6. 用赞美的话开头

大多数人喜欢赞美。因此，演讲者开始演讲的时候，可以对当地人民的善良勤劳表示赞颂，或者对当地的自然风光、悠久历史、传统风貌等表示自己由衷的敬佩之意。这样，容易引发听众的自豪感，满足他们的自尊心，从而获得听众的认同，使自己接下来的演讲在愉快的气氛中进行。

7. 用与听众利益相关的话题开头

演讲者能在开头的时候用涉及听众自身利益的话语，那听众一定会竖起耳朵。

1954 年 8 月 7 日，法国总理孟杰斯·法朗士在一次电台广播讲话时，用了一段简短的楔子："八月中旬正是你们中间很多人休假的时候，我想如果占用你们片刻的休息时间，跟你们说几个关系重大的问题，你们是不会对我反感的，因为这些问题事实上对大家都是休戚相关的。"这样，听众就能从始至终被吸引住。

8. 寻找共同语言

共同语言必须考虑到听众、场合等因素，可以寻找大家可能的共同经历和遭遇，目前面临的共同问题，共同的需要作为演讲基调。

细节58：引用名言警句、寓言典故表述自己的观点

人们常常在不知不觉中模仿别人的所作所为，信仰别人的信仰，并毫无疑问地接受名人所讲的一切。因此，演讲中引用名人的话、名人的事更能增强演说的说服力。

卡耐基说："我还是孩童的时候，常拿一根棍子，横在一群羊要经过的门口。当前面几只羊跳过棍子后，我就把棍子拿去，后面的羊，走到门口的时候，还是跳一下，一如前面的羊跳过棍子一样。它们要跳一下的原因，就是因为前面的羊跳的缘故。这并不是羊特有的现象，差不多人也是这样，大家常常在不知不觉中模仿别人的所作所为，信仰别人的信仰，并毫无疑问地接受名人所讲的一切。"所以，可以引用名人的话来增强演说的说服力。

在演说中引用名言是利用了人们崇拜名人的心理，而且，名言一般精粹洗练、寓意深刻，蕴含丰富的哲理和激情，有画龙点睛的作用。陆机在《文赋》中说："立片言而居要，乃一篇之警策。"也就是说，在文章的关键处用一句或几句警句来点明题旨，是最容易打动人的。名言和警句是对生活哲理的概括，一方面反映出人对生活的认识，另一方面也反映出人对生活的态度。一个没有生活体验的人是无法恰如其分地使用名言和警句的。而那些善于思考的作家，他们的作品语言精美、思想深邃，给人的印象总是深刻的，对人的内心冲击总是很强烈的。例如，报告文学作家陈祖芬以富于诗人气质和理性思辨闻名，她的作品警句充满深刻哲理："难道生命在于维持？生命在于奉献！不尽地奉献便是不尽地扩充生命。我只要生命的密度，不要生命的长度！"（《心灵》）"不拘

小节的可能不得人心，处处小心的可能处处得意；过于自信的可能欲速不达，安分守己的可能稳扎稳打。独创带来孤立，平庸带来团结；温暖造就优柔，严酷造就顽强……没有志向的人往往一生安宁，充满活力的人往往一生艰辛……”（《活力》）。这些由现实生活引出的富于生命力的生活哲理，把人们习以为常而忽视的生活现象上升到理性高度，极大地增强了作品的艺术表现力，读后让人难以忘怀。

在演说中适时插入名言警句可以使演说生辉。有个战士在演说对越自卫还击战的英雄事迹时，引用了在整理战友遗物时所发现的诗句：“一片忠贞报国仇，战士谁人怕血流？横扫越寇凯旋日，万里学海从头游。”这首朴实的小诗反映了战士的情怀。这样的警句是用热血和生命锤炼成的，确实感人肺腑、催人泪下。有些闪烁光彩的警句，则是演说者“长期积累，偶然得之”。如解放军战士王春霞在演说《青春之歌的作者该是谁》时说：“我们每个人都是青春之歌的作者，而我也在谱写着自己的青春之歌。”“真正的理想只有建筑在现实生活的基础之上，才能展示出它丰富的美的内涵。”这些精辟之言是演说者投身于斗争实践，对人生的深沉思索的结晶。这些优美的格言警句，都是来自沸腾的生活之中。那种最先朝气蓬勃地投入生活的人，置身于色彩纷呈而又复杂多变的斗争中的人，才能找到真正的、行之久远的警言。当然，使用名言和警句应该从演说中的人、物、事中自然而然地发展引出，要运用得当，不能为讲警语而讲警语，更不能卖弄，否则就显得做作了。名言的运用，只有经过自己的思索并化为有血有肉的东西，才能显出勃勃生气，才可以给演说增辉，但引用不贴切也给人一种哗众取宠的不好印象。

名言警句对于深化演讲主题有重要的作用，但在演讲中引用名言警句应该注意以下几个方面：

(1) 要引用原文，不要以讹传讹。

(2) 要全面领会原文，不要把意思搞反。

(3) 要反复证明一下原文是谁说的，不要张冠李戴。

(4) 少用“据权威人士说”。

(5) 引用“受欢迎的”名人的话。

(6) 引用当地名人的话。

(7) 引用有资格讲这话的人所说的话。

同名言警句一样，寓言典故也是言简意赅、内涵深刻的。在相同的境况下，运用寓言和典故也是很有说服力的。

古人常用寓言表述自己的观点，梁惠王曾问孟子：“我对治理国家可谓费尽心机。考察一下邻国，没有一个君主像我这样对待百姓的。可为什么邻国的百姓不见少，我的百姓不见多呢?”

孟子说：“大王喜爱战争，让我用战争作比喻吧。两军交战的时候，有两个士兵弃甲而逃，一个跑了五十步就停下来，另一个跑了一百步才停下来，因为自己跑了五十步就笑话跑了一百步的人对不对呢?”梁惠王说：“不对，跑五十步只不过还没跑一百步罢了，但这也是逃跑呀!”孟子说：“大王如果懂得了这个道理，那就不要希望你的百姓增加了。”孟子在这里批评梁惠王的意图已经很明显了，意即你梁惠王的“政绩”与别的国君没有什么差别，老百姓在哪里都是一样的。

在演讲的时候，可以借用古人成功的经验，因而“引经据典”已经成为我们论证的固定形式之一。但引经据典一定要注意下面的问题。

(1) 由于“经、典”大都是文言文，所以应尽量翻译成白话文，若是直接穿插文言文，恐怕听众自己还有个反省、暗译的过程，这样会影响听讲的效果，所以这个程序一般都应由演讲者代替。

(2) 翻译应尽量保持直译，直译确有困难，可以采取变通手法，把直译和意译结合起来。翻译“经、典”一定要贴切。

(3) 抓住寓言和典故的核心与本质，删除不必要的重复和陪衬，尽量使寓言和典故短小精悍，说明问题。

为了给演说增加文采，增加动人的力量，可以适当地在演说中用诗词名句作装饰，选用的诗词一定要贴切、恰当，引用适当的诗词名句可显示你的文采和修养。

英国的一位爵士，在某次晚宴上发表了一个轻松的演说。他在结尾说道：“你们回去之后，就会寄给我一张明信片。即使你们不寄的话，我也要给你们每位寄一张，而且你们很容易猜到是我寄的，因为在上面不贴邮票，（听众大笑）我将在上面写着：

“季节自来自去，

“万物按时凋零，

“唯有那——我对你们的仁爱，

“永远像鲜花般艳丽芬芳。”

用一首诗来结束这篇轻松欢快的演说，别有情趣，增添了宴会的欢乐，也增进了宾主的友谊。但若一篇严肃的演说结尾也引用这首诗，就会不伦不类、适得其反。所以，名人的话、古今的格言、诗词佳句都可用在演说中，但一定要用得恰当。

《吕氏春秋》说得好：“文章无警策，则不足以传世，盖不能感动世人。”诗词是语言宝库中经千锤百炼筛选出的精辟之词，因而它有久远的生命力。名人、大师、英雄人物的格言和诗句，容量大、力度大，适当引用，有画龙点睛之妙。如有人在演说中，引用了革命烈士李大钊的一段话：“无限的‘过去’都以‘现在’为归宿，无限的‘未来’都以‘现在’为‘渊源’。过去、未来的中间，全仗有现在，以成其连续，以成其永远，以成其无始无终的大实在。”说明青年一代继往开来、任重道远，具有催人奋发的力量。这样的一句话可以胜过普通言语的十句百句，而且足以打动听众，沟通演讲者和听众间的感情。

细节 59：结尾色彩斑斓而又强劲有力

演讲的结尾既要有文采又需坚定有力，既概括全篇又耐人寻味，才能使全篇演讲得以升华，收到良好的效果。

俗话说：“编筐编篓，全在收口。”演讲要获得全面成功一定要精心设计好结尾。如果说好的演讲开头犹如“凰头”，那么好的演讲结尾就像“豹尾”。豹尾者，色彩斑斓而又强劲有力。演讲的结尾是对整个演讲的总结，它承担着收拢全篇的任务，因此，其意义是非常大的。演讲的结尾既要有文采又需坚定有力，既概括全篇又耐人寻味，才能使全篇演讲得以升华，收到良好的效果。

高潮迭起是演说采用的一种主要结尾方法，即用一层高过一层、一句比一句更有力量的语言把演说推向高潮结尾。不过，这种方法不易运用，而且也不是一切演说家和一切的题材都适合的。但是，如果用得恰当，结果一定十分良好。例如，林肯赞美尼亚加拉瀑布的演说，就是如此。请看他怎样把哥伦布、耶稣、摩西、亚当等人所处的时代和尼亚加拉瀑布相比，一句比一句有力而达到高潮的：

“很久以前，当哥伦布最初发现这一块大陆，当耶稣基督被钉在十字架上，当摩西率领以色列人渡过红海时，甚至亚当从创世主的手里出来，一直到现在，尼亚加拉瀑布一直在这里发着怒吼。古代的伟人像我们现代人一样，曾经见到过尼亚加拉瀑布。那时的尼亚加拉瀑布和现在的瀑布同样的新鲜有力，史前的庞大巨象和爬虫，也曾见到过尼亚加拉瀑布。从那样久远的年代，一直到现在，尼亚加拉瀑布从未有过一刻钟的静止，从不干涸、从不冰冻、从不睡去、从不休息。”

这个结尾给人的感觉是一浪高过一浪，使人心里难以平静。思维由演说者牵着往前走。

讲演结尾的要求大致可以归纳成以下三点：

1. 加深印象，结束全篇

当演讲基本完成，听众对你的观点、态度以及讲述的有关知识基本上已经掌握时，就必须考虑“收口”了。“收口”是使视觉上、听觉上给听众留下的最后印象，在听众的大脑屏幕上“定格”。所以，“收口”的好坏直接决定了听众对整个演讲的印象。精彩的结尾往往能弥补一些不足，可以强化听众的总体印象。只要我们留意一下，便会发现古今中外的演讲家对结尾都是很重视的。卓别林是著名的喜剧大师，也是出色的演讲家，他在1943年的电影《大独裁者》里所作《要为自由而战斗》的演讲中，痛斥了妄图奴役人民的“野兽”，最后用直接呼告的形式给听众留下了不可磨灭的印象：

“哈娜，你听见我在说什么吗？不管你在哪里，你抬起头来看哪。哈娜，乌云正在消散，阳光照射进来！我们正离开黑暗、进入光明，我们正在进入一个新世界——一个更可爱的世界。那里的人将克服他们的贪婪、他们的仇恨、他们的残忍。抬起头来看哪，哈娜，人的灵魂已长了翅膀，他们终于要振翅飞翔了。他们飞到了霓虹里，飞到希望的光影里。抬起头来看呀，哈娜！抬起头来看呀！”

2. 言简意赅，耐人寻味

演讲结尾切忌重复、松散、拖沓、枯燥，最好也不要是那种人云亦云的客套式的结束语。结尾言简意赅应该是演讲者追求的目标。华东师范大学的一位同学作了题为《时代的启示》的演讲，他的结尾是这样的：“我们——民族振兴之先驱，将以十倍的创新、百倍的努力迎接时代的考验！伟大的歌德曾这样欢呼新时代的到来：‘宽恕我吧！渗透着时代精神，这是莫大的乐趣！看哪，从前的智者是怎样思考的，而我们最后却远远超过他们。’”结尾犹如撞钟，清音缭绕、耐人寻味，令人感奋向前。

3. 戛然而止，余音绕梁

演讲到达高潮时，听众的大脑皮层高度兴奋，情绪饱满，注意力集中，这时果断收束，能给听众留下深刻的印象。美国作家约翰·沃尔夫曾说过：“演讲最好在听众兴趣未尽时戛然而止。”在美国独立战争前夕，议员帕特里克·亨利在弗吉尼亚州议会上的演讲就是采用这种方法结尾的：

“我们的同胞已经身在疆场上，我们为什么还要站在这里袖手旁观呢？先生们希望的是什么？想达到什么目的？生命就那么可贵，和平就那么甜美，甚至不惜以戴锁链、受奴役的代价来换取吗？全能的上帝啊，阻止这一切吧！在这场战斗中，我不知道别人会如何行事，至于我，不自由，毋宁死！”

亨利以“不自由，毋宁死”六个字戛然而止，使全场愕然，随后即响起“拿起武器”的呼声。“不自由，毋宁死”则成了美国人民争取独立与自由的伟大誓言。

演讲结尾的格式，常见的有如下五种：

1. 比喻式

比喻是一种修辞手法。演讲结尾时运用贴切、生动形象的比喻，可以加深听众的印象。鲁迅先生的著名演讲《未有天才之前》的结尾是这样的：

“泥土和天才比，当然是不足齿数的，然而不是艰苦卓绝者，也怕不容易做；不过事在人为，比空等天赋的天才有把握。这一点，是泥土伟大的地方，也是更有大希望的地方，而且也有报酬，譬如好花从泥土里出来，看的固然欣然的赏鉴，泥土也可以欣然的赏鉴，正不必花卉自身，这才心旷神怡的——假如当做泥土也有灵魂的话。”用“泥土”说明天才的成长需要一定的基础，希望青年甘愿做培植花木的“泥土”。用简单的比喻使道理深入浅出，发人深省。

2. 韵文式

演讲到结尾时，由于演讲者心情激动，用一般的语言不足以表达胸中的感情，往往借助于诗歌作结。一位解放军战士李俊华同志作了《大巴山的春风吹暖了我的心》的演讲。他是这样结束演讲的：“最后，我想唱一支我最喜欢的歌——《我心中的路》来表达我激动的心情：

“世上的路有无数，
“最难忘我青春的路。
“它是曲折，它是变幻，
“是泪水打湿的欢乐和痛苦。
“世上的路有无数，
“最难忘我心中的路。
“它是希望，它是追求，
“是生活的召唤和归宿。”

3. 决心式

结尾忌用决心式，但不是一律不能用。决心要坚决有力，不能不切实。有时，在特殊的情景和气氛下非要向听众表达自己的态度、决心不可，那么这时的决心就不是蛇足，而是热血的奔腾、火山的迸发。闻一多著名的《最后一次演讲》的结尾是决心，表达了闻一多面对反动派的屠杀，大义凛然、视死如归的大无畏精神：“我们不怕死，我们有牺牲的精神，我们随时像李先生一样，前脚跨出大门，后脚就不准备再跨进大门。”

4. 鼓动式

演讲者激情澎湃，采用鼓动式的结尾可以激发起听众的感情，并产生共鸣。《在圆明园遗址前的演讲》是这样结尾的：

"圆明园被火烧的耻辱烙在了每个中国人的脸上，仇恨和教训也记在了每个中国人的心底。'落后就要挨打，强盛才能自主'，我们当代人应有志气雪此国耻，振兴中华，留下无愧于后代的历史，让火烧圆明园的惨剧不再重演！青年朋友们，为使我们的祖国成为最富有、最强盛、最文明的'万园之园'而奋斗、拼搏吧!"

5. 哲理式

哲理性的语言引人深思，给人力量，催人奋斗。李燕杰同志在演讲《启迪青年的灵魂》时的结语是：

"有人为了等机会，往往一心想摘取远方的蔷薇，却反而无视身边的玫瑰。路在脚底，他们忘记了一切大事都必须从小事做起。

"一个人没有强烈的希求成功的愿望而能取得成功，天下绝无此事，人间也绝无此理。"

上面这些格式，在实际运用时常常是相互交错、包容的，不能生搬硬套，如在哲理式中当然也包含鼓动性，在鼓动式中也包含演讲者的决心。所以，结尾格式的分类不可能太细。除了上述五种结尾格式外，概括式、呼告式、想象式、升华式也是常见的，可以根据实际需要运用，给听众留下深刻印象。

解难话：一定要说得高明，别把自己置于不利之地

人际交往中，说话对象在变、场合在变、时间在变，因此，说话的方式技巧也必须变。其变得不高明，就会把自己置于不利之地，达不到交际目的；其变得巧妙而精彩，就能把话说到对方心窝里，赢得他人的欢迎。

细节 60：他人尴尬时，尽量帮忙解围以保护对方的面子

在生活中，每个人都有过面红耳赤、非常难堪的时候。这时，要尽量帮忙解围，保护对方的面子，以高明说话技巧应变，这样，才能赢得对方的心。

在生活中，每个人都有过面红耳赤、非常难堪的时候。这时，只有熟谙人情世故、设身处地地为对方想才是上策。当别人尴尬时，以高明说话技巧应变，才不会添乱子。

1. 不要冷眼旁观，尽量帮忙解围

让人尴尬的事总是突如其来，不管你与他是素不相识，还是相知好友，在别人突然陷入尴尬境地的时候，你都应尽可能地伸出援助之手，帮他解围。

王老师前几天与爱人吵架，今早刚刚和好。不知从哪儿听说女儿受了委屈的丈母娘一早便气势汹汹地到学校找女婿理论。见此情景，有人赶忙打圆场说："伯母，怎么您来时没碰到您的女儿啊？她说要到市场

给王老师买一块西装料，还要买些肉请您全家吃饺子呢！”别的老师也随声附和，老太太一听，知道女儿女婿已经和好，也不好意思再闹下去，乐呵呵地走了。因此，假如你能够帮上忙或是为别人做出解释，你都应当尽可能地帮助他走出进退两难的尴尬境地，而千万不要在旁边看热闹、偷着笑。

2. 如果不能帮忙，那就视而不见

在有些场合，别人尴尬，你却不一定能帮上忙，那么视而不见是面对别人出丑时最妥当的一种态度。

阿林带着小王一起去他所在的公司。阿林的上司见到他们后，为工作上的事责备阿林，冲着他大发雷霆。当着朋友的面，阿林觉得很失面子，可一时又不敢顶撞怒气冲冲的上司。小王见此情景，默默地走开了。一会儿他再来时，上司已经接受了阿林的解释，并且为刚才的失态向他们表示了歉意。在别人尴尬的时候，如你实在不便插话帮助解围，那么最好的办法就是和小王一样视而不见、暂时离开，让他能够无所顾虑地处理这些意外，他对自己的难堪也就能够心平气和了。

3. 如果原因在你，不妨宽容待之

在一次家宴上，小翠一直抱怨沙拉鱼丸不好吃：“要是让姑妈做就好了，她做这道菜是很有名的。”姑妈在旁边微笑不语。弟弟白了小翠一眼：“这菜是姑妈今天特地做给你吃的。”小翠大惊之下，知道自己出言不慎，一时不知如何解释，脸一下子红了。姑妈笑着对小翠说：“不用难为情嘛！这菜不好吃是事实，我把糖当盐放了。明天，姑妈重做，让你们尝尝并提提意见，让我这手艺更加有名。”

这类事生活中也常碰到，别人会因为无意中伤害到你而感到羞愧万分、左右不是，这时不妨用恰当的言辞宽容待之。有人曾经在商店把一位短发的女售货员当做男售货员招呼，当她转过身，此君才发现人家分明是黛眉朱唇的小姐。小姐看到他难为情的样子，便打趣说：“明天，看来我只得穿裙子来上班了，不然恐怕连我的男朋友从背后也认不出我了。”小小的玩笑，显示出了她的善解人意和风趣，也让他人的尴尬烟消云散。

细节 61：遇到危机时要以变应变

人生就是战场，处理同一问题不能总用同一种方式。在遇到危机时也一样，要考虑不同环境、不同对手、不同时间，要采取不同对策，这样才能确保在危机中化险为夷。

一般情况下，大家碰到的问题往往是些人际交往中的情况，即使应变不当，最多搞得自己没面子或事情办砸，没有其他危害。危害生命和涉及国家大事的情况较为少见，但这并不等于一定遇不到。

春秋时期，有一次，秦兵企图偷袭郑国，大军已开到离郑国不远的地区，而郑国还蒙在鼓里。这时，郑国有个名叫弦高的牛贩子得知这个消息后，急中生智，一面派人连夜赶到郑国国君那里报信，一面装扮成郑国的使臣，挑选十二头肥牛，乘着一辆车，迎着秦兵而去。当与秦兵将领相遇后，弦高便自称是受郑国国君之命，备了点薄礼来慰劳秦军，并称国君正厉兵秣马、训练军队。秦军将领一听，大吃一惊，以为郑国早有准备，便改变计划班师回朝了。

这个故事告诉人们，在社会竞争活动中，可能要经常面临变幻不定的客观现实。在迅速变化的形势面前，要以万变应万变才行，只会循规蹈矩，是不会成为成功者的。

一天，卓别林带着一大笔款子，骑车驶往乡间别墅。半路上突然遇到一个持枪抢劫的强盗，用枪顶着他，逼他交出钱来。

卓别林满口答应，只是恳求他："朋友，请帮个小忙，在我的帽子上打两枪。"强盗照着做了，卓别林说："谢谢，不过请再给我的衣襟打两个洞吧。"强盗不耐烦地扯起卓别林的衣襟打了几枪。卓别林鞠了一躬，央求道："太感谢您了，干脆劳驾向我的裤脚打几枪。这样就更逼真了，别人不会不相信的。"

强盗一边骂着，一边对着卓别林的裤脚连扣了几下扳机，但不见枪响，原来子弹打完了。卓别林一见，连忙拿上钱，跳上车子飞也似的离去了。

这是一个突发性事件，任何人都无法估计它什么时候降临，任何人也无法预先做好应变的准备。所以随机应变，决定怎样根据眼前环境状况采取不同的策略，是一个人应变能力与分析能力的直接体现。例如：

有一天，玛丽小姐正在屋里休息，忽然听到门外有声音。打开门，却见一个持刀的男人杀气腾腾、恶狠狠地看着自己。

他是入室抢劫，还是杀人逃犯？

玛丽不禁倒吸了一口凉气，心里打了一个冷战。她灵机一动，迅速恢复平静，微笑着说：“朋友，你真会开玩笑！是卖菜刀吧？我喜欢，我要买一把……”边说边让男人进屋，接着说：“你很像我过去一位好心的邻居，看到你真高兴，你是喝咖啡还是茶……”本来满脸杀气的歹徒，渐渐腼腆起来。

他有点结巴地说：“谢谢，哦，谢谢！”

最后，玛丽真的“买”下了那把明晃晃的菜刀，陌生男人拿着钱迟疑了一会儿走了。在转身离开的时候，他说：“小姐，你会改变我的一生！”

读罢这则故事，我们不仅钦佩玛丽小姐化险为夷的过人智慧，更被她那能融化世界的爱心所折服。不是吗？一场即将发生的灾难，转眼间被玛丽小姐以机智和爱心消除了，她不但挽救了自己，也挽救并改变了这个未遂的杀人犯。这件事看起来悄无声息，回味起来则是惊心动魄。因为，这位主人公的人生在这片刻之间完成了一次由魔鬼到圣贤的净化与转折，也在自己的生命驿站中立下了一块里程碑。

后来，据说玛丽小姐与这个男人结婚了。这就是说什么事都不是绝对的。人生就是战场，处理同一问题不能总用同一种方式。在遇到危机时也一样，要考虑不同环境、不同对手、不同时间，要采取不同对策，这样才能确保在危机中化险为夷。

细节 62：正常说话行不通时，不妨换一种说法

说话应变是一种智慧的较量，只有你能够从变化中找规律、抓规律，才能让自己说话时左右逢源、滴水不漏。

说话应变是一种智慧的较量，当你正常说话行不通时，不妨换一种角度、换一种说法，事情可能就水到渠成地解决了。常用的说法不外乎以下几种情况：

1. 借别人的口说自己的话

西安事变前夕，张学良和杨虎城频繁会面，都有心对蒋介石发难。可在对方亮明态度之前，谁也不敢轻易开口。眼看时间越来越近，双方都是欲说还休。杨虎城手下有个著名的共产党员叫王炳南，张学良也认识。在一次会面中，杨虎城便以他投石问路，说道："王炳南是个激进分子，他主张扣留蒋介石！"张学良及时接口道："我看这也不失为一个办法。"于是，两个聪明的将军开始商谈行动计划。

2. 用轻松幽默的玩笑话说事实

轻松幽默的话题，往往能引起感情上的愉悦；庄重严肃的话题则会使人紧张慎重。只要有可能，最好能把严肃的话题用轻松幽默的形式说出来，这样对方可能更容易接受。

一个年轻打工者在一外资企业打工，在较短的时间内，连续两次提出合理化建议，使生产成本分别下降 30%和 20%。老板非常高兴，对他说："小伙子，好好干，我不会亏待你的。"

这青年当然知道这句话可能意义重大，也可能不值一文。他想要点实惠的，便轻松一笑，说："我想，你会把这句话放到我的薪水袋里。"洋老板会心一笑，爽快应道："会的，一定会的。"不久他就获得了一个大红包！

面对老板的鼓励，青年人如果不是这样俏皮，而是坐下来认真严肃地提出加薪要求，并摆出若干条理由，岂不太煞风景，甚至适得其反。

3. 绕个弯子套对方说话

有时，一些话自己说出来显得尴尬；这时，诱导对方先开口无疑是上上之策。

王某准备借助于好友赵某的路子做笔生意，在他将一笔巨款交给赵某的第二天，赵某得暴病身亡。王某立刻陷入了两难境地：若开口追款，太刺激赵某的未亡人；若不提此事，自己的局面又难以支撑。

帮忙料理完后事，王某是这样对赵夫人说的："真没想到赵哥走得这么早，我们的合作才开始呢。这样吧，嫂子，赵哥的那些关系户你也认识，你就出面把这笔生意继续做下去吧！需要我跑腿的时候尽管说，吃苦花力气的事情我不怕。"

看他，丝毫没有追款的意思，其实他明知赵妻没有能力也没有心思干下去。话中又加上巧妙的提醒：我只能跑腿花力气，却不熟悉那些门路；困难不小还时不我待。

结果呢？赵妻反过来安慰他道："这次出事让你生意上受损失了，我也没法干下去，你还是把钱拿回去再找机会吧。"

当然，这里只是简单的列举一下，人们的生活如此丰富、瞬息万变，重要的还是自己能够从变化中找规律、抓规律，才能让自己说话时左右逢源、滴水不漏。

细节 63：窘境突然而至时，明话暗说很有效

面对变化着的情景，尤其是突然而至的窘境，需要你调动一切可以调动的语言表达手段，以达到自己想要达到的交际目的，明话暗说就是很有效的一种。

生活中，总会出现一些令人意想不到的事情。因为，交际双方是一种积极的参与关系，而非刻板、机械的迎合，交际情景也会不断地发生

变化。面对变化着的情景，尤其是突然而至的窘境，需要你调动一切可以调动的语言表达手段，以达到自己想要达到的交际目的，明话暗说就是很有效的一种。

首先是自嘲式的明话暗说。在交际中，有时会碰上因为自身的缺点或其他原因而出现的尴尬事，要是你懂得“自嘲”，巧妙地“揭自己的短”，反而会使自己败中求胜，树立良好的交际形象。

麦克阿瑟一贯以傲慢著称。有一次，杜鲁门会见他时，他不慌不忙地取出烟斗，装好烟丝，取出火柴准备点燃的时候，才问杜鲁门：“我抽烟你不介意吧?”

麦克阿瑟显然并不是真心征求杜鲁门的意见，这使杜鲁门十分难堪。因为，如果现在表示很介意的话，会显得有点霸道。

此时，杜鲁门看了看麦克阿瑟，说：“抽吧！将军，别人喷到我脸上的烟雾，要比喷在任何美国人脸上的烟雾都多。”

杜鲁门的这番自嘲，不但使自尊心得到了保护，而且还向美国人显示出他的大度与宽容。还有，他把自己摆在“受害者”的地位上，可博得美国大众的同情与支持。

再就是借物说事式的明话暗说。在交际中，常可以利用身边的实物来说明某种道理或者摆脱困境，或以某件能与话题搭上关系的物品来进行对比，达到一种形象化的效果。

在民间，有一则关于蒲松龄的传说：

有一次，蒲松龄到王大官人家去作客，被众人推到了上座，但独眼的管家却从下席开始斟酒，有意把他落在一旁不管。王大官人也想故意捉弄他，端起酒杯朝他说：“蒲先生，喝呀！”

蒲松龄端坐不动，他笑着说：“大家先别急着喝酒，我说个笑话给大家助助兴。我刚出门，碰到内人正用针在缝衣服，就以针为题即兴作诗一首，现在念给大家听听：‘一头尖尖一头扁，扁头只有一只眼。独眼只把衣裳认，听凭主人来使唤。’”

大家听了，一齐朝独眼管家看去，极力强忍笑意，大声叫好。这样一来，反而使王大官人及其管家狼狈不堪。

蒲松龄借用了针的形象，尖锐地讽刺了想为难自己的王大官人及其仆人，不但保全了自己的尊严，也让捉弄自己的交际对象“搬起石头砸自己的脚。”

生活与工作中，你也可以借身旁之物摆脱困境，让左右为难的自己找到台阶下。

如果某人在你的办公桌前滔滔不绝，而你却不能耽搁太多的时间。如果喋喋不休的人是下属或朋友那还好办，偏偏又是得罪不起的人物，你怎么办呢？

你可以悄悄写个纸条给同事：“到隔壁的办公室打个电话给我。”

用不了几分钟，电话响了。你可以大声说：“什么？马上去！这儿有位很重要的客人，什么？不去不行？那……好吧。”

一般来说，那烦人的来客会示意你赶快去。如果他没这么说，你也可以假装歉意，送走来客且不会伤了他的自尊。

作为女性，经常有男士的邀请，如果想拒绝又不伤对方的心，办法有许多种，借物脱困无疑是其中的妙招之一。

例如，有位男士走到你面前，说了一句：“欢迎你参加！”然后就把一张入场券递给你。这时，你想拒绝他，又要让他下得了台阶。你可从皮包里拿出笔记本，打开一看，不论看到什么，都可说：“哎呀！我和小张约好今天去购物，你只有和别人同去了，不过还是很谢谢你。”

使用笔记本，给人其上面记着自己的时间安排的错觉，既婉言拒绝了对方，又达到了自己的交际目的。

细节 64：面对职场“事故”要灵活应对

一个人再聪明，面对七零八碎、纷繁复杂的职场“事故”，也很难都能作出恰当的反应，所以事先掌握一些办公室说话应变技巧是非常有必要的。

办公室作为工作的地方，经常出现一些意想不到的情况是正常的。

一个人就是再聪明，面对七零八碎、纷繁复杂的职场“事故”，也很难都能作出恰当的反应，所以事先掌握一些办公室说话应变技巧就显得十分必要。

1. 开玩笑却招来怒骂时

开玩笑也是人际关系的交流方式，但必须得到对方的共鸣才能成立。

如果一个职员能看清上司喝茶时那副不高兴的神情，就不至于会想到要和上司开玩笑了。

其实，上司是早上开会时，因为科里所提出的企划方案做得不好而挨批，没心情出去吃午饭而在办公室生闷气。

当上司直接向部属板起脸时，大都是因为其部属的表现令他不满。这时，受到斥责的部属不但要顺他的意思，而且要赶快找出上司不愉快的原因，这样才能化不快为愉快。

所以，遭到上司意料之外的斥责时，应马上道歉：“对不起，我竟然开了这种无聊的玩笑!”

同时，要赶快回想今天到底发生了什么事，让上司这么不高兴。

早上，有什么事呢？早上科长不是只去开会了吗？——对了，一定是开会时挨批了！这么说，问题大概出在科里所提的企划方案吧！

“我们科里所提的企划方案，怎么样了呢?”

一确定问题点，就大胆地提出。

“那个企划不行！早晨开会时……”

憋了一早上的闷气，上司终于可以借着这个问答发泄出来，等事情讲完时，刚才所造成的尴尬气氛也会烟消云散了。

2. 说那个人，那个人就到时

午休时间就快要到了，科长又出去参加业界的聚会。大概就是这个缘故吧！办公室内一派闲散的样子，几位同事也聚在一起东家长西家短地闲谈，不知不觉间就开始说到科长身上了。

李君做事认真、个性又开朗，在办公室里人缘很好，只是有点冒冒失失，喜欢一高兴就恶作剧一番。

不例外地，当他听到大家都在说科长的坏话时，便趁机起哄：“我也这样认为，科长实在是一位老古板，动不动就要拿伦理道德、礼仪规范来说教，他根本就不知道现在是流行、新潮的时代……”

大家怎么突然都变得正经八百，规规矩矩的了呢？当李君发觉情形不对时，已经大事不妙了，原来科长已站在自己的后面。

“怎么，我又哪里不好了吗?”

科长当场就冲着李君丢下这么一句火药味极重的话，糟了，李君这下子万事休矣!

在会话礼节中，最忌讳的是背后说人坏话。可是大家大概都不否认，能肆无忌惮地批评别人，是最令人感到愉快的事情。人都有劣根性，明知说人坏话是最犯忌讳的事，可是却总忍不住要说上几句。

既然如此，明知偶尔免不了要对别人说长论短，那何不在说法上多注意点呢？至少要先弄清楚说话的场合。

如果是充满个人憎恶情绪的坏话，听的人可能会有“这说得太过分了”的感觉。像这样就已超过限度，听者不但会不愉快，反而会因情绪过于激动而造成反效果。李君的情形不算是说得过分，问题是说话的地点不对。

像上述的例子，尽管上司不在，但在办公室内总是不好。另外像公司同事常去的餐馆或咖啡厅，也都不是谈论同事长短的好地方。

可是，李君也不见得这样就万事休矣！因为平时科长对他还很满意，至少他可以利用这点来挽回面子。在这种情况下，无理地强辩只会把气氛越弄越糟。最好的方法还是赶快低下头道歉！通常，一位通情达理的上司看到下属诚心认错时，应该都会既往不咎的，至少也不会让属下难堪或下不了台。

科长听到李君的道歉后，反而像不知道似地说：“这又是怎么一回事呢?”

既然科长已经故意佯装不知了，李君这时就要心存感谢地在表面上附和着说：“还好，刚才的话没有被科长听到，真是谢天谢地!”

换句话说，就是彼此都装糊涂，这样才能化解尴尬的气氛。

事后，必须谨记这个科长明明听到却放自己一马的恩惠，在日后的工作上好好地表现以作回报。

3. 别人叫不出自己的名字时

在外面邂逅以前认识的朋友或同事，待上前去打招呼时，却因对方记不起自己的名字，致使彼此尴尬而散。这种情况应该很多人都曾有过吧！

例如，参加讨论会或公司集训时，碰到过去曾经在一起工作的老同事，于是自己便很兴奋地过去打招呼："赵老，好久不见了，您好吗?"

对方也像看到了熟面孔似地回答，可是寒暄问候的话一讲完，对方就显得很局促不安而想找理由离开。

假如您碰到上述这种情形，您会如何应变呢?

尤其像演说家等一类人经常需要和很多人接触，虽然别人对他了若指掌，可是他却经常无法一下就叫出别人的名字。通常遇到这种情形时，他们都会很自然、直截了当地向对方请教，譬如说："请问您尊姓大名?"或"您是哪位呢?"

可是对一般人来说，这种开门见山式的问答，似乎令人很难启口。

还有，就是叫不出对方姓名时，既不敢开口请教，又害怕被对方看穿真相。因此，心虚、不安，当然就想要尽早离去。

前面的例子中，那位姓赵的老同事，说不定就是心虚而想离去。这时，你就应该很巧妙地把自己的名字夹在谈话中。譬如："最近偶然也会碰到当时跟我们在一起的伙伴，他们还是老样子，仍然取笑我叫小呆。想从前，真是多亏您的照顾……"

这样对方可能就比较能安心，至少不会急着想要打退堂鼓。

人总难免会有忘记别人名字的时候，因此将心比心，应能体谅别人的处境，尽量避免让别人出洋相。

相反地，要是自己想不起对方的名字时，怎么办才好呢？这时您可这样去应变：

"对不起，您可否给我一张名片?"

"嗯！名片吗?!"

"是的，拜托！拜托!"

或许，一开口就讨名片，别人会感到唐突。因此，您要非常不介意似的，等接过名片后，再说：

"以后有机会，我即可很快地凭这张名片和您联系了……"

然后，你就可以依名片上的姓名来称呼对方了。

4. 名字被叫错时

名字类似的同事在同一个集体内，经常会有张冠李戴的笑话发生。

像朱华先生就是这样。因为在同一公司内凑巧就有一位老同事叫做“陈华”，因此，他就经常被人叫错名字。

今天一位新分配的女职员一时疏忽，又叫他“陈华先生”，他感到非常懊恼，因此就默不吭声不理睬对方。

这样做对吗？

首先，要忍住一时的气愤。被当面叫错名字，不论是谁都会觉得不舒服。可是当事者在那一瞬间的对应，将会造成极端不同的结果。

中国字有很多同音异字的情形，譬如一个名字叫做“健”的人，名字难免会被错写成“建”、“键”……这时候可以说：“对不起，我的名字是健康的‘健’呀！此‘健’非彼‘键’哦！”

名字被弄错时，这种近乎诙谐的指正方法，反而会令大家皆大欢喜，感情更加融洽。

一个经常跟自己碰面的人，却搞不清自己姓甚名谁，这是很令人不愉快的事。可是，这也不是什么不能忍受的事吧！既然对方记不清楚，自己干脆再报一次姓名好了，譬如：“我是朱华呀！这个名字也实在是太平淡了，不好记。”

其次，把自己的特征和名字连在一起。一时疏忽而弄错姓名的事，似乎屡见不鲜。其中有很多人是没有把对方的姓名和外貌的联系记清楚，所以才造成把别人姓名张冠李戴的错误。

无论如何，对被弄错姓名的人而言，如果不想办法叫对方记住自己，以后仍会经常有不愉快的情形发生。最好的应变方法之一，就是把自己外表的特征和名字连在一起告诉对方。

说服话：精通对方的心理，找准切入点敲击“心铃”

有人说得好，说服他人不是敲击铜铃，而是敲击他们的“心铃”。因此，说服者应该找准说服他人的切入点，去敲击被说服者的“心铃”，刺激之、振奋之、感化之、慰藉之、激励之。在说服对方的时候，必须能够平等待人、虚怀若谷，拨动对方那根最脆弱的心弦。这样的话语方能如滋润万物的甘露，点点滴入对方的心田。而盛气凌人、眼睛向上，把自己打扮成上帝，以教育者姿态自居的人，是无法和被说服者交心，无法打动被说服者的。

善于说服他人的人，都非常精通对方的心理，顺时应变，打开说服他人的僵局，把话说到对方心窝里去。

细节 65：让对方体面地接受拒绝

当对方提出请求后，先不要急着拒绝对方，而应该尊重对方的愿望，从头到尾认真听完对方的请求，先说一些关心、同情的话，然后再讲清实际情况，说明无法接受要求的理由。

中国人生性敦厚、古道热肠，一般不愿意也不习惯拒绝别人。可是在很多情况下，为了避免多余的困扰，对一些不合理或不合自己心意的事都应当拒绝。

人都是有自尊心的，一个人有求于别人时，往往都带着惴惴不安的心理，如果一开口就说“不行”，势必会伤害对方的自尊心，引起对方强烈的反感。可是如果在拒绝别人的要求时，又不让对方丢面子，使别人非常体面地接受拒绝，结果必然会大不相同。

当对方提出请求后，不必当场拒绝，你可以说："让我再考虑一下，明天答复你。"这样，既使你赢得了考虑如何答复的时间，也会使对方认为你是很认真对待这个请求的。

某单位一名职工找到车间主任要求调换工种，车间主任心里明白调不了，但他没有马上回答"不可能"。而是说："这个问题涉及好几个人，我个人决定不了。我把你的要求带上去，让厂部讨论一下，过几天答复你，好吗?"

这样回答可让对方明白：调工种不是件简单的事，存在着两种可能，使对方思想有所准备，这比当场回绝效果要好得多。

要拒绝、制止或反对对方的某些要求、行为时，你可以利用那个人的原因作为借口，避免与对方直接对立。比如，你的同事向你推销一套家具，而你却并不需要，这时候，你可以对对方说："这样的家具确实比较便宜，只是我也弄不清楚究竟怎样的家具更适合现代家庭，据说有些人对家具的要求是比较复杂的。我的信息也太缺乏了。"

在这种情况下，同事只好带着莫名其妙或似懂非懂的表情离去，因为他们听出了"不买"的意思，想要继续说服你什么，"更适合现代的家庭"，却是一个十分笼统而模糊的概念，这样，即使同事想组织"第二次进攻"，也因为找不到明确的目标而只好作罢。

一家汽车公司的销售主管在跟一个大买主谈生意时，这位买主突然要求看该汽车公司的成本分析数字，但这些数据是公司的绝密资料，是不能给外人看的。可如果不给这位客人看，势必会影响两家和气，甚至会失掉这位大买主。这位销售主管并没有说"不，这不可能"之类的话，但他的话中婉转地说出了"不"："这个……好吧，下次有机会我给你带来吧。"

知趣的买主听过后便不会再来纠缠他了。

某位作家接到老朋友打来的电话，邀请他到某大学演讲，作家如此答复："我非常高兴你能想到我，我将查看一下我的日程安排，我会回电话给你的。"

这样，即使作家表示不能到场的话，他也就有了充裕时间去化解某些可能的内疚感，并使对方轻松自在地接受。

当别人有求于你的时候，很可能是在万不得已的情况下才来请你帮忙的，其心情多半是既无奈而又感到不好意思。所以，先不要急着拒绝对方，而应该尊重对方的愿望，从头到尾认真听完对方的请求，先说一些关心、同情的话，然后再讲清实际情况，说明无法接受要求的理由。由于先说了一些让人听了产生共鸣的话，对方才能相信你所陈述的情况是真实的，相信你的拒绝是出于无奈，因而也能够理解你的。

例如有个朋友想请长假外出经商，来找某医院想让对方出具一份假的肝炎病历和报告单。对这种作假行为，医院早已多次明令禁止，一经查实要严肃处理。于是，该医生就婉转地把他的难处讲给朋友听，最后朋友说：“我一时没想那么多，经你这么一说，我也觉得这个办法不行。”

这样的拒绝既不会影响朋友间的感情，又能体现出你的善意和坦诚。

拒绝的话没有人愿意听，但又不能不说。成功的拒绝，语态也是个重要因素。不同的说话语态，产生的效果截然不同。比如“对不起”三个字，如果你用谦恭语态说出来，别人听了心里就舒服；若是要用生硬、冷淡的语气表达出来，会使人反感、不痛快、无法接受，不仅达不到预期的效果，而且还有可能影响到彼此的情感，引发不必要的矛盾与冲突。所以，在拒绝别人时，要尽量使语气和缓，尽量不用粗暴生硬的语气。如果你对某个要求不满意，决不能用抵抗的态度。如果你觉得有难处，应该用和缓语气把理由表达出来，对方考虑到你的难处，通常是不会为难你的，愿意接受你的拒绝。所以，在拒绝人时，就要在语言上下大工夫，通过语言沟通，增进彼此间的感情。

人们在生活中所接触的对象，不是家人就是亲戚、朋友、同学、师长。虽然说是亲密无间，但在拒绝对方时，也要注意尊重对方，不要以为“人熟不讲理”而语言粗暴，不讲技巧。在拒绝对方时，采用委婉含蓄的表达方式，将会使你的人际关系更加协调。

细节 66：说服之前，先用赞美之辞敲开对方的心扉

人们往往都有这样的心理习惯，先听一些能让自己心情好的赞美之辞，再去听一些不愉快的话，心里会觉得好受一些。所以，你要在说服对方之前，先用赞誉之言投石问路，敲开对方的心扉。

说服就是通过语言使别人接受自己的意见或者观点，这是一件相当难办的事情。如果我们不注意说服技巧的话，很难成功说服别人，但是如果在不同的场合，面对不同的说服对象，能巧妙地运用一些说服技巧的话，情况则会大大改观，例如在说服别人之前先赞美别人。人们往往都有这样的心理习惯，先听一些能让自己心情好的赞美之辞，再去听一些令人不愉快的话，心里会觉得好受一些。所以，你要注意人们的这一心理特征，在说服对方之前，先用赞誉之言投石问路，敲开对方的心扉。

一位成功学研究专家向我们讲述了他亲身经历的一件事：

以前，我经常到政府机关去办事。办理具体事务的那些工作人员可能是每天面对的事情太多了，所以看上去非常疲劳，服务效率很低，我办一件事要跑好几趟才能够有结果。

有一次，我又到那里去办事。这一次接待我的是一个年轻的小伙子。在办事之前，我先问了他一个问题："先生，你在这里做多久了？"

"四年了。"小伙子连头都没有抬，有一搭没一搭地回答了我一句，显得非常不耐烦，"怎么？有什么问题吗？"

"是吗？难怪呢。"我故作惊讶道。

"怎么了？"小伙子用非常疑惑的眼神看着我。

"我经常到这里来，但是没有见过你。不过我今天在这里有一个巨大的发现，那就是：我发现在这个机关里，你是从头到尾最卖力气的一个人。"

其实，这并不算是我最大的发现。我最大的发现是当我说完这句话

以后，那个小伙子的眼神马上变得非常亲切，整个人马上精神起来，立刻接手办我的事情。

我趁机又美言了一句：“你的工作精神真好，我真希望每次来办事都能遇到你。”

小伙子在几分钟之内就给我办完了所有的手续。按我以往的经验，那些手续最少要跑两次才能办完，然而那天只用了五分钟。

可见，赞美的力量是巨大的。比起苍白的请求语和无休止的长篇大论来，赞美毫无疑问更有说服力。

人人都喜欢赞美的话，人人都希望被重视，任何时候都要经常讲一些赞美别人的话，而且是真诚地赞美。赞美的力量非常大，它会鼓舞一个人的士气，会让一个人心甘情愿地做一件事情。所以，当你想说服他人时，别忘了从称赞与真诚的欣赏开始。

细节 67：先征服其心，再征服其力

在生活中难免要和别人发生争执和对峙，为了走出困境，就一定要努力说服或征服对手，这时，最高明的做法是：先征服其心，再征服其力。

在生活中难免要和别人发生争执和对峙，为了走出困境，就一定要努力说服或征服对手，在这种情况下，要采取适当的策略。高明的做法是：先征服其心，再征服其力。

这是发生在第二次世界大战期间的一件真事：一架美军飞机从战火纷飞的太平洋战场飞到了群星荟萃的美国好莱坞影城。从飞机上走下来的十几名日军战俘，在美军军官的引导下，尽情地饱览好莱坞风光，观看好莱坞的影片，并与那里的影星会面，享受着和平时期旅游者的乐趣。

美军为什么要这样做呢？原来是为了兑现战场上对日军战俘的一个承诺。

在此前不久，美军付出了很大的代价才攻占了太平洋上被日军占领

的一个岛屿。在清扫战场时，发现还有十几个日军士兵藏在一个山洞里，美军即刻向山洞进剿。日军士兵固守在窄小的山洞里，死不投降，不停地向洞外的美军猛烈射击。

美军向山洞里喊话：“日军士兵，负隅顽抗是绝无出路的，赶快缴枪吧！”

喊话得到的回答，是一阵更加猛烈的枪声。

“缴枪不杀，美军实施人道主义，保证优待俘虏。”

日军士兵从小就被灌输效忠天皇的武士道精神，即使剩下一兵一卒，也宁死不降。不管美军如何喊话，他们都顽强抵抗。

由于山洞很深、洞口窄小，炮轰轰不塌，枪打打不垮。如果硬是往里面冲，就要付出得不偿失的代价；如果长期围困，又会贻误战机。美军实在没想到，竟被十几个残兵败卒弄得焦头烂额，无可奈何。

这时，有个美国士兵，就像开玩笑似的向山洞里的日军士兵喊道：“你们只要放下武器，我们就带你们去好莱坞影城旅游！你们可以一睹那些风靡世界的大明星的风采！”

实际上，这个美军士兵的一番话，只不过是说出了自己的心愿而已。他和许多美军士兵一样，在艰苦的战争环境中常常思念着美好的和平生活，特别是回味着坐在豪华舒适的影院里，观看各种各样的好莱坞影星精彩演技的情景，真是令人神往。

同他一起战斗的美国士兵都笑了起来，大家认为这是个地地道道的大笑话。

出乎美军意料的是，这句话居然动摇了日军士兵的抵抗决心，枪声奇迹般地停止了。日军士兵放弃了宁死不降的武士道精神，一个接一个地全部爬出了洞口，乖乖地缴枪投降了。

日军士兵虽然对美国了解不多，但是通过影坛，却非常熟悉好莱坞和那里的影星，做梦都想到好莱坞去旅游。美军的这个承诺对他们来说，真是正中下怀，产生了抵挡不住的诱惑。

美军为了言而有信，果真带着日军俘虏游览了好莱坞影城。

细节68：用形象生动的语言把枯燥无味的事说得生动活泼

形象生动的语言，可以把简单的事情具体化，把枯燥无味的事说得生动活泼，可以化解尴尬的场面，更易吸引对方。

你在社会中交往，要学会如何说服别人。形象生动的语言颇有说服力，它可以把简单的事情具体化，把枯燥无味的事说得生动活泼，可以化解尴尬的场面，能够吸引听众。

著名作家李准曾经这样说过："没有几下绝招，难得当个作家。我的看家本事是：三句话叫人落泪，三分钟过戏，把读者的心放在我手心里揉，叫他噙着眼泪还得笑！"

在常香玉舞台生涯五十周年庆祝大会上，文艺界名流同来祝贺。专好插科打诨的电影导演谢添一把拉住李准说："李准，我想当众试试你！你能说三句话，让常香玉哭一场。我才服你！"

李准皱皱眉、看看众人，摊摊手为难地对常香玉说："香玉，你看看老谢！今天是你大喜的日子，他偏偏让你哭，这不是难为人吗？"

常香玉说："你今天能让我哭，算你真有本事！"

谢添说："或者签字认输也行！"

李准依旧为难地说："香玉，咱们能有今天，多不容易啊。论起来，你还是我的救命恩人哩！我十来岁那年，眼看逃荒的难民群到了西安，眼看人们都要饿死了，忽然有人喊：常香玉放饭了，河南人都去吃吧！哗——人们一下子都涌去了！我捧着粥，泪往心里流。想，日后见了这个救命恩人，我给她叩个头！哪想到'文化大革命'中，你被押在大卡车上游街，让你'坐喷气式飞机'。我站在一边，心里又在流泪，我真想喊一句，让我替替她吧，她是俺的救命恩人哪！"

"老李！你……别说了！"

常香玉猛然打断李准的话，捂住脸、转过身，满脸都是泪水，把手绢都打湿了。

大厅里没有一点声息。众人望着李准，沉浸在他讲的故事里，忘记了这是在打赌，连谢添也轻轻吸了一下鼻子……李准针对常香玉特有的心理体验，运用形象生动的语言进行带有强烈感情色彩的描述，产生了极大的感染力。有了这样的说话本事，自然更容易让别人接受你。

因此，语言形象生动需做到如下几点：

(1) 选用有色彩、有形象的语词。色彩词和形象词可将听觉形象转化为视觉形象，而视觉形象留给人的印象往往比听觉形象留下的印象更深刻。

(2) 运用各种修辞手法，如比喻、拟人、夸张等。这些修辞手法可用浅显通俗的事物或道理来说明比较复杂、抽象的事物或深奥难懂的道理。

(3) 要注意寓理于事，将深刻的道理寓于具体事实之中。那种干巴巴的说教，往往使听者乏味。要学会善于运用生动典型的事例阐明事理，增强语言的魅力。

细节 69：先恭维一番再去说服他人

当自己被别人称赞时，尽管会作出一副谦虚的样子，但心里却由衷地感到高兴，同时也会对称赞自己的人有一种好感。因此，要达到说服他人的目的，不妨先恭维他一番。

恭维是深交的敲门砖，恭维的话人人爱听。适当的恭维能使人飘飘欲仙、难以抵抗。

越是傲慢的人，越爱听恭维话，越喜欢你的恭维。还有一种人，表面上义正词严，说自己不爱恭维。其实这是他的门面话，你如果信以为真，毫不客气地采取直言的方式，他心里一定会非常不快，表面上未必有所表示，但内心却是十分不悦，对于你的印象分，只有降低，绝不会增加。

"人告之以有过，则喜"，只有子路才有此雅量。普通人不容易做到。

适当地说一些切合实际的恭维话，别人听了舒服，自己也不降低身份。所以，说恭维话是处世的一门重要功课。

每个人都有希望，年轻人寄希望于自身，老年寄望于子孙。和年轻人交谈，你如果举出几点，证明他的将来大有成就，他一定十分高兴，以你为知己。这样，你就能顺利地完成自己的交谈，实现说服他人的目的。

老年人则不然。他历尽几十年的光阴，如果他还未曾达到预期的目的，对于自己，不十分自信也不抱太大的希望。他所希望的，是他的子孙能够获得大的成就。你如果说他的儿子无论学识还是能力都胜过他，真是出类拔萃，虽然你是当面批评他、抑父扬子。他不但不会责怪你，反而十分感谢你。这是说恭维话对于年龄应特殊注意的要诀。

对于商人，你如果说他学问好、道德好、清廉自守、安贫乐道，他绝对无动于衷。你应该说他才能出众、手腕灵活，现在红光满面、日进斗金，他才听得高兴，你才能顺利实现自己的交谈目的，说服他们。

对于文人，你如果说他学有根底、笔下生花、思路敏捷、宁静淡泊，他听了一定高兴。别人做什么职业，你就要说什么恭维话。对于对方的职业，应该特殊注意，这就是"看人说话"。

只要你的恭维话说得恰如其分、不流于谄媚，就会使你的话语深入人心，使你事半功倍。

西方有句谚语说："一滴蜜比一桶毒药所捉住的苍蝇还多。"对人也是如此，要想得到别人的注意、实现说服别人的目的，首先要使他相信你认识到了他的优点、长处及真正的关注点。这样的交谈，就如同一滴蜜黏住了他们的心，对交谈的效果是非常重要的。

当自己被别人称赞时，尽管会作出一副谦虚的样子，但心里却由衷地感到高兴，同时也会对称赞自己的人有一种好感。所以，要达到说服他人的目的，不妨先恭维他一番，但要注意的是，不要借贬低别人来恭维对方，否则会让人觉得你乃是小人之心、不怀好意。如果真是这样，那可就麻烦了。

细节 70：直话不直说，在玩笑中表达自己的意思

那些固执己见的人，往往不容易接受正面的直言劝导。对于这种人，聪明的人总是直话不直说，委婉地表达自己的意思。

通常说来，有什么好的建议应从正面说，但是从人的心理角度考虑，那些固执己见的人，往往不容易接受正面直言劝导。如果同他争辩，不仅会使双方弄得脸红脖子粗，不欢而散，而且达不到说服对方的目的。

晏子是春秋后期的著名政治家，他是一位提建议的高手，他的每次建议都能得到国君的采纳，其中的诀窍自然是他提建议的方式。《晏子春秋》记载了这样一则故事：

有一次，齐景公问晏子："相国家离市场近，可知道市场上什么东西贵，什么东西贱?"

"怎么不知道呢?"晏子痛痛快快地回答。他想借机劝劝齐景公，把齐国的刑罚减轻些。于是，他一本正经地说："敬告国君，目前市场上价格最贵的是假脚，价格最贱的是鞋子!"

"真有意思，这是为什么呢?"齐景公对晏子的回答感到意外。

"吓!"晏子长吁一口气，凄楚地说，"只因为现在刑罚太重，被砍去脚的人太多了，所以鞋子没人买，假脚却不够卖!"

"噢……"齐景公半天说不出话来，脸上露出哀怜的神色，自言自语地说："我太残忍了，我对老百姓太狠心了。"第二天，他向全国发出了减轻刑罚的命令。

聪明的人总是直话不直说，委婉地表达自己的意思。晏子如果直接向齐景公建议要减刑，不但达不到目的，而且很可能会引起齐景公的不悦，到头来事与愿违，后果也很难设想。

《古今谭概》中记载了这样一个故事：

五代十国时期，南唐的税收很重，全国上下怨声载道，但敢怒不敢

言。当时，都城金陵连续几年大旱，百姓的生活是雪上加霜，度日艰难。一次，南唐皇帝李煜视察国情时，见到国都久旱无雨，便问道：“为什么外地都下了雨，而偏偏京城不下呢?”这时，群臣中走出一人，叫申潮高，弯身施礼后答道：“雨不敢下到京城里来，因为它也怕被征税。”李煜沉思半晌，知道税收得太重了。不久，许多苛捐杂税便被取消了。

在生活中，对不同的人，不同的事情，都需要采取不同的说话方式。有时候直来直去的话很难让人接受，特别是谈一些不高兴或是别人忌讳的事。而换一个角度，委婉含蓄地把建议提出来，听者会觉得很受用。自己的观点既易被接受，又容易解决矛盾，使人与人之间的关系更加和谐。

中国某海外公司的待遇相当不好，全公司职工苦不堪言。公司领导知道这种情况，但就是不愿意改善职工的待遇。其原因是，他认为手下的职员是庸才，不仅对公司不够忠心，在工作上也相当不努力，且多数都是兼职员工。若将公司同其他同类公司相比，他总是说：“你看别人公司的职员都是正规军，哪像我的下属都是些杂牌军。”

有一天，该公司的某位高级职员针对越来越严重的迟到现象对领导说：“初级职员简直没法到公司办事!”

领导问：“道理何在?”

这位高级职员说：“坐出租车吧，觉得车费太贵；坐公交车吧，又苦于挤不上去；而且每月的交通费也不胜负担，让他们如何能解决这个问题?”

高级职员叹了口气，一副毫无办法的样子。领导接着说：“以步当车，一文不费，而且可以借此运动身体，不是好办法吗?”

高级职员摇了摇头：“不行，鞋袜磨破了，他们买不起新的。我倒有一个办法，希望领导出一个布告，提倡赤足运动，号召大家赤脚走路上班，这个问题不就解决了吗？谁让他们命运太坏，生在这个时候？谁让他们不去想发财的门路，却当苦命的职员？他们坐不起出租车，也不能鞋袜整齐地到公司上班，都是活该!”

这位高级职员边说边笑，让公司领导感到不意思，只好答应改善下属的待遇。

在这个例子中，该高级职员就是采用玩笑的方式来劝说领导的。他没有正面劝说这位领导，而是用责备下属的语气尽情表露他们的苦衷，用反面的方式表达正面意思：公司待遇太低。在语气上是嬉笑，实质上是建议、是批评。由于比较委婉、不伤对方面子，对方容易听进去，一旦对方觉悟到自己的过失，就容易接受劝告，改变行为。

应该注意这有一个前提，劝导者和对方的人际关系要好，没有隔阂和摩擦，而且有相当的地位，有资格与对方讲话，对方同时也了解你的为人，器重你、尊重你。只有在这种情况下，运用此法才易奏效。

拒绝话：留点面子，转个弯说“不”

说一个“不”字很容易，但要想把“不”字说到对方的心窝里就需要一定的技巧了。

对他人说“不”可以采用暗示的方法，或者运用幽默的手段，这样既不会伤了彼此的感情，别人也能够顺着台阶下去，而不至于事情没办成还丢了颜面。

细节 71：尽量委婉、平和地说明你要说“不”的原因

说“不”不是那么简单，而是需要技巧的，因为会要求你、拜托你的，大多是身边的亲朋同事，如果技巧不好，很容易就弄坏了彼此的关系。

“不”这个字好写，音节也简单，但拿到人与人之间，却很不容易说出口。很多人或因为感情因素，或因为个性关系，或因为时势所迫，无法把“不”说出来，因而吃了大亏。

有的人，朋友向他借钱时总是无法拒绝，怕说了“不”伤了对方，更怕说了“不”与对方日后出现隔膜。他的朋友们深知他的老实，手头不便就向他开口，当然有借有还的占大部分，但有借无还的也大有人在。

小钱不还倒也无所谓，但有一天，有人向他借一大笔钱，说是要开店，因为无法说“不”，钱拿走了，人也不见了。

没有勇气说“不”，往往就会变成这种情形：软土深掘，得寸进尺。常常有人要求他、拜托他，当然他并不一定会有损失，但造成损失的可

能性相当高。而最重要的是，他无法说“不”，会越来越难以说出口，而一旦说出口，常常就会在很大程度上得罪别人。

该说“不”时，就要勇敢地说“不”。不过，在什么情况之下说“不”，这才是问题，因为如果每天每件事都把“不”挂在嘴边，那么也不必在人群中立足了。

不妨先从“心”来考虑。也就是，当有人要向你借钱或要求做某件事时，你要先问你自己：我愿不愿意？而不是从利害关系来考虑。

如果你愿意赴汤蹈火、肝脑涂地，相信你不在乎，也不会后悔的。如果根本就不愿意，那么就不必勉强自己。一勉强自己，你就不会快乐，每天活在“当时为什么不拒绝”的悔恨当中。也许你本身并没什么损失，但因违背了你的心意，这件事反而成为你的负担。

因此，当你不愿意时，就要勇敢地说“不”！

不过，说“不”也不是那么简单，而是需要技巧的。因为，会要求你、拜托你的，大多是身边的亲朋同事，如果技巧不好，很容易就弄坏了彼此的关系。

技巧是因各人的情况不同而有所不同，不过也有一些原则可循：

尽量委婉、平和，说明你要说“不”的原因，让对方有台阶下，也不致伤了和气。如果可能，迂回一点讲也可以，而不直接说“不”，对方如果不是白痴，应该听懂你的弦外之音，这是“软钉子”，而不是“硬钉子”。

不过，要学习说“不”，可以先从小事学起，久而久之，便可掌握分寸，不会脸红脖子粗，让人一见就知道你的“不”并不坚定。

此外，还可把自己塑造成有原则的人，那么一些无谓的要求、拜托就不会降临到你身上。当然，一切还是要先看你“愿不愿意”。

细节 72：以诚恳的态度、得体的语言表达“不”

以诚恳的态度、恰当得体的语言表达“不”，可以减少对方心中的不快或失望，并可得到对方的谅解和认可。

公关人员每天都要和各类公众打交道。公众的要求有合理的，也有不合理的；有正当的，也有不正当的。因此，不可能都给予满足，拒绝是难免的。遭到别人拒绝总是一件不愉快的事情，会因此在心中产生不快或失望。但这种不快或失望的程度却和公关人员拒绝时的态度和语言表达方式有密切关系。如“不，不行”、“做不到”、“不知道”、“没有”等冷冰冰、硬邦邦的简单回绝，必将增加对方的不满和不快，并使其因此产生反感甚至摩擦，继而影响组织和公众之间的沟通。相反，诚恳的态度、恰当得体的语言表达，可以减少对方心中的不快或失望，并可得到对方的谅解和认可。因此，做到既拒绝公众又不得罪公众，既拒绝公众又能得到公众的谅解，并把对方的失望或不快控制在最小的限度内，就成为公关人员必须掌握的能力。

常见的推拒语言艺术有以下七种。

1. 推托拖延

推托拖延的具体方法有两种：一是借他人之口加以拒绝，二是拖延时间。

2. 诱导对方自我否定

罗斯福当美国总统之前，曾在海军担任要职。一天，一位朋友问起海军在加勒比海一个小岛建立潜艇基地的计划。罗斯福向四周看了看，压低声音问：“你能保密吗？”“当然能。”对方答道。罗斯福接着说：“你能我也能。”诱导对方自我否定的语言形式，通常先用提问的方式使对方做出回答，而对方的回答应是预料之中的，也正是自己要说的话，只是借对方的口说出来而已，以此达到拒绝回答的目的。

3. 先表同情后拒绝

有时，对方提出的要求并非无理取闹，有一定的合理性，但因条件的限制又无法予以满足。这种情况下，拒绝的言辞要尽可能委婉，使其精神上得到一些满足，以减少因拒绝产生的不快和失望。在语言表达上可采用“先肯定后否定”的形式，要委婉、留有余地。一家公司的经理对一家工厂的厂长说：“我们两家搞联营，你看怎么样？”厂长回答：“这个设想很不错，只是目前条件还没有成熟。”这样既拒绝了对方，又给自己留了后路。

4. 移花接木

所谓“移花接木”，就是指不直接回答对方提出的问题，而是用与对方提出的问题相关的内容去回答。1986 年的亚洲学生辩论会上，在中国大陆学生和香港学生进行的决赛中，香港学生的论题是“发展旅游事业好”，问中国大陆学生是否赞同。如果表示赞同，则意味着认输；而反对又理由不足。结果，大陆学生的回答是：“如果不分时间、环境，盲目地发展则是有害的。”这里，大陆学生运用的就是“移花接木”的语言艺术，把“发展旅游事业好”的提问转换为“发展旅游事业要适度”。既回避了直接表示赞成或反对，又不影响辩论会的气氛。

5. 婉转曲折

有时，对一些明显不合情理或不妥的做法必须予以回绝。但为了避免因此引起冲突，或者由于某种原因不便明确表示，可采用婉转曲折的语言向对方暗示，以达到拒绝的目的。

6. 避实就虚

避开实质性的问题，故意用模棱两可的语言做出具有弹性的问答，既无懈可击，又达到在要害问题上拒绝做出答复的目的。第二十四届奥运会在汉城举行，第二批中国奥运代表团到达汉城时，记者纷纷问李梦华：“中国能拿几块金牌？中国能超过韩国吗？”李梦华答道：“10 月 2 日以后，你们肯定能知道。”记者又问：“中国的新华社曾预测能拿 8 至 11 枚金牌，你认为客观吗？”李梦华的回答很巧妙：“中国有充分的言论自由，记者怎么想，就可以怎么写！”

7. 以笑代答

小章在火车站售票处工作。一天，朋友小陈来找他。小章知道他的来意，朝他微微一笑，两手随之一摊，作出一个无可奈何的姿势。小陈明白了其中的意思，什么也没说就走了。有时候，直接回绝怕伤情面，要说清楚原因又要花很多口舌；有时候，要说的道理对方也懂，无需多说。这时，采用小章的拒绝方法——以笑代答，辅之以一定的体态语，不失为一种良策。

细节 73：含蓄地说“不”，让拒绝在笑声中发出威力

如果严词拒绝别人的要求会令人很尴尬，也有伤双方的和气，有失自己的风度。这时不妨来一点委婉含蓄，让拒绝在笑声中发出威力。

任何人都有得到别人理解与帮助的需要，任何人也都常常会收到来自别人的请求和希望。可是，在现实生活中，谁也无法做到有求必应。所以，掌握好说“不”的分寸和技巧就显得很有必要。

一个朋友打算请你深夜开车送他到机场。你确信他可以“打的”去，而如果你去送他，不但影响睡眠，还会影响次日的工作安排。当有人试图让你代替完成其分内工作时，偶尔为别人替一两次班关系不大，如果形成习惯，别人就会对你产生依赖性，变成你的义务。你准备晚上写点东西或做点家务，朋友却邀请你去打牌。除非是千里之外的朋友偶然来相聚，否则另当别论。

在很多时候，大家还没来得及听清别人的要求是什么就心不在焉地答应了，常把自己推入两难的境地。总之，只要考虑到可能给自己带来某些不方便，就要说“不”。但是过于直率地拒绝每一个问题，永远说“不”，很容易得罪人，不利于待人接物。这就需要你掌握婉言拒绝的技巧。

婉言拒绝就是用温和曲折的语言来表达拒绝。和直接拒绝相比，它更容易被接受。因为它在更大程度上顾全了被拒绝者的尊严。比如，一位先生送内衣给一位关系一般的小姐。如果这位小姐反唇相讥：“这是给您妈买的吧?”那就变成泼妇了。不如婉言相拒，说：“它很漂亮。只不过这种式样的，我男朋友给我买过好几件了，留着送你女朋友吧。”这么说，既暗示了自己已经“名花有主”，又提醒对方注意分寸。

有些场合，如果严词拒绝别人的要求会令人很尴尬，也有伤双方的和气，有失自己的风度。这时，不妨来一点委婉含蓄，让拒绝在笑声中

发出威力。

在社会交往中拒绝是件很困难的事，尤其是拒绝别人的美意时。但一些名人在这方面却有着极好的技巧。有一个读过《围城》的美国女士到中国来，打电话给该书的作者钱钟书先生，说自己非常想拜见他。钱钟书先生一向淡泊名利、不爱慕虚荣，于是就在电话中婉拒道："假如你吃了一个鸡蛋觉得不错的话，又何必一定要见那个下蛋的母鸡呢!"在此，用下蛋的母鸡来比喻自己，不但巧妙生动，而且表现了钱老平易和蔼的性格，委婉而风趣地拒绝了拜访，既维护了那位女士的自尊，又避免了一些不必要的麻烦。

在一些口语交际的过程当中，善于拒绝者，既可以使自己掌握主动、进退自如，又可以给对方留足"面子"、搭好台阶，进而使交际双方都能免受尴尬之苦。

现实生活中，很难做到有求必应，每个人都难以避免地拒绝他人，难以避免地说到"不"。不过，这个"不"字好说不好听。如果别人笑着脸请求你时，你冷冰冰地说出一个"不"字，让对方非常受挫，这会伤了彼此之间的感情，所以在说"不"时一定要讲策略性。

说话要讲究语言的艺术，而拒绝恰恰体现出语言艺术的最高境界。拒绝既要有力度又要不伤人，是很难让人把握的。因此对人说"不"的时候，意思一定要明确，防止不必要的误解。说话的方式灵活一些，点透即可。

细节 74：当自己不是心甘情愿时，别害怕说"不"

学会拒绝别人，可以节省大量的时间，避免许多不必要的麻烦。因此，你要懂得珍惜时间，学会说"不"，当自己不是心甘情愿时，别害怕讲"不"字。

一天，植物育种专家米丘林正在植物园里工作。忽然，他家里的人跑来说："有位市长先生想要见见您。"米丘林头也不抬，仍在工作。家里人又大声地重复了一遍刚才的话。米丘林摆摆手。接近米丘林的人都知道，他是一个非常珍惜时间的人。在他眼里，一分一秒都是宝贵的。他常常把工具随时放在身边，为的是用的时候不必到处找，节省时间；他的手杖上有尺寸刻度，为的是散步时也能测量树木的高矮，一物多用，节省时间。"您知道，这可是一位市长……"家里人强调。"我一分钟都不愿意白白度过!"说完，米丘林又忙着去修理一棵果树了。

也许米丘林的"处世方式"值得商榷，但他珍惜时间的思想是非常值得借鉴的。而生活中有许多整天"瞎忙"的人，恰恰就是因为不懂得自己有权"拒绝别人"，不知道该如何说"不"。

英国作家毛姆在小说《啼笑皆非》中讲过这么一段耐人寻味的故事：一位小人物一举成为名作家了，新朋老友纷纷向他道贺，成名前的门可罗雀同成名后的门庭若市形成了鲜明的对比。

毛姆描写了这样一个场面：

一位早已疏远的老朋友找上门来向你道贺。怎么办呢，是接待他还是不接待他？按照本意，自己实在无心见他。因为，一无共同语言，二来浪费时间。可是人家好心好意来看你，闭门不见似乎说不过去；于是只好见他了。见面后，对方又非得邀请你改日到他家去吃饭。尽管你内心一百个不乐意，但盛情难却，你不得不佯装愉悦地应允了。在饭桌上，尽管你没有旧情可叙，可是又怕冷场，于是又得强迫自己无话找话。这种窘迫场面可想而知。来而不往非礼也，虽然你不再愿意同这位朋友打交道，但你还是不得不提出要回请朋友一顿。还得盘算：究竟请这位朋友到哪家饭店合适呢？去第一流的大酒店吧，担心朋友会疑心你是要在他面前摆阔；找个二流的吧，又担心朋友会觉得你过于吝啬。

春节联欢晚会上也曾演出过这样一个小品：一个人为了避免别人瞧不起自己，假装自己手眼通天，别人求他办事，不管有多大困难一概来者不拒。为了帮别人买两张卧铺票，不惜自己通宵排队，结果闹出了笑话。

也许艺术有所夸张，但生活中的确不乏与故事和小品中类似的人物。他们担心拒绝别人会伤害彼此间的友谊，经常违心地答应别人的要求，结果不仅浪费了大量时间，自己也经常觉得不自在。

学会拒绝别人，可以节省大量的时间，避免许多不必要的麻烦。

诚然，与人交往和帮助别人是重要的。尤其是主动的帮忙更会受到欢迎。但是，如果你是被某种心理的压力所迫，对一切都点头答应，实际上是在屈服于另一种性质的某些动机。例如，需要得到别人接受或赞扬、害怕给别人带来不快和麻烦、希望有朝一日得到报答等等。懂得珍惜时间，就应该学会说“不”。这里就有必要提醒大家：当自己不是心甘情愿时，别害怕讲“不”字。那么在什么场合应该说“不”呢？现举出几例：

1. 当别人只考虑自己的个人利益时

假如，你的一个朋友周末准备搬家，想请你来帮忙。但是他一点都不询问你周末是否有时间，也不考虑你是否要长途奔波才能赶来。这个时候，你要考虑拒绝。当然，如果你周末没事而且距朋友那里又非常近，就应当尽力帮忙。

2. 当有人试图让你代替完成其分内工作时

在工作的时候，如果你有一大堆自己要完成的工作，而此时有人试图让你代替完成其分内工作时，就要学会拒绝。否则，不但会耽误自己的工作进度，还会使对方对你产生依赖性，从而工作懈怠。

当然，生活中的类似场合远不止列出的这些。总之，只要考虑到可能给自己带来某些不方便，就要考虑说“不”，除非因此会给别人带来更大的麻烦。

也许你会说：“我何尝不想拒绝，但该怎样拒绝呢？”以下有几个建议：

(1) 立即答复，不要使对方对你抱有希望。要打消为避免直接拒绝而寻找脱身之计的念头。请不要说：“我再想想看”或“我看看到时候行不行”等。明确地告诉对方：“实在抱歉，这是不行的。”

(2) 如果想避免生硬的拒绝，就提出一个反建议。假如朋友打电话问道：“今天晚上去跳舞吧！”你不想去，就可以说：“哎呀，今天晚上可不行，改日我邀请你吧。”

(3) 不必每次都说明理由。在很多时候，你只要简单地说一句：

"我实在有更要紧的事要做。"就可得到绝大多数人的谅解。

只要充分认识到过多参与不必要应酬的危害，知道自己在什么情况下该拒绝别人，并且在拒绝的时候采取正确的方法，你就能节省大量的时间，而且不至于因此而发生人际关系方面的问题。

细节 75：别人的请求不能完成时，一定要明确拒绝

尽力帮助别人是好事，但也不是说任何事都胡乱答应。有时候，胡乱答应却没有完成，比拒绝更容易使关系恶化。

在工作与生活中，如果你对别人的请求不能完成，就一定要明确表示拒绝，而不要犹犹豫豫。

尽力帮助别人是好事，但也不是说任何事都要答应。有时候，答应了却没有完成，比拒绝更容易使关系恶化。你应该承认这一点：你的能力是有限的，帮助别人也是有原则的。

然而，拒绝时并非要板着脸孔说"不行"，因为对方并不是你非常讨厌的人，维持与他们的感情是应该的。以下说话的技巧，对你会有所帮助。

1. 具体地说明拒绝的理由

在拒绝别人的请求时如果你只是说"我很忙"，很可能会被对方说成是"那个人真是不爱帮助别人"、"求他什么事都是一脸的不高兴"。所以，你在拒绝别人时要具体地说明一下不能接受的理由。

比如，在你拼命地为第二天负责人的紧急会议准备资料时，上司走过来对你说："能帮我打印一下这份文件吗？"这时，你要明确地向上司说明第二天负责人会议的资料必须尽快完成，然后让上司判断哪个工作更急迫。

如果上司说："是这样啊！那你就尽快完成你手上的这份工作吧，我的这份之后再做。"或者上司认为计划更重要，对你说："实在对不

起，这件工作更紧迫，会议资料的工作我帮你做。”这时，你要按照上司的指示去做。

重要的是，你要不惜一切努力来巧妙地维持与被拒绝者的信赖关系，这对在职场上愉快工作是很有必要的。

2. 把握拒绝话语的尺度

下面有三种拒绝的话语，分别是：

“谢谢你对我的信任，非常感谢。可是我现在手上已有两份紧急文件了，我真是没法帮你了，真是遗憾不能与你合作。”

“没看我正忙着吗？告诉你我没空！”

“你要我帮助你，表示了你对我的信任。我真的很想帮你，但我最近好像没空。看看吧，可能过两天我就有空了。”

这三种不同的拒绝方式相对照后，我们不难发现，第一种方式的表达较好，它既表达了拒绝之意，又做了相应的“善后处理”，拒绝的效果较好。第二种方式虽然拒绝明确，但太过冷淡，不易让人接受。第三种方式的感情化的词语太多，拒绝之意不很清楚，会让被拒绝的人心存余念。由此可见，后两者的拒绝效果远远不如第一个。

拒绝的分寸和尺度就在于既要礼貌地尊重对方的心情，又要带有一种遵守原则公事公办的透明性。也就是既要充满人情味，又要明确地拒绝。只要说话时掌握这种尺度，拒绝就是相当成功的。

3. 不要找借口开脱

拒绝别人有一种常见的习惯性做法，那就是找借口开脱。这种做法的初衷是良好的，但效果往往不强。原因就在于临时找到的开脱借口没有太坚固的理由根基，很容易让对方抓住把柄。

比如，拒绝推销员的女主人往往会说：“我没有钱。”而男主人往往会说：“我很忙，现在没时间。”这些开脱的借口其实都是些小小的谎言，有经验的人会很轻松地识破。这些临时派上用场的理由是很虚弱的，当被对方反驳之后就会手足无措，慌不择言，那就糟透了。

开脱的借口之所以禁不住攻击，原因就在于它是临时应付的理由，这是绝对抗不过对方有备而来的说服的。找借口往往会被对方抓住把柄，然后被对方用来攻击你。这种给对方制造可乘之机的拒绝办法应该尽可能地避免，否则会让人陷入自造的“谎言”里。

找借口开脱的拒绝办法也不是不可以用，但首先在于你应该有百分之百的理由确信自己的借口是攻不破的，否则还是不用为妙。因此，你大可不必用委婉的说法拒绝，完全可以用“你的物品太贵了，超过了我的购买力”、“这不合适”、“我要立即工作”等简单的理由坚持到底。

4. 循序渐进地拒绝

表达拒绝的时候千万不要操之过急，否则就会出现“后遗症”。你当然可以选择一锤定音的拒绝方式，如果你不在意对方会把你当做敌人的话。

千万别用“立竿见影”的拒绝方式，这对于双方都是有百害而无一利的。因为90%的人都是因为和你关系密切而找你寻求帮助的。

那么应该怎么做呢？那就是在坚持说“不”的时候，对于对方说出的与话题没有关系的话也绝不说“是”，以免形成一种语言惯性，在你想拒绝的时候又无法拒绝。

一般的谈话开始都会有一些无关紧要的话，尤其是在别人有求于你时。比如，对方说“你今天真漂亮”，你可能不会否认。如果再说“今天的天气不错”，你会说“是的”。由好心情转到好天气，你也不会说“不”。如果他再说几句无关紧要的话，那么你就无法拒绝对方对你的要求了。

这怎么办？当你听到第一句话时，可以笑而无语；当听到第二句时，不妨说：“电视上说今天可能有雨。”总之，你可以以微笑代替，但千万别说“是”。

低头话：智者善屈尊，愚人强伸头

智者善屈尊，愚人强伸头；商人总是隐藏其宝物，君子品德高尚，外表却显得呆愚。必要时要藏其锋芒、收其锐气，不要不分场合地将自己的才能让人一览无遗，一旦你的长处短处被别人看透，就容易被别人操纵。相反，采取低姿态能得到信任。屈尊、低头是一种守弱用柔、一种权衡，更是一种智慧。

“低头”的目的是为了让自己与现实环境有一种和谐的关系，把二者的抵触和摩擦降至最低；是为了保存自己的能量，好走更长远的路；是为了把不利环境转化成有利环境。

细节76：鸡蛋不要和石头碰

以卵击石，结果肯定是白白送命。因而，说话做事要避其锋芒，等自己也变成石头，变成比对方更大的石头再出击。

假如你和对手或上司产生了冲突。论力量，你是鸡蛋，而对方是石头，你怎么办？是像头脑简单地以卵击石、白白地送命呢，还是避其锋芒，等自己也变成石头，变成比对方更大的石头再有所作为呢？选择前者还是后者，就可以从中看出你是办大事还是办不成大事的人了。试想，为争一时之气而拼个你死我活，于己于事又有何益呢？

松下电器创始人松下幸之助，年少时去一家电器求职，请求给自己安排一个工作最差、工资最低的活给他。人事部主管见他个头瘦小又肮脏，不便直说，便随便找了个理由：“现在不缺人，你过一个月再来吧。”人家原本是推脱，没想到一个月，松下真的来了。人事部主管推脱有事，没空见他。过了几天，松下又来了。如此反复多次，人事部负责人说：“你脏兮兮的进不了厂。”于是，松下回去借钱买了衣服，穿戴整齐地来了。对方没办法，就告诉松下：“关于电器的知识你知道得太少，不能收。”两个月后，松下又来了，说：“我已学了不少的电器方面的知识，您看哪个方面还有差距，我一项项来弥补。”人事部主管看来他半天才说：“我干这项工作几十年了，今天头一次见到你这样来找工作的，真佩服你的耐性和韧性。”松下终于打动了人事主管，如愿以偿地进了工厂，并经过不懈努力，成为了日本国的经营之神。

另外，长孙皇后也是善用这一智慧的人。

有一次，魏征在朝廷上和唐太宗争得面红耳赤。

“总有一天，我非要杀了这个乡巴佬不可！”太宗回到后宫愤愤地说。

“这个乡巴佬是谁？”长孙皇后连忙问道。

“当然是魏征！他当着众大臣的面侮辱我，实在让我难堪！”

长孙皇后听后立即退了下去。

过了一会，她换了一身上朝的朝服，走到太宗面前叩拜道贺。

“你这是什么意思？”太宗疑惑地问。

“我听说，只有明君之下才会有忠直的臣子，”长孙皇后认真地说，“现在魏征敢于直言进言，是因为陛下贤明之故，我怎能不庆贺呢？”

太宗听后转怒为喜，决定重用魏征。

气头上，硬碰硬是没有用的。长孙皇后从另一个角度出发，讲述了魏征敢于进言是由于皇上有明君之怀。她以柔克刚的劝谏，及时地说服了太宗，挽救了忠臣魏征的性命。

细节 77：犯错在所难免，要及时认错

公开讲话也好，与人交往也好，犯错在所难免，及时认错，开诚布

公地讲一些能让人谅解的低头话才是会说话、会办事的表现。

“人非圣贤，孰能无过”，关键在于如何处理。做错事情之后，去向人低声道歉固然必要，但有时仅靠一句“对不起”是不足以获得谅解的。以黛博拉的事件为例。有一次黛博拉在与同事谈话时称其上司是“机器人”，结果被上司知悉。于是，黛博拉给上司写了一张纸条，约他抽空谈一谈，上司同意了。“显而易见，我用的那个词绝无其他用意，我现在倍感悔恨。”黛博拉向上司解释说，“我之所以用‘机器人’之类的字眼，只不过是想开个玩笑，我感到您对我们有些疏远、麻木。因此，说‘机器人’三字只不过是描述我这种感情的一种简短方式”。上司为黛博拉合情合理的解释和自我批评的态度而深受感动，他甚至当即表态，说要努力善解人意，做个通情达理的人。

通过这种方式，黛博拉帮助上司做到了平心静气，并顺利地解决了他们之间的感情危机。

诚然，推卸责任是人们找借口辩解的一种方式。然而，问题不在于你要找借口辩解，而在于你辩解时不能太直率、太生硬。

偃旗息鼓，这是自己在论战中不慎失误、造成明显不利形势时，采取的一种暂时退却的策略，以便振作精神、调整战术再战。

任何人在论战中都难免失误，任何一方都可能遇到强劲的对手，若一方稍有不慎，就会被强敌抓住把柄击中要害。此时，既不能强辩，也不可狡辩，否则将失败得更惨。为了终止已造成的失误，最好装聋作哑，不予理会。雄辩大师伍吉尔说：“我以多次陷入相似境地的同仁身份，冒昧地向同事提出劝告，最好的撤退方法就是一心一意地撤退。”

历史上和现实中许多能说会道的名人，在辩论失利时仍死守自己的防线，因而惨败的情形不乏其例。比如1976年10月6日，在美国福特总统和卡特共同参加的为总统选举而举办的第二次辩论会上，福特对《纽约日报》记者马克斯·佛朗肯关于波兰问题的质问，作了“波兰并未受苏联控制”的回答，并说“苏联强权控制东欧的事实并不存在”。这一发言属明显的失误，当时遭到记者的立即反驳。但反驳之初，佛朗肯的语气还比较委婉，意图给福特以订正的机会。他说：“问这件事我觉得不好意思，但是您的意思难道在肯定苏联没把东欧控制为其附庸国？也就是说，苏联没有凭军事力量压制东欧各国！”

福特如果当时明智，就应该承认自己失言，然而他觉得身为一国总统，面对着全国的电视观众认输，绝非善策，于是继续坚持、一错再错，结果为那次即将到手的选举付出了沉重的代价。报导这次电视辩论会的所有专栏、社论都纷纷对福特的失策作了报道，他们惊问：“他是真正的傻瓜呢？还是像只驴子一样顽固不化？”

卡特也乘机把这个问题再三提出，闹得天翻地覆。

高明的辩论家在被对方击中要害时绝不强词夺理，他们或点头微笑，或轻轻鼓掌。如此一来，观众或听众便弄不清他葫芦里藏的什么药。有的从某方面理解，认为这是他们服从真理的良好风范；有的从另一方面理解，又以为这是他们不屑辩解的豁达胸怀。而究竟他们输了与否尚是个未知的谜。这样的辩论家即使要说也能说得很巧，他们会向对方笑道：“你讲得好极了！”

公开讲话也好，与人交往也好，犯错在所难免，而有些看似不经意的错误可能带来严重的后果。所以及时认错、及时低头，开诚布公地讲一些能让人谅解的低头话才是会说话、会办事的表现。

细节78：做错事时，比别人先说“是我的错”

如果别人正想要批评你，在他有机会说话以前你自己先说出来，他多半会采取宽容、原谅的态度。人性就是如此，当你开始承认错误时，会给对方一种自负感。

在生活中遇到矛盾和摩擦的时候，有些人会不管三七二十一地大声训斥、谩骂和争吵，甚至会因此而大打出手，使事情变得一发而不可收拾；有些人却会抢先说声“对不起”，表示出自己的歉意，使对方的怒气没有机会发泄出来，也不会让自己有机会生无谓的气，这就是所谓的

“一笑泯千仇”。

美国心理学专家卡耐基在其《美好的人生》一书中，讲了他的一段经历：

从卡耐基家步行一分钟，就可以到达森林公园。他常常带一只叫雷斯的小猎狗到公园散步。因为他们在公园里很少碰到人，又因为这条狗友善而不伤人，所以卡耐基常常不替雷斯系狗链或戴口罩。

有一天，他们在公园遇见一位骑警。警察严厉地说：“你为什么让你的狗跑来跑去而不给它系上链子或戴上口罩？你难道不晓得这是违法吗？”

“是的，我晓得。”卡耐基低声地说，“不过，我认为它不至于在这儿咬人。”

“你认为！你认为！法律是不管你怎么认为的。它可能在这里咬死松鼠或咬伤小孩。这次我不追究，假如下次再被我碰上，你就必须跟法官解释了。”

卡耐基的确照办了。可是，他的雷斯不喜欢戴口罩，他也不喜欢它那样。一天下午，他和雷斯正在一座小山坡上赛跑，突然，他看见那位警察正骑在一匹棕色的马上。

卡耐基想，这下栽了！他决定不等警察开口就先发制人。他说：“先生，这下你当场逮到我了。我有罪。你上星期警告过我，若是再带小狗出来而不替它戴口罩，你就要罚我。”

“好说，好说，”警察回答的声调很柔和，“我晓得在没有人的时候，谁都忍不住要带这样一条小狗出来溜达。”

“的确忍不住，”卡耐基说道，“但这是违法的。”

“哦，你大概把事情看得太严重了。”警察说，“我们这样吧，你只要带它跑过小山，到我看不到的地方，事情就算了。”

那位警察也是一个人，他要的是一种重要人物的感觉。因此，当卡耐基责备自己的时候，唯一能增强他自尊心的方法，就是以宽容的态度表现慈悲。

其实，说声“对不起”，并不代表一个人犯了什么大不了的错误，或者做了什么伤天害理的事。那只是一种软化剂，使双方都有后退的余地，给交流沟通创造条件。

许多人不愿放低高贵的自尊，宁可将愧疚埋在心底，也不愿先说“对不起”。事实上，自己先责备自己，这样岂不比受别人责备好得多？听自己的批评，不比忍受别人的斥责更容易些？如果别人正想要批评你，在他有机会说话以前你自己先说出来，他多半会采取宽容、原谅的态度。人性就是如此，当你开始承认错误时，会给对方一种自负感，也能让他变得特有人情味。

华伦是一位职业艺术家，每当他与上司的想法、建议背道而驰时，他总能找到各种化解方法，从而赢得那位脾气暴躁易怒的上司的好印象。

“精确，一丝不苟，是绘制商业广告和出版物的最重要的品质，”华伦先生事后说，有些艺术编辑要求他们所交下来的任务立刻实现；在这种情形下，难免会发生一些小错误。我知道，某些上司总喜欢从鸡蛋里挑骨头。最近，我交了一篇加急的稿件给我的上司，他打电话给我，要我立刻到他办公室去，说是出了问题。当我来到办公室后，一切如我所料——麻烦来了。他终于有了挑剔我的机会，于是喋喋不休地责备了我一大堆。等他说完，我开始运用所学自我批评起来，我说：“先生，如果你的话不错，我的失误一定不可原谅，我为你工作这么多年，实在该知道怎么画才对。我觉得惭愧。”

他听我这么一说，竟开始为我辩护起来。“是的，你的话并没有错，不过毕竟这不是一个严重的错误。只是……”

我打断了他。“任何错误，”我说，“代价可能都很大，叫人不舒服。”

他又开始插嘴；但我不让他插嘴。我很满意。有生以来我第一次在批评自己——我故意这么做，也喜欢这样做。

“我应该更小心一点儿才对，”我继续说，“你给我的工作很多，照理应该使你满意，因此我打算重新再来。”

“不！不！”他反对起来，“我不想那样麻烦你。”他赞扬我的作品，告诉我只需要稍微修改一点儿就行了，又说一点小错误不会花公司多少钱；毕竟，这只是小节，不值得担心。

我急切地批评自己，使他怒气全消。结果他邀我同进午餐，分手之前又交代给我另一件工作。

华伦的聪明之处就在于，他能够在上司的责难面前懂得及时抽身，不论过失是否存在，都先主动承认，而不是和领导唱对台戏。这样，在很大程度上维护了领导的尊严，让领导感觉到自己权威的影响力。因此，华伦非但没有得到领导的进一步非难，还得到了领导的充分信任。

因此，在你做错事时，一定要勇敢地进行自我批评，真诚地向他人道歉、认错，从而反败为胜，并维护了自己的信誉。

下 篇

站在对方的角度找话题，对什么人说什么话

有一句至理名言：如果成功有任何秘诀的话，就是了解对方的观点，并且从他的角度来看问题。只有从不同的人所关心的话题入手，你的话题和意见才能得到了广泛的支持和赞同，才能引起共鸣。这样，你成功的机会就大大增加了。只要你细心地去思考分析，就一定会从不同人的身上去寻找到共同的话题，把话说到对方心里，打动对方的心。

与朋友说话：与再好的朋友说话也要注意方式

古人云："人生得一知己足矣。"在漫漫的人生旅途中，拥有几位相知的朋友，会减少许多寂寞，增添许多快乐。

想要维持良好的朋友关系，你一定要注意与朋友交谈时语言沟通的方式，这样才可以避免无谓的争端。

细节 79：与朋友交流，要竭力维护友情

朋友之间没有共同的利益，只有相同的善意。要想使友谊天长地久，一定要注意与朋友的说话方式。

人生没有朋友，就像天上没有太阳。纯真的友谊使人不仅能获得上进的勇气，还能感到生活的欢乐。然而友情不同于亲情、爱情。亲情是天然的，有永恒的血缘纽带维系；爱情虽是后天的，但可以用家庭来巩固；友情则是无根而生，朋友之间没有共同的利益，只有相同的善意。要想使友谊天长地久，一定要注意与朋友的说话方式。

与朋友交流，要竭力维护双方的友情，沟通彼此之间真诚的友谊，可以运用如下具体方式：

1. 要学会使用应酬语

不管处在什么情况下，使用"应酬语"都是非常有用的。如果不善于利用，则往往会在人际关系上遭到很大的损失。

"应酬语"的特性是：使对方觉得你很有礼貌；听起来平易近人，用

起来方便简单；给人一种舒服的感觉。

“应酬语”有哪些呢？有：“早安”、“午安”、“晚安”、“喔，是的、是的”、“真是太不好意思了”、“还不是托您的福嘛”、“请多多包涵”、“哪里，哪里，实在不敢当”、“真抱歉”、“真是太谢谢您了”、“请多加指教，拜托了”……诸如此类的“应酬语”，关键看你如何恰当地去运用它们。

2. 讲话语气要明快

说话的声调能给人一种明快的感觉，自然是美妙的表达方式之一。

若想在谈话时给朋友以明朗畅快的感受，就必须注意以下几点：

(1) 性格——人的性格有明朗型和阴冷型两种。如果你属于后者，那就要不斤斤计较各种小节，不过分注意自我，多同别人打交道，尊重别人的意见，相信别人，就能广交朋友并从中获得教益，从而使你阴冷的性格，逐渐转向热情、开朗。

(2) 表情——面带笑容与有说有笑往往能给人以亲切之感。如果你能随时面带微笑，别人一定会喜欢你。

(3) 健康——保持身心健康，才能心胸开阔、心情舒畅。

(4) 语调——假如你语言清晰、语音频率高、转折音柔和，就能使朋友有明快的感觉。如果你还没有这样的水平也不必过分勉强，以免弄巧成拙，只要多多注意就行了。

3. 少说“我”多说“您”

古希腊大哲学家苏格拉底说：“不要老是说‘我想’，而应多询问朋友‘您认为如何?’”的确，一般人在说话时总是“我”字挂嘴。在一个鸡尾酒会上，主人在5分钟内用了30个“我”：我的车子，我的别墅，我的花园，我的小狗……想想看，这怎能不令人生厌?

亨利·福特曾说：“无聊的人是把拳头往自己嘴巴里塞的人，也是‘我’字的专卖者。”如果你在说话时，不管听者的情绪或反应，只是一个劲地提到“我”如何如何，那么必然会引起朋友的厌烦与反感。谈话如同驾驶汽车，应该随时注意交通标志，就是说，要随时注意听者的态度与反应。如果“红灯”已经亮了，你却仍然往前开，那必定会闯祸。

多说“您”，这对你并不会有任何损害，只会使你获得朋友的好感，使你同朋友的友情进一步地加深。例如："您认为如何"、"您怎样处理"、"您遇到这种情况怎么办"、"为什么会如此"、"您能举一个例子吗"。

许多人都是喜欢以自我为中心的。您若能暂时放弃自我，而提出朋友感兴趣的问题，让朋友也发表见解，只有在满足朋友心愿的同时您自己的心愿才能得到满足。

4. 不要有意无意地冷落他人

谈话时冷落朋友，就如同在宴会上赶走客人一样的荒唐和不可思议。千万记住，让你的双眼环视着周围每一个人，留心他们的面部表情和对你谈话的反应。在众多人的聚会中，常有少数人被无情地冷落。假如被你冷落的恰巧是日后对你事业前途能起帮助作用的朋友，那将是怎样的后果呢？

因此，不要冷落任何人，即使他的言谈举止是多么令人讨厌。"己所不欲，勿施于人"，应该想想自己被人冷落的滋味。要使别人觉得你的谈话洋溢着饱满的感情，因而很感兴趣，不是在坐"冷板凳"。

5. 要坚决改变以下不良的谈话习惯

打断朋友的谈话或抢接他的话头。

注意力分散，使朋友再次重复谈过的话题。

对待朋友的提问漫不经心，使朋友感到你不愿为他克服困难、助一臂之力。

不适当地强调某些与主题风马牛不相及的细枝末节，使朋友厌倦或感到窘迫。

随便解释某种现象，轻率地下断语，借以表现自己是内行。避实就虚、含而不露，让朋友迷惑不解。

连续发问，让朋友觉得你过分热心和要求太高，以致难以应付。

当朋友对某话题兴趣不减之时，你却感到不耐烦，立即将话题转移到自己感兴趣的方面去。

佯称正确的观点、中肯的劝告是错误、不适当的，使朋友怀疑你话中有戏弄之意。

忽略了使用概括的方法，使朋友一时难以领会你的意图。

6. 要随时注意说“谢谢”

作为一个普通人，总是希望自己的好意得到朋友的理解。所以，在人际交往中，对朋友的好意要及时表示感谢，这是一个招朋友喜欢的好办法。事实证明，在交往中，“谢谢”这两个字如果能恰当地运用，会使你变得很有魅力。

必须是诚心的。你确实有感谢朋友的愿望再去说，并赋予它感情，不要让人听起来觉得呆板，成为应付人的“客套话”。

直截了当地道谢。不要含糊其辞地嘟哝，不要为朋友知道你要向他道谢而不好意思。

指名道姓，通过叫被谢人的名字，使你的道谢具有明确性。

道谢时，应注视着被谢者。

出乎人们意料的道谢。当别人没想到或感到未必值得感谢时，一句“谢谢”会使对方感到很温暖。回想一下，你不时从朋友那里得到一声友好的“谢谢”，而过去在同样的情况下根本不会得到它，想到当时的心情，你就会明白它的意义了。

细节 80：劝说朋友要注意方法和技巧

有些人说服他人时常常先想好几条理由，然后去和对方辩论；还有的是站在长辈的立场上，以教训人的口吻去指点。这样等于先把对方推到错误的一方，肯定不会收到理想的效果。

善于劝说，是一种极为可贵的能力。在日常生活中，经常需要说服朋友。若能掌握一些说服人的技巧，可能会使你的努力得到意想不到的回报。

有些人说服他人时经常犯的毛病，就是先想好几条理由，然后去和对方辩论；还有的是站在长辈的立场上，以教训人的口吻，指点别人该怎么做。这样一来，就等于先把对方推到错误的一方，效果往往不好。

说服别人的方法和技巧很多，在劝说朋友的时候，以下几种是比较实用和简便的：

1. 用高尚的动机来激励他

在一般情况下，每个人都崇尚高尚的道德、正派的作风，都有起码的政治觉悟和做人道德。所以，在说服他人转变看法的时候，一个有效的办法就是，用高尚的动机来激励他。比如说这样做将给国家、公司带来好处，或者将给家庭、给子女带来好处，或者将对自己的威信有影响，等等。这往往能够很好地启发他，让他做应该做的事。

2. 用热忱的感情来感化他

当说服一个人的时候，他最担心的是可能要受到的伤害，因此，在思想上先主动砌上了一道墙。在这种情况下，不管你怎么讲道理，他都听不进去。消除这种心态的最有效的办法就是，要用诚挚的态度、满腔的热情来对待他，在说服他的时候，要用感情来感化他，使他情不自禁地从内心受到感动，从而改变自己的态度。

3. 通过交换信息促使他改变

实践证明，不同的意见往往是由于掌握了不同的信息所造成的。有些人学习不够，对一些问题不理解；也有些人习惯于老的做法，对新的做法不了解；还有些人听人误传，对某些事情有误解，等等。在这种情况下，只要能把信息传给他，他就会觉察到行为不是像原来想象的那么美好，进而采纳你的新主张。

4. 激发他主动转变的意愿

要想让别人心甘情愿地去做任何事，最有效的方法不是谈你所需要的，而是谈他需要的，教他怎么去得到。所以有人说："撩起对方的急切意愿，能做到这一点的人，世人必与他同在；不能做到的人，将孤独终生。"

探察别人的观点并且在他心里引起得到某项事物的迫切愿望，并不是指要操纵他，使他做只对你有利而不利于他的某件事，而是要他做对自己有利又符合你的想法的事。这里要掌握两个环节：一是说服人要设身处地地谈问题，要把别人的事当作对彼此都有利的事来对待；二是在促使他行动的时候，最好让他觉得不是你的主意而是自己的主意。这样他会喜欢，会更加主动和积极。

5. 用间接的方式促使他转变

说服他人时，如果直接指出他的错误，他常常会采取守势，并竭力为自己辩护。因此，最好用间接的方式让他了解应改正的地方，从而让他达到转变的目的。所谓间接的方法是多种多样的，如把指责变为关怀，用形象的比喻来加以规劝，避开实质问题谈相关的事，谈别人或自己的错误来启发他，用建议的方法提出问题，等等。这就要靠你根据实际情况创造性地加以运用。

6. 提高对方的心理“期望”值

被说服者是否接受意见，往往和他心目中对说服者的心理“期望”值有关，说服者如果威望高、一贯言行可靠，或者平时和自己感情好，觉得可以信赖，就比较愿意接受他的意见。反之，就有一种排斥心理。所以，你平时要注意多与朋友们交往，和他们建立深厚的感情，这样在说服的时候，就能变得主动有力。

细节 81：向朋友借东西要用商量的口气说

向朋友借东西时，说话语气一定不要太硬，更不能有伤人的话，要用商量的口气和朋友说。要知道，这时是你有求于人。

向人借东西，这嘴实在是不好张。但如果你能够从借者的角度考虑问题，并通过语言消除他的顾虑，那么难事也就迎刃而解了。

首先，说话要用商量的语气。向别人借东西时，说话语气一定不要太硬，更不能有伤人的话。要知道，这时是你有求于人。如你的孩子患病住院了，你手头又缺钱，只能向别人借。这时，你就可以说：“我的孩子病了，还缺住院费 800 元，不知您手头宽绰不宽绰？下月发工资我就还您。”用这种商量的口气，只要人家手里有钱，是不会不帮忙的。

但有些人则不注意这一点，向人借钱时说：“谁不知你存了几万元，借我一点儿钱还不是牛身上拔根毛。”诸如此类的话，熟人打趣说话还不要紧，但在借东西时这样说，人家是不愿听的。所以，借东西时，说话一定要用商量的语气，这样才使对方感到你有求于他而且尊重他，他才肯帮你。

借别人东西时，一定要说明归还时间，而且要准时归还给人家。比如，你与同事一起去商店，看见一条新式裙子，你想买下来，刚巧手里钱不够，你就可以说：“小王，你先借给我 200 元钱吧，等我回去，就让我女儿给你送去。”说明了归还时间，使人家感到借出去的钱有了保障，才会放心地借给你。

其次，说话要诚实。向别人借东西要说实话，不能为借而编假话骗人。比如你借钱时，明明近日还不了，为了使人家乐意借，就说：“过几天就还”或“明天就还”。结果不能如期归还，人家就会把你看成不守信用的人，下次再借可就难了。而且借东西时不能随便改嘴，开始说借 1000 元，等人家答应了又说借 2000 元，这会使借主感到为难的。

借不到时，不要说气话。向人借东西，总有不能如愿的时候，不能因为人家不借给你，你就说出不礼貌的话。比如，你向别人借自行车，人家说：“对不起，自行车不能借你用，等会儿我要外出。”你就不要说出：“怎么这么巧，我来借时你要用”之类的话。否则，就会大伤和气。你在借钱不成时，如能对人家说：“我知道你手头也不宽绰，我再到别处看看。”就让人觉得你能体谅人。

与领导说话：管好自己的嘴巴，谨慎说话赢“芳心”

每一个人都有一个直接影响他事业、健康和情绪的上司。与你的上司和睦相处，对你的身心、前途都有极大的影响。

许多人不懂得与上司如何交流：汇报工作，乱说越位话；受了委屈，一味发牢骚；爱开玩笑，没轻又没重——都因为管不住自己的嘴巴，惹上司反感。可见，要想赢得上司的“芳心”，要看自己能不能管得住自己的嘴巴了。

细节 82：把握重点，适时汇报

作为上司，判断下属是否尊重他的一个重要因素，就是下属是否经常向他请示汇报工作。因此，向上司汇报工作对于下属来说是一项非常重要的工作。

作为上司来说，判断下属是否尊重他的一个重要因素，就是下属是否经常向他请示汇报工作。心胸宽广的上司对于下属懒于汇报或因疏忽而很少汇报也许不太计较，甚至会好心地认为也许是下属工作太忙，没有时间汇报；也许是认为本来就是他们职责内的事，没必要汇报；或者是这段时间自己心情不好，他们不敢来汇报，等等。但对于怀疑型的上司来说，如果出现这种情况，他就会做出各种猜测：下属是否在这段时间内偷懒，没有完成工作；下属是不是根本就没把他这个领导放在眼里，等等。对于这种上司，下属应该勤于汇报工作，哪怕你只是完成了整个工作的一小部分。如果不经常请示汇报工作，还会埋没你的成绩。经常请示汇报工作，让上司知道你干了什么、效果如何，这样还可以显示出你对他的尊重。如果遇到困难和麻烦，上司还可在人力物力上支持你，比你闷着头干要强上千百倍。

1. 突出中心，抛出“王牌”

泛泛而谈、毫无重点的汇报显得很肤浅。通常，汇报者可把自己较为熟悉的情况的某个方面作为突破口，抓住工作过程和典型事例加以分析、总结。汇报中的这张“王牌”最能反映出你工作的质量。

市建材公司的冯涛从一个用户那里考察回来后，进了经理的办公室。

“情况怎样?”经理劈头就朝冯涛问道。

冯涛坐定后，并不急于回答经理的问话，而是显得有些心事重重。因为他十分了解经理的脾气，如果直接将不利的情况汇报给他，经理肯定会不高兴，搞不好还会认为自己没尽力去办。

经理见冯涛的样子，已经猜出了肯定是对公司不利的情况，于是改用了另一种方式问道：“情况糟到什么程度，有没有挽救的可能?”

“有!”这回冯涛回答得十分干脆。

“那谈谈你的看法吧!”

冯涛这才把他考察到的情况汇报给经理：“我这次下去了解到，这个客户之所以不用我们厂的产品，主要是因为他们已经答应从另一个乡镇建材厂进货。”

“竟有这样的事！那你怎么看呢?”

“我想是这样的，我们公司的产品应该比乡镇企业的产品有优势，我们的产品不但质量好而且价格还很公道，在该省已经具有了一定的知名度。”

“就是，一个小小的乡镇企业怎么能和我们相比呢?”经理打断了冯涛的汇报。

“所以说，我们肯定能变不利为有利。当地的建筑公司，多年来使用我们公司的建材，与我们有很好的合作基础，这是我们的优势所在。但该客户答应与那个乡镇企业订货，主要是因为那个乡镇企业距离他们较近，而且可以送货上门。这一点，我们不如那家乡镇企业，我们可以直接到每个乡镇去走访，在每个乡镇找一个代理商，这样问题就解决了。”

“小冯，你想得真周到，不但找到了症结所在，还想出了解决的办法，要是公司里的员工都像你这样有责任心就好了。”

“经理过奖了，为公司分忧是我的责任。经理您工作忙，我就不打扰您了。”

不久，冯涛被调到了销售科专门从事产品营销，公司的建材销量节节上升，冯涛也越来越受到重视，很快成了公司的业务骨干。

2. 不要遗漏重点

如何判断什么是重点呢？当上级交代你去完成一件工作时，这项工作的结果对上级来说一定会有它的用途。例如，上级请你去对外洽谈年终总结会的开会场所，此时上级要根据场地能否租得到来决定开会的日期。因此，报告的重点将是有哪些适合的场地，在什么日期能租借到及费用各是多少等等。

汇报工作要讲究一定的逻辑层次，不可“眉毛胡子一把抓”、讲到哪儿算到哪儿。一般来说，汇报要抓住一条线，即围绕工作的整体思路和中心展开一个面，分头叙述相关工作的措施、关键环节、遇到的问题、处置结果、收到的成效等内容。

作为汇报，提纲挈领是根本原则。英国作家卡普林提出了“5W1H”的汇报要点。所谓“5W1H”是指：

Who：何人（人）；

When：何时（时间、时期）；

Where：何地（场所、位置）；

What：何事（对象、理由）；

Why：何因（目的、理由）；

How：怎样发生的（方法、顺序）。

还有一个要点是后人加上去的：

How much：多少钱（经费、价格）。

此外，报告时一定要注意区别事实与自己的感觉。你工作时，上级并没有亲临其境，他无法辨别你描述的是事实还是你自己的主观感受。事实和观感是有差别的，若给上级错误的诱导，让他下达了错误的指示，这个责任应该由报告者承担。

所以，优秀的职员越是能了解上级要把工作成果用在哪里，就越能把握住报告的重点，更简单地说，上级的关心点就是你报告的重点。

细节 83：正确接受上司的指示和命令

正确接受上司的指示、命令是与上司建立起良好人际关系，获得上司信任的基本条件。最关键的就是：在接受上司的指示、命令时要爽快地回答，不要让上司感到不满。

和上司之间的关系如何取决于工作上的情况。工作不出色，不能认真地完成任务却想和上司建立起良好的关系是不可能的。所以，正确地接受上司的指示、命令是与上司建立起良好的人际关系，获得上司信任的基本条件。

指示和命令是工作的第一步，正确地接受和正确地执行是赢得上司信赖的一把金钥匙。

首先，在被上司叫到时，爽快而精神饱满地回答“是！”是非常重要的。这一点说起来容易，但做起来难，很少有人能真正地做到这一点。

即使你自己正忙着工作，在上司叫你时，你也要迅速站起来回答：“是！”这样一来，上司会觉得你工作很积极，非常爽快利落，从而对你产生放心感和信任感。

要知道，如果上司对你没有这种放心感和信任感，而是觉得把工作给你很不放心，那对你的前途极为不利。因为，对你没有信任感也就意味着不会器重你、提拔你。

因此，不管怎样，在接受指示、命令时，你要爽快地回答，不要让上司感到不满。这是很重要的。

其次，你要把指示和命令听到最后。上司在交代工作时已经事先想好了交代的顺序，因此，如果你在上司交代工作的过程中突然打断上司，提出自己的疑问，就很容易使上司忘记自己说到哪儿了。这时，上司不仅会感到尴尬，还会很生气。所以，在接受指示或命令时要先把上司的话听完，然后再提出疑问或提出自己的看法。这样做是非常有必要的。

此外，上司会从你的表情、动作来判断你是否清楚、明白了上司的意图。所以，在上司交代工作时，你要用点头的动作来表示你已经清楚、明白地知道了工作的内容。而当你不点头时，上司也就会知道你这个地方不太懂，需要重新说明一下。

当然，能说出自己具体的建议和根据是最好的。对上司的指示能够说出自己独到的意见，这在某种程度上是工作能力的证明，如果是有的放矢的意见，上司应该会很高兴，也能够接受你的建议。

细节 84：先称称自己有多重，再开口和老板谈薪水

加薪是每个上班族最大的梦想。加薪谈判和所有的谈判都一样，必须先称称自己的斤两，再决定开口要多少。

加薪是每个上班族最大的梦想，也是许多人心中暗暗盘算的“阴谋”。既然能帮公司谈成许多笔生意，也能为自己谈成这个问题吧！

加薪谈判和所有的谈判都一样，必须先称称自己的斤两，再决定开口要多少。所谓薪水，其实就是你的表现和老板给的待遇在中间汇合的那个点。如果你的表现让老板满意，老板给的待遇让你满意，两者基本上是重合的，双方都满意；如果你觉得自己表现很好，老板给的待遇比预期的低，那就只有开口去要了。

既然去要钱，当然要先看看你“能”给什么、“已经”给了什么，这样才有谈判的基础。

你必须先看看自己能给什么。要回答这个问题需先打听一下，从事你这行的人有多少，有经验的人又有多少，这些人的薪水大概是多少。如果跟你同行的人很多，你所做的工作既不是特别了不起（不是某种特

别的专业，也不需要拥有什么无人能及的技术与人缘)，又不是特别繁重(某种工作没人肯干，你要走了，主管得自己暂时干一段时间，而他又不愿这样做)，你走了随时有人替补，那就没什么谈判的筹码了。

如果“计算”之后，发现谈判筹码真的不多，你就得合计一下了：如果要求加薪不成，老板生气了，你还有哪一行可以“转业”或可以跳槽到哪一家公司，那一行的行情又是如何。对于谈判来说，最重要的就是要先想好“万一”的时候该怎么办，先找好退路。如果还没有退路，就硬着头皮乱冲，谈判根本就不可能成功，因为你心中根本就没底。

比较好的方法是告诉老板：“我在公司也做了这么久了，对公司也有很深的感情。但现在我面临一些财务危机，不知该怎么处理，所以来跟你商量一下（先把老板拉到自己一边，而不是对立面)。你看，有没有什么办法，让我为公司多贡献一些，并能交换高一点儿的待遇，以让我渡过这个难关。如果公司一时之间真的有困难，而另一家公司表示可以解决我的问题，那么，我可能只好转到那家公司了。将来如果财务问题解决了，如果公司需要，我还是希望回来为公司再次效力的。”

接下来，就是找个提出加薪的时机了。什么事情都要看势头、观风向，加薪谈判也是这样。这里要看的时机，涉及大气候和小气候。

小气候指的是个人因素，比如老板最近的心情如何；最近有别人要求加薪是否成功；老板反应如何。应该趁老板高兴的时候一起要求加薪，还是过一段时间再说，免得老板一下子碰到那么多要求加薪的人而被搞得焦头烂额，这些都是要考虑的。

老板会不会焦头烂额，其实也不是员工能决定的，这得看整个行业的“大气候”才行。比如说，公司的营运有没有问题，买方新购货物与其存货销售量比例如何，这些都跟你的谈判筹码有关。因为，销售量增加是公司获得利润的具体表现。反之，如果公司的销售量增加，而客户的存货也不断增加，那表示客户是在囤积。到一定数目之后，他们就可能停止进货。那时，公司的利润就会下降，这种时候不是我们提出加薪要求的时机。

需要强调的是：第一，别忘了，办公室里也是小型政治环境，所以要考虑你要求的薪水是否高于你的上级领导。第二，不要让自己卡在自己的要求的底线上，随时要想变通的方法。比如，要求老板给你加薪10%，因为你已经5年都没有加薪了，你这个要求是合理的，老板也同意；但他提出每年给你加薪2%，这就是可以考虑的建议。

细节85：对于上司的批评，必要时应勇于辩护

有时候，做错了事的责任不在下级，而是由于上司的缘故。这时不能一股脑儿地接受上司的批评，而应大胆地辩解，否则，只能使上司对你的印象更差。

被上司批评或指责，虽然应该诚恳而虚心地听取，但并非说你一定要忍气吞声，不管他说得对不对都要一股脑儿接受，必要时应该勇于辩护，并且要作积极的辩护。一股脑儿地接受批评有损你的形象，对你的事业的发展也极为不利。

一次，晋文公用餐时，厨官让人献上烤肉，肉上却缠着头发。文公叫来厨官，大声责骂他说："你存心想让我噎死吗，为什么用头发缠着烤肉?"

厨官叩着响头，拜了两拜，装着认罪，说："小臣有三条死罪：我找来细磨刀石磨刀，刀磨得像宝刀那样锋利。用它切肉，肉断了，可是掉在肉上的头发却没切断，这是小臣的第一条罪状。拿木棍穿上肉块却没有发现头发，这是小臣的第二条罪状。炭火烧得通红，肉烤熟了，可是头发竟没烧焦，这是小臣的第三条罪状。君王的厅堂里莫非有怀恨小臣的侍臣么?"

晋文公说："你讲得有道理。"就叫来厅堂外的侍臣责问，果然有个人与厨官有仇，想陷害厨官。于是，晋文公就将此人杀了。

这明显是个冤案，如果厨官正面辩解，有可能使晋文公火上浇油，怒气更盛而降死罪。因此，厨官采取正意反说的方式为自己辩解。他装

着认罪的态度供认了三条罪状，其实是为了澄清事实：切肉的刀如此锋利，肉切碎了而头发居然还绕在上面；他用木棍穿过肉，却没发现有头发；肉放在火上烤，肉烤焦了而头发犹存。这明显不合乎事理。至此，厨官已证明自己无罪，同时提醒晋文公，是否有人陷害自己？厨官的辩解顺晋文公之意，却能揭示其错误的本质，可谓灵活机智。这种做法也是非常必要和适当的。

有时候，做错了事的责任不在下属，而是由于上司的缘故，这时就应大胆辩解了。不辩解，只能使上司对你的印象更加差，而他丝毫不会考虑到也有自己的责任。

所以，工作中，同事之间，尤其是下属与上司之间，由于地位不同而发生意见相左的情况时，不要害怕会被认为是顶撞，应积极地说明理由，沉默不语只能使问题更加复杂而难以化解。

辩解的困难点在于双方都意气用事，头脑失去了冷静。所以，过于紧张和自责，反而会使场面更僵。因此越到这类棘手的对立状态时，越应该积极辩明、明确责任。其要点是：

1. 不要畏惧

不必害怕声色俱厉的上司，越是嚷得凶的上司，往往心越软。

2. 把握时机

寻找一个恰当的机会进行辩解也很重要。辩明应该越早越好。辩明越早，则越容易采取补救措施。否则，因为害怕上司责骂而迟迟不说明，越拖越误事，上司会更生气。

3. 辩护时别忘了站在对方的立场上讲话

上司责备下属，当然是出于自己的观点。如果下属不了解这一点，一味认为自己受了冤枉，站在自己的立场上拼命替自己辩解，这样只能越辩越使上级生气。应该设身处地，站在对方的立场上来解释这件事，则容易被接受。

4. 辩解时不管是何种情况，都不要加上“你居然这么说”

任何人都有保护自己的本能，做错事或和旁人意见相左时，便会积极地说明经过、背景、原因等。但在上级看来，这种人顽固不化，只是找借口为自己辩护罢了。

5. 道歉时不要再加上“但是”

千万不要说“虽然那样……但是……”这种道歉的话，让人听起来觉得你好像是在强词夺理、无理搅三分。道歉时，只要说“对不起”，不必再加上“但是”。如果面对的是性格坦率的上司，或许就可以拉近彼此的距离。当然该说明的时候你仍要有勇气据理力争，好让上司了解自己的立场。

辩护要有理有据、不卑不亢，但不能咄咄逼人，否则就会让辩护充满挑衅的味道了。

与下属说话：把话说到心窝里，让下属围着你转

下属是自己的成绩表，没有下属的表现，自己就是有千条妙计也没用。所以，一定要得到下属的拥护和支持，让下属围着你转。做到这些，就要看你的心机与口舌了，看你是否能很好地运用与下属的说话技巧把话说到下属的心窝里。

细节 86：运用好与下属交谈的八个技巧

与下属谈话是领导交往应酬中非常重要的事，要想让下属心甘情愿地服从你的领导，就必须掌握与下属交谈的技巧。

领导与部下交谈是交往应酬中的经常事，也是领导者必须掌握的一门技巧。

1. 要善于激发部下讲话的愿望

谈话是领导与部下的双方活动，如果领导者只顾自己滔滔不绝地讲，而使部下没有讲话的机会或无讲话的愿望，谈话就要陷入僵局，难于继续下去。因此，领导在与下级的交谈中，首先应具有细腻的感情和分寸感，注意说话的态度、方式、语音、语调，旨在激发部下的讲话愿望，给对方讲话机会，使谈话在感情交流的过程中完成信息交流。

2. 要善于启发部下讲真话

谈话所要交流的是反映真实情况的信息。但是，有的部下出于某种动机，谈话时弄虚作假、见风使舵，领导喜欢啥就说啥；或者有所顾忌、

言不由衷，这都使谈话失去意义。为此，领导一定要克服专横的作风，代之以坦率、诚恳、求实的态度，不要把自己的好恶显现在面部并且尽可能让对方在谈话过程中了解到自己感兴趣的是真实情况，并不是奉承的话，消除对方的顾虑或各种迎合心理。

3. 要善于抓住主要问题

谈话必须突出重点，扼要紧凑。一方面领导本人要以身作则，在一般礼节性问候之后，便迅速转入正题，阐明问题实质；另一方面也要引导对方和阻止对方离题的言谈。要知道，多言是对信息实质不理解的表现，是谈话效率的大敌，还会使谈话主题不突出。

4. 要善于表达对谈话的兴趣和热情

正因为谈话是双边活动，一方对另一方的讲述予以积极、适当的反馈，能使谈话更津津有味，从而使谈话愈加融洽、深入。因此，领导者在听部下讲述时，应注意自己的态度，充分利用一切手段——表情、姿态、插话和感叹词等来表达自己对部下讲话内容的兴趣和对这次谈话的热情。在这种情况下，领导者微微的一笑、赞同的一个点头、充满热情的一个“好”字，都是对部下谈话的最有力的鼓励。

5. 要善于掌握评论的分寸

在听取部下讲述时，领导一般不宜发表评论性意见，以免对下属的讲述起引导作用。若要做评论，应放在谈话末尾，并且作为结论性的意见，措辞要有分寸，表达要谨慎，要采取劝告和建议的形式，以易于部下采纳接受。

6. 要善于克制自己，避免冲动

部下在反映情况时，常会忽然批评、抱怨起某些事情，而这在客观上又正是在指责领导。这时，领导要头脑冷静、清醒，不要一时激动，自己滔滔不绝地辩解起来，甚至反感、愤怒。

7. 要善于利用谈话中的停顿

部下在讲述中出现停顿一般有两种情况：一种是故意的。它是部下为试探一下领导对他的谈话的反应、印象，引导领导作出评论而做的。这时，领导有必要给予一般性的插话，以鼓励部下进一步讲下去。第二种停顿是思维停顿引起的，这时领导应采取反问、提示等方法接通部下的思路。

8. 要善于利用一切谈话机会

谈话分正式和非正式两种形式，前者多在工作时间进行，后者多在业余时间进行。作为领导，也不应放弃非正式谈话机会。在业余时间无主题的谈话，是在无戒备的心理状态下进行的，哪怕是只言片语，有时也会得到意外的信息。

细节 87：向下属传达指令要具体而准确

领导与员工之间的大多数沟通是建立在口头基础上的。但很多时候以口头方式发出的简单指示、请求或意见，被听者彻底地误解，这就要求上司在传达指令时要具体而准确。

领导与员工之间的大多数沟通是建立在口头基础上的。要想把每一条命令、每一项建议都写下来是不切实际的，也是不可取的。但问题在于很多时候以口头方式发出的简单指示、请求或意见，被听者彻底地误解了。

不论领导多么准确地表达、多么精心地措辞，员工还是会在一些时候误解领导的本意。而文字可以表达诸多不同的意思。员工的教育背景、生长地域、智力与培训等等因素，都可能对他们的理解产生一定的影响。这就是为什么得到口头反馈十分重要，不要太信任从员工那里得到的简短的“是”或点头这类回答。想一想：他是否完全理解了指示？指示的内容是什么？如果员工在领悟指示时“不够准确”，尔后会出现什么问题？你会十分震惊地发现，有许多信息是被“曲解”的。

领导对这种不良的结果感到非常失望，而员工却认为自己在忠实地遵循领导的指示行事，也因此而十分不愉快。

如何减少这种误解呢？对领导来说，首先要认识到同基层员工和高层管理者对话时必须谨慎小心。要具体而准确，任何不经过周密思考的陈述都可能导致不良的结果。

1. 仔细考虑批示的内容

领导必须认识到，他们所说的每一件事都有着更高的“重要性”，这仅仅是因为对基层员工来说，他们代表着权威。一句看似无关紧要的陈述与它所导致的结果是完全不相称的，管理层级或职衔越高，这个人所说的话就越重要。任何大公司的总裁都不会轻易发表评论。

领导不仅要思考他们自己打算说什么，还要考虑别人会如何获得和理解信息。甚至还要想到接受者可能作出的反应。当领导与基层员工对话时，可以使用下面这份心理检查表进行检查：

(1) 我想要说什么？

(2) 这一信息应该告诉给谁？多少人将会受其影响？

(3) 在传达信息时，我拥有可靠的事实吗？

(4) 如何最好地表述信息使听者能够理解？

(5) 他们会在第一时间就获得信息吗？信息需要重复吗？

(6) 听者可能做出什么样的反应？他们会有不同意见吗？

(7) 需要对信息进行“包装”吗？

(8) 在下达指示时，是否还需要当场示范？为了进行这种示范需要做些什么工作？由谁来进行示范？

(9) 接受指示的人需要时间进行练习吗？要多长时间？

当利用这一心理检查表时，领导在向员工传达指示之前，必须先要慎重“构思”他们的口头信息与指示。这是他们分内的职责。

2. 注意谈话方式和态度

谈话的方式与内容同等重要。用粗声粗气或不愉快的语气传递信息时，听者所接收到的反应几乎总是情绪性的。由此，领导可以预料到听者也会以同样的方式作出反应。当你以这种方式讲话时，听者必定对你想传达给他的信息感到不快。

语调与行为举止是重要的沟通工具。指令必须传达得准确果断，对指令的执行必须毫无疑问。在传达指示时，员工应该得到一个全面的解释，要坦率、允许提问、聆听不同意见，不要以为自己的资格老而自以为是。对了解自己工作的有经验的员工给予表扬。认真思考来自员工那里的任何有意义的修改意见，以获得更理想的结果。

指示传达到员工那里并被员工所理解是问题的一个方面，员工有足够的热情对待它们又是另一个方面，尤其在使用一套新程序或新系统时更是如此。领导必须认识到人们不愿意变化、喜欢熟悉的东西，变化是令人不舒服的。

这就是为什么领导要在传达指示时表现出积极的态度，永远不要在传达指示时感到歉意。试图对目前的状况进行改进是管理层的事，永远不要责备管理层进行的这些变革，因为这无济于事，员工把领导也视为管理团体中的一部分。领导必须采取的态度是把变革看成是必要的，因为变革的目的是为了更好，而且它一定会更有成效。

对于变革将如何影响到他们自己以及他们工作的各个方面，员工有权从管理层获得解释。应该尽可能使这些解释完整全面。

在传达口头指示时，领导还必须事先预料到下属可能作出的反应。他们会提出什么反对意见？如何回答这些反对意见？如何把无聊的抱怨与合理的关心区分开来？是否某个人比别人的抱怨更多？如何让这个人在会议中处于“中立状态”？

对领导来说，试图向员工灌输团队精神也很重要。在对新职员做总结时，使用“我们”而不是“你”的称谓。向员工征求如何实现目标的建议。职业领导可以通过亲身去做一些没有人愿意干的工作来表明自己对变革的积极态度。

3. 选择好谈话地点

在传递口头信息时应该考虑的一项重要因素是，到底应该在什么地方传递信息？领导的办公室是传递信息的最安全场所，是领导权威的最强象征。对于下面这些信息来说，领导者选择办公室作为交谈地点是十分恰当的：新的指示、程序的变化、需要解决的问题及对员工进行的批评。

还有很多的情况下，领导到员工的办公桌前或办公室里交谈更为恰当。比如，员工可能拥有需进行讨论的数据和资料，领导不希望打断员工的工作。如果你希望表扬员工或对他表现出特殊的认可，到下属的办公桌前驻足交谈也是一个好办法。

领导可能希望相互之间的交流显得更随意。在大厅或饭厅里碰到员工，向他发出你的信息或指令，就好像一切均在不经意的时候发生的。

当需要向很多员工传达指示或指令时，就需要使用会议室了。在工作区域之外举行会议意味着会议不希望受到干扰。

细节 88：尽量发现下属的优点，并给予奖励

不要一味地注意属下的过失，事无巨细加以责备，那很容易造成属下的不满。只有赏罚分明，同时尽量发现属下的优点并给予奖励，方可渐成大气。

古人指出：“求将之道，在有良心、有血性、有勇气、有智略。”对于那些本性忠义的下属，一定要大胆施恩，以鼓励他的忠心。这样的话，有良心者，能够忠心不二，为知遇者舍生忘死；有血性者，能够有一腔的忠心、义气和情怀；有勇气者，面对强敌而毫无畏惧之心。而忠诚的下属，如果是兼有谋略者，更能运筹于帷幄之中、决胜于千里之外。这样的忠良人才当然人见人爱、人见人用。

使用下属单单靠物质奖励还不行，有些时候，精神奖励更重要。因为，人不单单需要物质，有时还需要精神，这就是人与动物的区别。所以，从古至今，凡大政治家或成功者无不把精神奖励当做激励属下的重要手段，相应的，也就产生了奖牌、奖状之类的有别于物质的东西，如军队颁发勋章，其价值并不在其勋章本身，而是给佩带勋章的人带来的荣誉。

唐肃宗问功臣李泌：“将来天下平定，你打算要什么封赏？”李泌说：“只要能枕在陛下的大腿上睡一觉就心满意足了。”肃宗听后大笑，后来，肃宗驾临保定，李泌像往常一样为肃宗打点好行宫。因久等肃宗不到，就先自躺在自己的床上睡着了。等他醒来睁眼一看，自己居然枕在肃宗的大腿上。李泌大吃一惊，连忙倒地谢罪，肃宗搀住李泌笑问道：

“现在爱卿的愿望已经实现，天下何时才得平定?”原来，肃宗到来时，见李泌正在酣睡，就悄悄爬上床，把李泌的头轻轻放在自己的大腿上。肃宗以一条大腿付出片刻之劳，令功臣感激涕零，太值得了。

领导不要一味地注意属下的过失，事无巨细加以责备，那很容易造成属下的不满。只有赏罚分明，同时尽量发现属下的优点并给予奖励，方可渐成大气。

《菜根谭》也说：“功过不容少混，混则人怀惰堕之心；恩仇不可太明，明则人起携贰之心。”一位英明的领导者，必须实实在在地做到这一点才行。

有一个香蕉的故事颇能给人以启示。在福克斯波罗公司的早期，急需一项性命攸关的技术改造。有一天深夜，一位科学家拿了一台能解决问题的原型机，闯进了总裁的办公室。

总裁看到这个主意非常巧妙，简直难以置信，便思考该怎样给予奖励。他把办公桌的大多数抽屉都翻遍了，总算找到了一样东西，于是躬身对那位科学家说：“这个给你!”他手上拿的竟是一只香蕉。但别看香蕉小，却是他当时能拿得出的唯一奖励了。

其实，奖励不分多少，都能给人以激励。说得实在一点，因为它是一种荣誉，是固定收入以外的额外收入，是同等价值或者同等物品不能替代的五彩光环，是一个人成功的标志。有人说，赞美是对一个人工作、能力、才干及其他积极因素的肯定，能满足人们自尊的需要。那么毋庸置疑，奖赏则是激励人们奋发图强的兴奋剂。所以，一个聪明的领导者手中“食物”频频出手，因为他们知道，自己所赠的“食物”比被赠者的贡献要少得多。

细节89：向下属通报坏消息尽量不用伤感情的字眼

向下属传达坏消息时，下属心里一定会非常不痛快。因此，这时尽量不要用伤感情的字眼，如果上司用词不当，甚至恶语伤人，无异于是给下属火上浇油。

有些难说的话不说是不行的，关键是要委婉一些，尽量减轻对属下的打击。比方说，告诉下级被降职或解雇了；下级辛辛苦苦拟好的计划书，却被你否决了；下级向你提出了一个很好的建议，而你却由于疏忽大意或工作过于繁忙忘记审阅了，下级催问时，你该如何回答？

1. 变更计划

首先要解决的问题是：要更改已经通过的计划，该如何向下级说明？万万不能对下级说："不关我的事，都是经理一人说了算，我也没办法！"

这样虽然把责任转嫁给上级，自己暂时没有问题了，但部下会对经理产生怨气。或者，一旦下级明白你是在推卸责任，肯定会对你产生极大的反感，你也会威信扫地。

你也不应该为了防止下级反对，而用高压手段制止对方开口，这样做会引起下级的不满。正确的方法应情理兼顾，使下级真正地心服口服，他才不会丧失工作的积极性。

2. 提案被耽误

上级接受了下级的提案，并且满口答应"看一看"，但因为忙碌，最终还是没有看。可下级又在满怀希望地等待得到一个答复，会主动问你："那个提案，您看过了吗？"

在这种情况下，你应该直率地说："我现在很忙，实在没有时间细看。不过，一周之内一定会给你一个满意的答复！"

如果提案需递交给更高一级的上级，而上一级的上级态度不明确，以至于没有确定结论时，你最好能说明立场，表示自己已经递交给了上级，却迟迟不见回音。不得已催促上级时，所得答复却是否定的。这时你更要详细说明，千万不能敷衍。

3. 降级通知

经理们最不希望从他口里说出的坏消息就是告诉员工：他从明天起就将失去自己的工作。事实上，解除雇佣关系无论对员工还是对老板来讲都会带来一种精神上的不安。许多管理人员都承认，他们总想延缓这种冲突和矛盾，希望出现奇迹，或者情况有所改变，甚至希望雇员主动提出辞职。

不得不解雇某个人确实是加在经理们肩膀上的重担，但有时不得不这样去做，因为公司必须考虑到它的费用及每个员工对公司的价值。当你对某位员工说“我们必须让你走”时，你往往有一种负罪之感。因为你觉得此员工落到这一步，自己也有责任。有时，你会觉得这位员工的失败也是自己的失败，也许会说：“首先我不应该雇佣他”或“如果我在培训他时做得很好的话，我应该看到出了什么问题，然后帮助他”。

总之，不管你多么不情愿解雇员工，但绝大多数管理人员都必须正视这一难题，所以必须学会如何解雇员工。这是很重要的一种技巧。

一家工厂的老板在谈到他所知道的一个讲话极讲究策略的人的时候，是这样说的：“他就是在我第一次工作后把我解雇的那个老板。他把我叫了进去，对我说：‘年轻人，要是没有你，我不知道我们以后会怎么样。可是，从下星期一起，我们打算这样来试一试了。’”

有时候，公司人事调动，下级被降级，或是调到分店，或是被打入“冷宫”，委派他去干一些鸡毛蒜皮的小事，总之不再受到上级的重视。上级这时有责任通知他，并且要耐心安抚，尽量使他能保持积极愉快的心情前往新岗位就任。

请千万记住不要用伤感情的字眼。下级被降级，心里本来就非常不痛快了，上级再用词不当，甚至恶语伤人，无异于是给下级火上浇油，会造成难以想象的后果。

细节90：反应敏捷，抓住要飞的“鸟儿”

当优秀员工递上辞呈时，领导不见得束手无策。但能把多少人留下来，决定于你对他们得到的工作机会作何反应，即你的反应速度有多快、劝人留下来是否有效。

“千金易得，一将难求”，优秀员工的跳槽时常困扰着领导。任何公司都避免不了竞争的袭击，高素质的员工总是会有工作机会找上门来。

当优秀员工递上他的辞呈时，领导们不见得束手无策。但能把多少人留下来，决定于你对他们得到的工作机会作何反应，即你的反应速度有多快、劝人留下来是否有效。下面的一些建议可供借鉴。

1. 即刻作出反应

如果企业十分想留住这位员工，那就没有什么事比立即对离职作出反应更重要了。领导应该马上放下计划好的活动，任何延误，例如“开完会我再和你谈”之类的话，都会使辞职不可挽回。带着紧迫感处理问题有两个目的：首先，向员工表明他确实比日常工作更重要；其次，在员工下决心以前，给领导最大的机会去尝试改变他的想法。

2. 封锁消息

绝对封锁辞职的消息对双方都很重要。对员工来说，这为他改变主意继续留在公司清除了一个主要障碍，这个障碍有可能使他在重新决定时犹豫不决。如果其他人毫不知情，他就不必面对公开反悔的尴尬处境。而企业在消息公布以前，能有更大的回旋余地。

3. 倾听员工心声

领导要坐下来和该员工交谈，仔细聆听，找出辞职的确切原因。从员工身上了解到的情况要原封不动地向上级汇报，即使其中有对领导的微词。还要了解员工看中了另一家公司的哪些方面，是环境更好、待遇更优厚、工作节奏有快慢差异，还是对事业的看法发生了根本转变。这些显然是说服员工改变主意的关键。

4. 组织方案

一旦收集到准确材料，领导们应该形成一个说服员工留下来的方案。一般而言，员工因为两个并存的原因而辞职：一个是“推力”，即在本企业长期不顺心；另一个是来自另一家公司的“拉力”，即站在这山望着那山高。一个成功的挽留方案，应该针对使员工产生离职想法的问题提出切实的解决意见，还要使员工认识到，他对别家公司的种种好处的看法不切实际。

5. 全力求胜

有了仔细规划的策略，就该着手赢回员工了。领导对辞职快速作出反应，就是要让员工从一开始就感到，他的辞职有误会，公司也知道这是个误会，并将全心全意纠正失误。要是合适，公司领导可以在工作时间之外和他一起用餐，他工作所需的各级领导都应参加。如果员工的配偶是其辞职的重要因素，那就请他也一起参加。

6. 为员工解决困难，把他争取回来

如果方案组织及时，又确实能纠正造成员工心猿意马的那些问题，员工可能会改变想法，除非辞职员工确实已对企业深恶痛绝。多数情况下，他们只是不满工作中的某些方面，或者不喜欢在职上司。当他们能在别的公司找到工作时，这些问题就被放大了。因为粗看之下，那家公司好像挺能满足相应的要求。通过缓和在本企业的矛盾，突出与那家公司的不同之处，员工往往同意留下来是最佳选择。

7. 赶走竞争对手

要让员工同意，给竞争对手打电话，回绝对方提供的工作。他应该坚定不移地表明，不希望再讨价还价或继续商量，将留在本企业，这个决定是最终决定。让员工用这种方式向竞争对手表明事实，阻止那家公司企图再挖走其他员工。

细节 91：下属间产生矛盾，站出来说句“公道话”

下属之间产生矛盾，比较圆满的解决方法是：分别向两方进行了解，采取“非官方”态度跟他们“谈心”，了解不满者的牢骚，发掘被攻击者受争议的关键所在，再进一步解决。

公说公有理，婆说婆有理。下属之间产生矛盾反映到领导面前，两人所讲的必然有出入，那就要由你去断定是非了。他们的心理是都想从你这里听到句“公道话”，一旦分出了黑白，你最好心中有数，不要公开指出谁是谁非，以免进一步影响两人的感情和形象。告诉两人，你已经晓得事件的真相，你如今最注重的是，今后两人必须为了公司的利益而精诚合作。如果事情纯属私事，但是两人在公事上采取不合作态度，对你会造成不良影响。你不能袖手旁观，要分别召见两人，对他们说："我不晓得也不打算知晓你们之间的恩怨，但我的工作作风是要所有职员通力合作，不容有误，希望你们清楚这点。"

下属分成了新旧两派，时有摩擦，这种情况直接影响到你的事业发展。大家心存芥蒂恐怕只会费时误事，既伤和气又做不好工作。对此，你是责无旁贷的。

如何才能圆满解决这种问题？请先了解问题所在。一般新踏入社会的年轻人，多少会自以为是，因为觉得学历胜人一筹，又有很多新主意，不懂尊重老同事。而已工作多年的同事，经验十足，但有部分人会倚老卖老，视新人为黄毛小子，不屑一顾。

其实，双方均有一定的责任。不妨当众赞赏老同事们的经验老到，亦对新人的冲劲十足表示欣赏。还有，多制造大家一起消遣、娱乐的机会，尤其是业余时间。促进双方的了解，借以拉近距离、消除敌意。

有人"犯众怒"，受到其他同事的集体攻击。不单工作上不合作，有时还会在背后窃窃私语，令工作气氛欠和谐。

要改变此种情况，是颇为棘手的。一则不能偏袒一方，二则不可以强施压力，否则必会弄巧成拙，制造更多更大的麻烦。

比较圆满的解决方法是：分别向两方进行了解，并且采取"非官方"态度，跟他们"谈心"，从侧面了解不满者的牢骚，同时发掘被攻击者受争议的关键所在，然后才进一步解决。

在闲谈间表示："每个人的工作作风不同，初期合作容易有摩擦，但并不表示中间一定有嫌隙。凡事不先入为主，情况必然明朗得多。"

对被攻击者，则可私下劝谕："看来你对我们工作的程序不大清楚。如果有什么疑问，请先跟我说，拖延下去可能影响到其他同事的。"

一碗水端平还表现在对犯错者应当批的要动真格地批，对受到不公正对待的，要予以认真地补救，并能以恰当的语言使之冰释前嫌。

例如，松下允许员工当面表达不平和不满。第二次世界大战以前，有一位候补员工就向松下表达过不满。那时的松下电器员工分一、二、三等和候补四级。这位候补员工迟迟未获升迁，就直截了当地对松下说："我已经在公司服务很久，自认为对公司有了足够的贡献，早已具备了做二等员工的资格。可直到现在，我也没有接到升级令。是不是我的努力还不够？如果真是如此，我倒愿意多接受一些指导。我想，恐怕是公司忘了我的升级了吧？"松下对此很重视，责成人事部门查处，原来的确是漏办了升级手续。接着，除了立即发布升级令外，松下明确对那位员工说，他很赞赏这种坦白的请求。松下鼓励大家把不满表达出来，而不是闷在心里，那样只能增加自己的内心痛苦，对公司也是不会有多少好处的。员工听了后一腔怒气烟消云散。

松下对于部属和员工的错误毫不留情。据传，有一次一个员工被松下狠狠骂了一顿，"不如去开烤白薯店，别再制造电器了"。这对被批评者也许有点过分，但却让做得好的员工感觉到了公平。

细节 92：对下属的非分要求巧妙说"不"

所有人都想顺人意、讨人爱，但在工作中难免要拒绝别人的一些要求。作为上司，一定要学会对下属巧妙说"不"。

要是在全年最忙的几天，有人要请假，或者别的经理想从你部门借一名员工用一周，你很可能会一口回绝："不行。"

一些平常你有可能同意的要求，在某些场合下却不得不回绝。所有人都想顺人意、讨人爱，但在工作中难免要拒绝别人的一些要求——有的要求合情合理，另一些却可能是非分要求。

下面是一些你非坚持立场不可的例子：

1. 员工不合理地请求休假

有两种情况：要么是你的下属没有按照安排休假计划的规定办事，要么是这段时间已经安排给其他员工休假了。

要是前一种情况，就应该让下属知道他没有遵守规定。你应该对他说："很抱歉，我们打算在那个星期盘点存货，一个人手也不能缺。你知道，正因为这样我们才规定每年的一月安排休假计划。"

有时，员工的请假要求与别人预先计划好的休假有冲突。遇到这种情况，你要让他明白，批假的原则是"先申请先安排"，所以不能批准他的请求。不过，可以准许他与已安排休假的那个员工协商调换休假日期。

2. 员工要求加薪或升职

遇到那些特别尽职尽责的员工请求加薪或升职时，要开口说"不行"实在是一件很为难的事。

特别是有的员工的职位、薪酬早该变了，但预算紧缩、生意清淡或其他因素使你无法对他们的努力予以奖励，要说"不行"更是难上加难。这时，最好如实相告，说清楚为什么不能提职或加薪。

处理这类问题时，切忌做超出你职权的承诺。即便你说了你承诺的事要视将来情况而定，如等生意出现转机，预算松动之后等等，员工仍可能把它看成是正式的承诺。

3. 员工要求改变上下班时间

照顾子女、交通问题以及其他事情常常给员工带来困难。能与员工配合，帮他们渡过暂时的难关当然好，但不一定总能行得通。

关键是怎么说"不行"。因为如果员工感到你对他的困难漠不关心，他就很可能另谋高就。

具体处理时要尽可能灵活，探讨各种可能的办法。这样，即便不得不否决他的请求，你为此所做的努力也有助于消除员工的怨恨。

有些时候，准许员工偶尔迟到一会儿或早一点走，不是什么大不了的问题。重要的是一定要事先征得你的同意，不然，你迟早会发现下属自行决定上下班时间。

有时，你准许某个员工提前下班，而有时候又不得不否决这类要求。这时一定要跟员工讲清楚原因，否则，他们会认为你办事没有原则或偏袒某些人。

4. 员工要求调到另一部门

如果是一个可有可无的人请求调动，那就赶快批准，你还应该庆幸自己的运气。但要是最得力的员工要求调动，而且是在大忙时节或一时找不到人顶替，千万不要断然拒绝，因为那样会使一个好员工消沉下去。

你应该坐下来跟他谈谈为什么要请调。你会发现促使他调动的原因可能与工作无关。可能是他与某位同事关系紧张，也可能是由于一些通过调整工作可以解决的问题，通过交谈才会发现问题在哪里。

如果谈话毫无结果，没有什么能使他改变调动的想法，你只有拒绝。但要尽可能减少给他造成的消极影响，尽量给他一线希望。比如可以说："现在不能调，过一两个月再看看有没有机会。"

这样做不仅为你赢得了考虑其他可能性的时间，而且在这段时间里，员工的想法也可能发生变化。不管怎样，对员工的调动要求表现出关心，有助于减轻拒绝对员工造成的伤害。

与同事说话：同在屋檐下，说话须谨慎

和谐的同事关系让你和你周围同事的工作和生活都变得更简单、更有效率。同处一个屋檐下，抬头不见低头见。如果让任何一个人破坏了你的心情，说不定将来吃亏的是你，而不是别人。因而，保持和谐的同事关系是非常有必要的。

要想拥有和谐的人际关系，除了相互帮助、相互谅解之外，得体恰当的语言也是非常重要的。

细节93：诚恳地主动向同事伸出友谊之手

刚到一个新的工作环境，一方面，要多多拜访你的新同事、新上司，多了解新单位的情况；另一方面，必须专注地投入到自己的新工作中。

你从一个环境转调到一个新环境中，面对的上司和同事都是陌生的，从事的工作可能也和你以往做过的不大相同。无形中给你的内心造成一种负担，仿佛人海茫茫，你却在一个孤岛上，不知道如何才能使自己投入人群之中并被大家接纳。

在人们的内心深处，对外来的以及新来的人都或多或少有些排斥心理。如果你聪明的话，首先就要抛开自己对他人的陌生感、畏惧心、戒备心。一方面，你要多多拜访你的新同事、新上司，多了解新单位的情况；另一方面，你必须专注地投入到你的新工作中。这样的话，你的新同事很快就会接受你、适应你。因为你的拜访说明你对他们有兴趣，愿意和他们相识、结交。同时，你专心投入工作，也使他们认为你是个认真的人，并且很喜欢你的新工作，也表明你在各方面都力求和他们保持一致。他们会很快消除对你的排斥心理，你很快会同他们打成一片的。

一次，某单位同时调进了两个人，小杨和小白。小杨是个性格开朗、爱说爱笑的人，小白则老是一脸严肃、沉默寡言。

小杨虽然看似开朗、爱说爱笑，可是却目中无人。来到新单位很久了，他不仅没有拜访过任何一位同事，而且，在工作过程中也从不向别人讨教，也许是他认为自己有足够的能力干好工作。过了一段时间，大家都认为：小杨能调来本单位，一定是上面有人，看他那副神气劲儿，也不像个能干好工作的料。我们干了这么多年了，还免不了互相请教学习。可他一个新来的，不向我们请教，就能把工作干好？时间一长，大家对小杨都敬而远之，对他不冷不热的。

小白虽然在办公室很少寒暄，总是勤勤恳恳低头工作，但在工作之余，却问长问短，逐家拜访，打听新单位的一些情况，顺便也提出了许多工作上的问题来讨教。所谓“一回生，二回熟”、“人敬我一尺，我敬人一丈”，没过多久，小白就与同事们混熟了，工作起来更是如鱼得水。虽然自古以来就有“君子之交淡如水”之说，但“礼尚往来”、有礼有节，你有情，我就有意。人与人之间就是通过来来往往、反反复复地交谈、沟通增加彼此间的了解，同时也增进了友谊。

所以，一旦你转入了一个新单位，适应新环境最好的方法就是利用业余时间多和人们交流，多向新同事学习、讨教。通过你的话语，让你的新同事知道，你需要他们的帮助、需要他们的友谊。如果你能做到这种程度上，那么还会有谁拒绝向你伸出友谊之手呢？

“小赵，你好！冒昧打扰实在不好意思。不麻烦你吧？我也没什么事情，就是来你这儿随便坐坐。我刚来新单位，也没有熟悉的朋友。我们在一起工作，所以就不自觉地走到你这儿来了。”

“平时上班时间，忙忙碌碌，也没空儿深谈。你来这个城市多久了？你对这儿一定很熟悉吧？”

“小孟，找你真难呀！原想着你是单身，家在外地，我也刚来此地，正好是个伴儿。没想到，找你几趟都不在，今天终于‘逮’到你了”。

“原来，你的业余生活还挺丰富的，桥牌、麻将、钓鱼、象棋样样都会。杀一盘怎么样？让我也好向你学几招。”

从以上的例子不难看出，只要你诚恳、虚心并主动向他人伸出友谊的手，你的新同事也一定会张开双臂欢迎你的。

细节 94：被提拔时尽快缩短与别人的距离

当你被提拔之后，原来的上司或许成了你的同事，而原来的同事成了你的下属，这种变化使得你与他们之间突然有了一种很微妙的距离感，这时要尽快打破这种局面。

现代社会，有德有才之士被提拔到更高的职位是很正常的事。这些人大都年富力强、前途远大，不管他们是否情愿，一旦到了领导岗位，就必须掌握说话的艺术和技巧。在被提拔之前，你或许是个芝麻大的小官，或者只是个普通职员，话说得好不好，对你的影响不太大。可现在不同了，你成了领导，成了别人的上司，你说出来的话要影响到很多人。古人认为，官场之妙，妙在心机和口舌。所以，尽快学会说话是你成为领导之后无法推掉的课程。

当你被提拔之后，原来的上司或许成了你的同事，而原来的同事成了你的下属，这种变化使得你与他们之间突然有了一种很微妙的距离感。这时你如何说话才能尽快打破这种局面，使他们适应你的新身份呢？

1. 对老同事、新下属的说话技巧

“说实在的，我以前从来没想到过自己会当官，所以对上边的这个任命，我也感觉挺突然的。如大家信任我的话，我一定争取当好这个官。俗话说：‘当官不为民做主，不如回家卖红薯。’我原来也是普通员工，对大家的生活和难处都很了解。我希望自己有能力改变这种状况。”

“前不久，新的领导小组召开会议，确定我分管基建后勤工作。这是关系每一个人生活大计的工作，人们总离不开吃喝和住房吧。所以我决心尽我所能把这个工作做好，让每一位职工尽量消除后顾之忧，好全心全意地投入工作。”

“以前我们是同事，在一起打打闹闹，处得非常愉快。现在虽然没有机会多和大家热闹，但我们的关系还和过去一样是平等的。在工作中希望大家支持我；工作之外，和过去没有任何区别。你们有什么意见和要求可随时提出来，有什么建议和不满也随时反映，我一定尽自己的能力尽快地给予解决。”

如果你是通过竞争取得领导职位的，那么你可以这样说：“谢谢大家对我的支持，我会努力实现我在竞选中的承诺的。希望大家理解和支持我的工作，配合我把工作做得更好！”

2. 对新同仁说话的技巧

“各位原来都是我的上级，曾经多次鼓励我要争取上进，并且给了我许多的机会表现自己的能力和才华，也正是有了各位领导的提携，我才在众多的候选人中脱颖而出、得到提升。”

“我很感谢各位对我的扶持和帮助，也希望在今后的工作中继续给我帮助和指导。”

“对于做领导的艺术和学问，我想我一定不会像你们那样在行。你们从事领导工作的时间比我长，都是我的老师，我要好好向你们讨教和学习。”

“拜托各位，多多指教。”

总之，你千万不能因为成了领导就盛气凌人，照样要表现得谦逊有礼。

3. 对新上司的说话技巧

除非有一天你成了老板，要不然你就必须面对你的上司。那么面对你的新上司时，你该怎么说呢？

“谢谢领导对我的信任，我会加倍努力工作的，绝不辜负领导对我的希望。不过，我初到新岗位，许多东西都还不熟悉，还希望领导能多加指点，我有什么考虑不周的地方，还请领导批评指正。”

没有一位上司喜欢盛气凌人的下属，那样他会感到他的位置受到威胁，以后你再想升迁可就不那么容易了。

细节 95：想让同事接受你，须遵循三条准则

每个人都希望自己能与同事融洽相处，能被同事所容纳，做到这些并不难，只要遵循三条准则就足够了。

据调查显示，一个人最令同事们反感的表现通常有以下几项：

1. 欠缺耐心

你诚恳地向他征求意见或诉说苦闷，他却显出一副事不关己、不感兴趣的样子。

2. 得理不饶人

同事已经为自己的一个小疏忽或一时失口的冲撞再三道歉，他却仍然四处抱怨、骂骂咧咧。

3. 唯我独尊

总是自以为是，容不下任何批评建议，有时还纵容自己的怒气，毫不收敛地向不相关的同事发脾气。

要想被同事所容纳，与同事谈话要遵循以下三条准则：

1. 耐心倾听

大多数人为使他人接受自己的观点，总爱侃侃而谈。同事之间相处更是如此。应该给别人把话说完的机会，因为他对自己的事情和自己的问题比您知道得更清楚，所以最好是向他提些问题，让他告诉您他认为什么是正确的。

如果您因不赞同他的意见而打断他的话，那是有害的，请不要这么办。在他言之未尽的时候，会对您置之不理。因此，请静心听他把话说完并尽量加以理解，要真心实意地听，要鼓励他把话说完。

在公务交往中这种策略是否适用呢？大家来看一看，一个曾采用过这种办法的人是怎样说的。

几年前，美国最大的一家汽车公司的代表要签订一项购买蒙面材料

的合同。有 3 个公司为其准备好了材料样品。汽车公司把所有样品看过后，发出了要这 3 个公司代表参加最后谈判的邀请。其中一个公司的代表 P 先生是在患有严重喉炎的情况下去谈判的，先生说：“轮到我进谈判厅的时候，我的嗓子哑得一点话都说不出来，几乎是在耳语。进去后我发现以该公司董事长为首的谈判小组成员全在。我停下来想说话，但一句也说不出。

“因为他们都坐在桌子后面，所以我就拿起一张纸，写道：先生们，我的嗓子哑了，不能讲话。

“‘我替您讲’，董事长说，他展示了我的样品后开始夸奖起来。在尔后进行的讨论中，他完全站在我的立场替我说话。我参加谈判的方式仅限于微笑、点头和做一些手势。

“这次使我一下子订下了出售 50 万码蒙面材料的合同，真是出乎我的意料。

“我认为，假如我的嗓子不哑，这份合同就签不成。因为，我未必能恰如其分地处理此事。我完全是在偶然的情况下发现，给他人创造说话的机会不无好处。”

法国哲学家拉罗什弗科尔说：“如果您想树敌，就设法超过自己的朋友；如果您要朋友，就请为您的朋友提供超过您的机会。”

德国有一个谚语，译过来的大概意思是：人们在其所嫉妒的人遭受挫折时所产生的喜悦，才是真正的喜悦。

有些朋友，他们在你受到挫折时比在你获得成功后更高兴，这是完全可能的。最好把自己的成绩看低一些。只要你能谦虚一些，很快就能达到自己的目的。

一个人应该谦虚，因为自己没有什么了不起的。人人都会死亡并在多年之后就被彻底忘却。如果总是想在别人面前夸耀自己微不足道的成绩，生活就太没意思了。最好是让别人讲话。请仔细想一想，说老实话，你有什么值得自我吹嘘的呢？

所以，您如果想要人们依照您的观点办事，请遵照这条准则去做：“给他人多说话的机会，自己尽量少说。”

2. 在争论中不抢占上风

十有九次的争吵结果是，每人都更加相信自己是正确的。

实际上，在争吵中是没有胜利者的。即使你在争吵中占了上风，说到底还是失败了。为什么？即使你是胜利者，那又怎么样呢？你将扬扬得意，但你的对手会怎样？你使他觉得低你一头，你伤了他的自尊心，他当然恼火。而被迫放弃自己观点的人从来就是不改初衷的。

佩恩·马尔特霍人寿保险公司为其代理人定下的规矩是：不许争吵。

说服某人并不意味着要同他争论。说服人同与人争吵毫无相同之处。争吵不能改变别人的看法。

请好好思考思考。你更想看到什么呢：是表面的胜利还是人的同情？二者兼得的事是很罕见的。

在争论中，你的意见可能是正确的。但要改变一个人的看法，你的努力大概会是徒劳的。

威尔逊内阁的财政部长威廉·马卡杜声称，在多年的政治活动中悟出了一个道理，就是“任何一个论据也不会说服一个不学无术的人”。

仅仅是不学无术的人不能被说服吗？这样说未免太简单了些。根据经验我们确信，任何一个人，无论其修养程度如何，都不可能通过争论说服他。

拿破仑的侍卫长康斯坦经常和皇后约瑟芬打台球。他在《拿破仑生平回忆》一书中写道：“尽管我台球打得很好，但总是设法让她赢，以此博得她的欢心。”

你应牢记这一点。在非原则性的争论中要给予同事们取胜的机会。佛祖说，不能以仇解忧，而应以爱消恨。误会是不能靠争吵消除的，消除它只能靠接触、和解的愿望和理解对方的真诚心愿。

有一次，林肯斥骂一个年轻军官，原因是他同自己的一个同事进行了激烈的争吵。林肯说：“任何一个想有所作为的人，都不应在和人争吵上浪费时间。这不是说他不应该允许自己发火和失去控制，而是说在重大问题上如果您感到您和对方都正确，那您应该让步；在枝节问题上即使您明明知道对方不对，您也应让步。给狗让路总比让它咬您一口要好。因为，即使把狗打死，也不能马上治好您的伤。”

第二条准则是："在争论中取胜的唯一方法就是避免在争论中占上风。"

3. 主动承认错误

主动承认自己的缺点，比让别人批评要心情舒畅。

如果你觉察到别人认为你有不妥之处，或是想指出你的不妥之处时，你就要首先自己讲出来，使他无法同你争辩。请你相信，他会宽宏大度，不计较你的过错，并能原谅你。

画家费迪南德·沃伦采用了该方法使买他画的人由愤怒、埋怨变得宽容大度。

"画广告画和为出版社画画要准确、认真，这一点很重要，"费迪南德在课堂上回忆自己的经历时这样说，"有些编辑要你按他的意图马上创作一幅画，这难免会使您的作品出错。与我共事的一位编辑喜欢吹毛求疵，每当他这样做时，我就离开他的办公室跑出去，这倒不是因为对他提出的批评不满，而是对他的这种态度和方法感到气愤。前不久，他要我在短时间内给他创作一幅画，我抓紧时间画好。他打电话把我请去。我一进他办公室就发现他对我怀有敌意，这是我意料之中的事。他让我谈谈为什么这样画而不那样画。于是，我就用学到的方法作了自我批评。我说：'先生，如果这幅画确实像您所说，我画错了，我没有理由为自己辩护，我承认错误。我长期应约为您作画，发生错误是不应该的，我很内疚。'

"他立即改口为我开脱：'您说得对，但这不是什么严重错误，只是……'

"我打断了他的话：'任何错误都要付出代价的，犯错误自然会引人生气。'他又想说什么，但我没让他说。我有生以来第一次批评自己，但我却对此满意。

"'我再仔细些就好了'，我说，'您长期约我作画，有权要求我把画画好。我再重新画一幅。'

"'不不，'他还对我这样说，'我没有那个意思。'他把我的作品夸赞了一番，表示只是想让我对其做些修改，我的不谨慎对出版社的声誉不会有什么影响，劝我不必为此担心。我的自我批评使他无法再同我争吵。最后，他请我一起用早餐。临分手时，他给了我一张支票，并约我再为他作一幅画。”

蠢人才会试图为自己的错误辩护。实际上，大部分蠢人也正是这样做的。承认自己的错误，会使你比不承认错误的人高明得多。

埃尔伯特·哈巴特是位与众不同的作家。他那尖刻的言辞常常引人发怒，可他具有化敌为友的非凡才华。例如，当气愤的读者写信表示不同意他的观点并在结尾写上侮辱他的语言时，他通常这样回信：

“您的信我已仔细拜读，我告诉您，我本人对自己的观点也不甚满意。昨天写下的东西今天不一定都喜欢。我高兴地了解到您对我所提问题的看法。您如果有机会到我们这里来，请顺便到我家来共同探讨这个问题。”

当人家这样对待你时，你还能说什么呢？当你觉得自己正确并要别人承认你的观点时，一定要谨慎、讲策略；如果错了（这是在所难免的）就干脆认错。这种方法可产生意想不到的效果。信不信由你，承认错误比为自己辩护心里更为舒畅。

所以，当你要同事接受你的观点时，请遵循这条准则：“只要错了，就坚决承认。”

细节96：与同事闲谈要掌握技巧

聊天是一种交换意见、交流思想和情感的交谈活动。它在人际关系中，有时是润滑剂，使人们消除摩擦、化解矛盾；有时又是黏合剂，使人们互相贴近、彼此了解。

在工作的空隙，聊天就成为在办公室里工作的人打发时间的主要形式。聊天的范围虽然不受限制，但要注意格调，也就是指不讲庸俗低级、格调低下的话题，比如搬弄是非、贬低他人的话题。有关对方的缺点和不喜欢的事也不应作为话题。

在办公室里聊天，重要的一点就是不要妨碍他人，在公众场所大声聊天是不受欢迎的。善于聊天的人，从不会自以为是、用教训人的口气说话。

有时，不在办公室里，而是在电梯间里邂逅，或者是在开会前偶遇，这时也免不了有一番闲谈。交谈的长短应随交谈对象和交谈地点的不同而异。

闲谈看起来是微不足道的小事，但有时却显得非常关键。谈得太多会被人看成是神经质，不理会别人则会被人误以为过于清高。仅仅谈论工作的人则显得思想有些狭隘。因此，你应把每次与其他同事的相遇都看成是一次展示交际才能的机会、一次以自己的言谈打动别人的机会。

有闲谈的能力在工作中是非常必要的，有助于与同事协调情感、增加信任。如果你在公司打拼多年，在工作勤奋的情况下仍然不能取得进展，那你就要反省自己是不是因为缺乏交际的技巧而阻碍了对成功机会的把握。要知道，掌握闲谈技巧也是人际关系中一项极为重要的内容。

作为一个有心的聊天者，如果几个人在一起聊天，你就要注意让大家都有发言的机会。不要故意提出一些有挑战性的问题，以免引起激烈争论，以至于不欢而散；如果有前辈在座，你更要虚心有礼了，不要随意打断前辈的话或抢在前辈之前发言。

聊天是一种交换意见、交流思想和情感的交谈活动。它在人际关系中，有时是润滑剂，使人们消除摩擦、化解矛盾；有时又是黏合剂，使人们互相贴近、彼此了解。正因为如此，你要懂得利用谈心的方式沟通心灵，推动工作。

聊天时，避免冷场是谈话双方共同希望的。但万一出现冷场时，你还是要有所准备。作为聊天的一方，你可以通过转换话题的方式打破冷场。在你转换话题时，要提出一个大多数人都感兴趣并有可能表达意见、发表看法的问题，或者开个玩笑，活跃一下气氛，再转入你要说的正题。

要知道，聊天的话题是否有趣和冷场的出现与否有很大的关系。“曲高和寡”终将导致冷场，“淡而无味”同样也会引起冷场。如果你不希望出现冷场，应当事先做些准备，使自己有一点应急的话题，以备不时之需。

一般来说，可供应急的话题有：对方的个人爱好、对方的健康、新闻趣事、公司所取得的成就等。

细节 97：在同事的背后多说好话

在背后说一个人的好话比当面恭维说好话要好得多。不用担心，你在背后说同事的好话，很容易就会传到他的耳朵里。

喜欢听好话似乎是人的一种天性。当来自社会、他人的赞美使其自尊心、荣誉感得到满足时，人们便会情不自禁地感到愉悦和鼓舞，并对说其好话者产生亲切感。这时，彼此之间的心理就会因赞美而缩短距离、靠近，自然就为交际的成功创造了必要的条件。

在背后说一个人的好话比当面恭维说好话要好得多。你不用担心，你在背后说他的好话，很容易就会传到他的耳朵里。

当一个人说别人的好话时，当面说和背后说是不同的，效果也不会一样。你当面说，人家会以为你不过是奉承他、讨好他。当你的好话在背后说时，人家认为你是真诚的，是真心说他的好话，才会领你的情并感激你。假如你当着上司和同事的面说上司的好话，同事们会说你是讨好上司、拍上司的马屁，容易招致他们的轻蔑。另外，这种正面的歌功颂德所产生的效果反而很小，甚至有产生反效果的危险。你的上司脸上可能也挂不住，会说你不真诚。与其如此，倒不如在公司其他部门或上司不在场时，大力地“吹捧一番”。这些好话终有一天会传到上司的耳中的。

有一个员工，在与同事们午休闲谈时，顺便说了上司的几句好话：“陈征这个人很不错，办事公正，对我的帮助尤其大，能为这样的人做事，真是一种幸运。”没想到这几句话很快就传到陈征的耳朵里去了，这免不了让陈征的心里也有些欣慰和感激。而同时，这个员工的形象也提升了。连那些“传播者”在传话时，也顺带对这个员工夸赞了一番：这个人心胸开阔、人格高尚，真不错。

在背后说别人的好话，能极大地表现你的“胸怀”和“诚实”，有事半功倍的效用。比如，你夸同事，说他公平，对你的帮助很大，而且从来不抢功。以后，你的同事在“抢功”时，可能会有那么一点点顾忌，也会手下留情。

如果别人了解了你对任何人都一样真诚时，对你的信赖就会日益增加。

在背后说别人的好话，会被人认为是发自内心、不带私人动机的。其好处除了能给更多的人以榜样的激励作用外，还能使被评价者在听到别人“传播”过来的好话后，更感到这种赞扬的真实和有诚意，从而在荣誉感得到满足的同时，增强了上进心和对说好话者的信任感。

如《红楼梦》中有这么一段：

史湘云、薛宝钗劝贾宝玉做官为宦，贾宝玉大为反感，对着史湘云和袭人赞美林黛玉：“林姑娘从来没有说过这些混账话！要是她说这些混账话，我早和她生分了。”

凑巧这时黛玉来到窗外，无意中听见贾宝玉说自己的好话，“不觉又惊又喜，又悲又叹。”结果宝黛两人互诉肺腑之言，感情大增。

因为在林黛玉看来，宝玉在湘云、宝钗、自己三人中只赞美自己，而且不知道自己会听到，说这种好话就不但是难得的，还是无用意的。倘若宝玉当着黛玉的面说这番话，好猜疑、使小性子的林黛玉恐怕还会说宝玉是在和她打趣或想讨好她呢。

与客户说话：勇于示弱，别跟“上帝”较劲

如何与客户说话，是信息化从业人员必备的技能，也是与客户建立起合作机会的起点。

俗话说：“两军相遇智者胜。”千智万智又以攻心为上。人心可谓是最神秘莫测的世界，打通人心的策略，不仅靠理性的逻辑力量，而在很大程度上依赖于一个人的情商智术。

细节 98：巧妙运用语言攻心术

在现代商战中，有无数的伙伴可以选择，而且每一家都非常有实力，关键在于你如何以适当的语言打动对方，让对方心甘情愿地与你合作。

俗话说：“良言一句三冬暖。”同样，一句好话买卖成。在现代商战中，有无数的伙伴可以选择，而且每一家都非常有实力，关键在于你如何以适当的语言打动对方，让对方心甘情愿地与你合作。

作为买东西的顾客，都有这样的感觉：买谁的东西无所谓，关键是谁的服务态度好，哪位销售人员说话好听。东西是次要的，感觉才是最重要的。

美国钢铁公司总经理卡里，有一次请来美国著名的房地产经纪人约瑟夫，对他说：“约瑟夫，我们钢铁公司的房子是租别人的，我想还是自己有座房子才行。”由卡里的办公室窗户望出去，只见江中船来舶往，一派繁华热闹的景象。卡里接着又说：“我想买的房子，也必须能看到

这样的景色，或者能够眺望港湾的，请你去替我物色一所吧。”

约瑟夫费了好几个星期的时间来琢磨卡里要求的房子。他又是画图纸，又是不断做预算，但事实上这些东西竟一点儿也派不上用处。不料有一次，他仅凭两句话和5分钟的沉默，就卖了一座房子给卡里。

不用说，在许多“相当的”房子中间，第一所便是卡里钢铁公司隔邻的那幢楼房，因为卡里所喜爱眺望的景色，除了这所房子以外，再没有别的地方能与它更接近了。卡里似乎很想买隔邻那座更时髦的房子，并且据他说，有些同事也竭力想买那座房子。

当卡里第二次请约瑟夫去商讨买房之事时，约瑟夫却劝他买下钢铁公司现在所占的这幢旧楼房，同时还指出，从隔邻那座房子中所能眺望到的景色，不久便要被一幢计划中的新建筑所遮蔽了，而这所旧房子还可保全多年对江中景色的眺望。

卡里立刻对此建议表示反对，并竭力加以辩解，表示他对这所旧房子绝对无意。但约瑟夫并不申辩，只是认真地倾听着，脑子中飞快地在思考着，究竟卡里想要怎样的呢？卡里始终坚决地反对买这所旧房子，这正如一个律师在论证自己的辩护。然而，他对这所房子的材料、建筑结构所作的批评，以及他反对的理由，都是些琐碎的地方。显然可以看出，这并不是卡里的意见，而是那些主张购买那幢新房子的职员的意见。

约瑟夫听着听着，心里也明白了八九分，知道卡里说的并不是真话。他心里实在想买的，却是他嘴上竭力反对的他们已经占据着的这所旧房子。由于约瑟夫一言不发地坐在那里听，没有反驳他，卡里也就停下来不讲了。于是，他们俩都沉默地坐着，向窗外望去，看着卡里非常喜欢的景色。

约瑟夫曾对人讲述他运用的策略：“这时候，我连眼皮都不眨一下，非常沉静地说：‘先生，您最初组建公司的时候，你的办公室在哪里？’他沉默了一会儿才说：‘什么意思？就在这所房子里。’我等了一会儿，又问：‘钢铁公司在哪里成立的？’他又沉默了一会儿才答道：‘也是这里，就在我们此刻所坐的办公室里诞生的。’他说得很慢，我也不再说什么。就这样过了5分钟，简直像过了15分钟的样子。我们都默默地坐着，大家眺望着窗外。

“终于，他以半带兴奋的腔调对我说：‘我的职员们差不多都主张搬出这座房子，然而这是我们的发祥地啊。我们差不多可以说都是在这里诞生的、成长的；这里实在是我们应该永远长驻下去的地方呀！’于是，在半小时之内，这件事就完全办妥了。”

并没有利用欺骗或华而不实的推销术，也不炫耀许多精美的图表，约瑟夫居然就这样完成了他的工作。

约瑟夫·戴尔的成功，完全是他能说会道的表现。他善于挖掘客户的心理，他感觉到，卡里心中潜伏着一种他自己并不十分清楚、尚未觉察的情绪，一种特有的矛盾心理。他根据客户的心理，巧妙运用语言攻心术，使客户心甘情愿地购买了一套住房，这不能不说是一种能力。

细节 99：投其所好，说客户喜欢听的话

打动人心的最佳方式，是跟他谈论他最感兴趣的、最珍爱的事物，即投其所好。“说别人喜欢听的话，双方都会有收获”，这正是经营者的成功法则之一。

在商业经营、推销中，如何打动顾客是一门艺术。打动人心的最佳方式，是跟他谈论他最感兴趣的、最珍爱的事物，即投其所好。如若这样做了，成功就会离你越来越近。“说别人喜欢听的话，双方都会有收获”，这正是经营者的成功法则之一。

投其所好，是一种艺术、一种智慧，也是一种沟通。它是寻求不同职位、不同行业、不同经历的买卖双方的利益共同点。

一位推销员奉命到印度去谈判一笔很难成交的军火生意。他事先跟印度军界的一位将军通电话，但故意不提合同的事，只是说：“我准备到加尔各答去，这次是专程到新德里拜访阁下，只见一分钟的面就满足了。”那位将军勉强地答应了。

来到将军的办公室，将军先声明：“我很忙，请勿多占时间！”冷若

冰霜的态度给人增加了极大的失望感。

推销员思索片刻，说出了一番令人意想不到的话："将军阁下，您好。"他说，"我衷心向您表示谢意，感谢您对敝公司采取如此强硬的态度。"

将军顿感莫名其妙，一时无言以对。

"因为您使我得到了一个十分幸运的机会，在我过生日的这一天，又回到了自己的出生地。"推销员不紧不慢地说道。"先生，您出生在印度吗?"将军冷漠的脸上露出了一丝微笑。

"是的!"推销员打开了话匣子，"1929年的今天，我出生在贵国名城加尔各答。当时，我父亲是法国密歇尔公司驻印度的代表。印度人民是好客的，我们一家的生活得到了很好的照顾。"

接着，推销员又深情地谈起了他对童年生活的美好回忆："我过4岁生日的时候，邻居的一位印度老大妈送给我一件可爱的小玩具，我和印度小朋友一起坐在象背上，度过了我一生中最幸福的一天……"

将军被他的一番情真意切的话语深深感动了，当即提出邀请："您能在印度过生日太好了，今天我想请您共进午餐，表示对您生日的祝贺。"

汽车驶往饭店途中，推销员打开公文包，取出颜色已经泛黄的合影照片，双手捧着，恭恭敬敬地展放在将军面前，"将军阁下！您看这个人是谁?"

"这不是圣雄甘地吗?"将军吃惊地说道。

"是呀！您再仔细瞧瞧左边那个小孩，那就是我。4岁时，我和父母一道回国途中，曾经十分荣幸地和圣雄甘地同乘一条船。这张照片就是那次在船上拍的。我父亲一直把它当做最宝贵的礼物珍藏着。这次，我要拜谒圣雄甘地的陵墓。"

"我非常感谢您对圣雄甘地和印度人民的友好感情。"将军紧紧握住了推销员的手。

当推销员告别将军回到住处时，这桩生意已成交。

在经营、推销的活动中，既要知彼，又要知己，再加上巧妙地周旋和艺术地交谈，说客户喜欢听的话，你就能让主顾心甘情愿地解囊，在生意场上做到游刃有余、纵横驰骋。

细节 100：向客户提供保证或做出承诺

如果你的产品或服务是好的，顾客的反应也会跟着变好。你的保证愈长，你所能制造的特别期望值越高，越会有更多人来买。

要清除顾客购买之后的担忧，最好的方式就是要向顾客提供保证。你必须做的事就是承担你和你的客户之间的所有风险。

万一你向顾客做了承诺或是保证，而你又没有兑现，该怎么办呢？方法有：

(1) 对客户不满意之处予以补偿。

(2) 如果顾客要求退费，运用“两倍退费”法提供金钱上的赔偿。

当客户最后接受到比预期更好的服务、品质以及表现时，你和客户在这个程序中都是大赢家。

一位珠宝商曾提供过一个很贴心的保证：任何一个向她购买宝石的人，不管将宝石带到何处，包括给其他一些朋友，如果他们不满意，甚至改变主意。只要在一年之内，她都会将顾客的钱完全退还。而在全国的珠宝商中，从来没有人敢提出这样的保证，结果她大获全胜。

有一位知名的糖果制造商，他的糖果棒包装纸上印有“保证满意”的字样，如果顾客不满意，只要将此五毛钱的糖果棒未吃完的部分及一张写有不满意的原因的纸寄还，顾客就可以得到退款。而该公司还会代以另一支不一样的糖果棒送给顾客。如果顾客还是不满意，他们会再送一支，直到顾客明确表示不需要为止。

还有一家生产美容化妆品的公司，给顾客的承诺是：“如果您使用我们的产品，90 天内没有看起来更年轻、更靓丽，皮肤更光滑、更有弹性，我们无条件退款。如果您在使用我们产品的 90 天内对产品表现不满意，我们就不配拿您的钱。您有权力要求我们在任何您指定的时间内，不问任何问题，将您的钱百分之百退还。您也不需要觉得有任何不对。”

这样一个大胆的保证是需要足够的品质保证的。事实上，这家美容化妆品公司生产的产品品质是一流的，他们在此之前做过充分的试验，证明产品的效果确实非常棒。

如果你的产品或服务是好的，顾客的反应也会跟着变好。你的保证愈长，你所能制造的特别期望值越高，越会有更多人来买。

但是，你的保证必须真诚，全心全意并毫无漏洞。一个有漏洞或不真诚的保证，会比没有保证造成更大的伤害。

与爱人说话：爱的火花要用妥帖的语言来点燃

“问世间，情是何物，直教人生死相许。”两情相依，两性相悦，舍此不能独活的感情，谁都渴望能拥有。不过，有情无情，缘深缘浅，这要看各人的造化了。而造化，就关键在你的嘴，你那张嘴是不是会说话，因为每个人的爱语都是用嘴谈出来的。

细节 101：含而不露地向对方表白

含而不露的表白方式是指用不包含“爱”的语言表达爱的情感。这种方式适合于双方早已认识，有了较多的了解，而且双方又都是具备一定教养的人。

马克思曾经说过：“在我看来，真正的爱情，是表现在恋人对他的偶像采取含蓄、谦恭甚至羞涩的态度上的。”含而不露的表白方式是指用不包含“爱”的语言表达爱的情感。这种方式适合于双方早已认识，有了较多的了解，而且双方又都是具备一定教养的人。这种方式发出的信息比较模糊，不至于对方一拒绝就无法挽回。即使被拒绝，也不至于使双方都十分尴尬。

马克思在向与他青梅竹马、从小一起长大的燕妮表达自己的爱情，提出求婚时说：“我已爱上一个人，决定向她提出求婚……”

此刻，一直深爱着马克思的燕妮心里急了，她问：“你能告诉我，你所选择的恋人是谁吗？”

“可以。”马克思一面回答，一面将一个小方盒递给了燕妮，并接着说：“在里边，等我离开后，你打开它，便会知道。”

马克思走后，燕妮怀着忐忑不安的心情，小心翼翼地打开盒子，里面只有一面镜子，镜中照出了燕妮自己美丽的容貌，燕妮顿时恍然大悟。

马克思向燕妮表达爱情的方式可谓是经典之作。无独有偶，在中国古代也有这样的故事，那就是大家所熟知的梁祝的故事。祝英台回家，梁山伯相送十八里。走到湖边，英台望着水中的两只戏水鸳鸯，对梁山伯说：“梁兄，你看那水中的鸳鸯，你我就好比那一对戏水的鸳鸯……”

此处，祝英台借助水中鸳鸯的形象，含而不露地表达了自己对梁山伯的爱意。只可惜梁山伯是个“木头疙瘩”，白白浪费了祝英台的一片苦心，直到见到英台身着女装才恍然明白。

现代的年轻人尽管崇尚率真和自由，但在表达爱情的时候，也往往都会选择含蓄的表达方式，发明了不少的“新花样”。

1. 找借口创造机会表达爱意

某高校，男同学小丁暗恋上了一同上课的外语系女生晓晓。虽然一起上课，但没有说话的机会。眼见课程就要结束，以后再没有一起上课的机会了，可又不想就此放弃，失去大好机会。终于在最后一节课下课的时候，小丁趁晓晓周围没有其他同学，跑过去对晓晓说：“同学，我见你也经常到×号教学楼上自习，以后我们可以一起上自习吗？”晓晓看着红头涨脸的小丁，马上明白了他的意思，犹豫了一会儿，终于点头。以后两人经常一起上自习，出双入对，慢慢坠入情网。

因为是第一次同晓晓说话，小丁不敢贸然表达自己的爱意，于是就找了以后一起上自习的借口，为自己创造机会。聪明的晓晓自然明白小丁这句话背后的潜台词就是“我们可以做朋友吗”。这样的表达比起那些直白的诸如“你能做我的女朋友吗”之类的表达要高明得多。既不会让女生感到害羞，又无伤自己的面子，即使遭到拒绝，也无伤大雅。

2. 借物传情

小伙子阿强和姑娘娇阳交往已久，可因为双方都很腼腆，谁都不好意思先把这层窗户纸捅破。偏偏娇阳又十分优秀，追慕者极多，阿强心里着急，却又不知该如何表达。情人节快到了，阿强终于想出了办法。

他到礼品店选了件小礼物，又买了张贺卡，签上名字，送给娇阳。娇阳拆开盒子一看，原来是一颗银质的被分成两瓣的“心”。娇阳拿起两瓣“心”拼到一起，竟听到“心”中传出话语来：“Darling，I love you！”(亲爱的，我爱你）这时，娇阳的电话铃响了，电话是阿强打来的，他对娇阳说：“听见我的心对你说的话了吗？好久了，我一直想对你说，今天终于说出来了，你能接受我吗?”故事的结局当然是十分浪漫，阿强在情人节赢得了娇阳的芳心，也为自己赢得了幸福。

3. 手机短信，传达爱意

现在是信息的时代，各种通信手段层出不穷。手机以其方便快捷的优点，逐渐成为人们主要的通信手段。随之而来的，许多年轻人发现手机短信息是一种表达感情的好方式：一是现在的手机短信容量都很大，足以输入一篇小型情书；另一方面，手机短信的保密性较好，一般来说交流的内容只有恋爱的双方知道，他人无从知晓，而且可以很方便地将其删除；三是较之传统的交流方式更便捷，手机短信的快捷性是其他传统交流方式所无法比拟的。可用手机短信表达的爱意很多，诸如：我爱你、好想你之类平时说出来让人感觉有些肉麻的话语，通过手机短信的形式传送给对方，对方不仅不会感到肉麻，而且心里还会美滋滋的。

此外，那些关怀备至、体贴入微的话语，也可以通过手机短信传递给你的爱人。时下，手机短信已经成为很多情侣之间传达爱意的不可或缺的方式。

细节 102：给嘴巴多抹一点蜜糖，让对方心里甜甜的

无论是男人、女人，最重要的就是能找准时候。在对方需要甜言蜜语、柔情抚慰的时候运用起这个“法宝”，定能大获全胜。

相恋中的男女相处的时候，甜言蜜语是必不可少的，尤其是爱侣已

到谈婚论嫁的阶段，双方的嘴巴都像是抹了蜜糖，甜言蜜语往往成了双方谈话的主要用语。

一般来说，女人有爱听温柔、甜蜜语言的天性。沐浴在爱河中的女人的字典里，是永远没有老套的字眼的。女人希望在言语中确认“我在他心目中是最重要的人”、“我对他是不可缺少的人”。在大多数女性的意识中，语言比行动更为重要。假如男人不在她们耳边重复着说“我爱你”，她们就认为不能与对方沟通。认为对方并不在乎自已，自已在对方心中没有地位。处于幸福、甜蜜状态的女性，都是根据恋人的“甜言蜜语”或反复的爱抚动作得到安抚的。

尽管有些时候，女人心中也明白自已在恋人心中的地位，但还是希望恋人能把它说出来。她们之所以要求男人这样做的唯一理由就是：你关心我，就要说出来让我知道。你不说，我又怎么会知道呢？而大多数的男人则认为，实际的行动比甜言蜜语要重要得多。他们往往只注重满足女人一些实际的要求，而忽视了满足女人的心理需求。在现实生活中，许多情侣都因此产生过隔阂，为此分手的也不在少数。

因此，满足女性的这种心理是男性的任务，说“我爱你”、“我喜欢你”这些话对女性是非常重要的。女性认为这样是显示她们内在价值和魅力的标志所在。

当然了，这并不是说，只有女人才喜欢甜言蜜语，男人有时对甜言蜜语也是十分受用的，铁汉也有柔情的一面嘛。无论是男人、女人，最重要的就是能找准时候。在对方需要甜言蜜语、柔情抚慰的时候运用起，这个“法宝”定能大获全胜。

1. 分处两地的恋人间的甜言蜜语

老天有时候似乎爱给相恋的人一些考验，以此来验证一下他们的感情是否牢固，将一对热恋中的情侣分置两地就是它常用的一种方法。一对热恋中的情侣，本来就是“一日不见，如隔三秋”，现在偏要将他们分开（分开的原因有很多：工作调动、出差、求学等），确实是件痛苦的事情。这时候，双方都需要来自对方的关怀和抚慰。甜言蜜语的“电话粥”自然是不能少“煲”的了。请看下面的一段对话：

女：你干什么呢？

男：给你打电话啊。

女：我知道。想不想我？

男：当然想了，每天都想。

女：骗人的。

男：没有啊，我真的很想你。

女：我也想你。

男：不要紧，我马上就要回去了，不要太想我了，注意身体。

女：你也是。

在这段分隔两地的情侣的电话中，双方都在以甜言蜜语安抚对方。身处两地，思念之情溢于言表，这是人之常情，也是情感的真实流露，丝毫不会给人以做作、肉麻之感，还很令人感动，这时的甜言蜜语已经成了双方的肺腑之言。经过了这样的分别，双方的感情会加深许多。

2. 久别重逢的恋人间的甜言蜜语

俗话说，小别胜新婚。热恋中的情侣还没有走入婚姻的殿堂，这时的感情往往十分单纯、火热，经历了小小的分别，再度相逢，所有的关怀和问候都化成了甜言蜜语。这时候，怎样直白的表述也不为过。你可以说：“你真的回来了，我不是在做梦吧。如果是做梦，我宁愿永远也不醒过来。”你也可以拥着你的爱人对她说：“跟你在一起的感觉真好，我们再也不分开了。”这种久别重逢的感觉，恐怕是只有经历过的人才能体会得到，在此时使用任何甜言蜜语都不用怕羞，绝不会使人感到厌烦。

3. 大庭广众之下的甜言蜜语

一提起甜言蜜语，很多人都会将它同隐私相联系，总是感觉只有两人独处、耳鬓厮磨时才会有甜言蜜语。其实不然，甜言蜜语不仅仅包括“我爱你”、“我想你”之类的柔情话语，也包括那些只有两个人才懂得的“私人用语”。比如：情侣之间的甜蜜称呼，就属于这类“私人用语”。其中意味只有你们两个知道，外人无从知觉，即使在大庭广众之下说出来也无伤大雅，还会增进感情。

某君与其女友是同事。一日午休时，某君见女友睡眼蒙眬，无精打采，便上前问道：“你看你，睡眼惺忪的，好像只猫似的。”其女友也不示弱，立刻回敬道：“哪像你呀，吃饱了的猴，就知道撒欢儿”，说罢两人会心地笑了。

原来此君与其女友私下里经常以“小猫”和“懒猴”互称对方，此中传达的爱意，自是外人无法领会的。

细节 103：用妥帖的语言传递你的爱

交谈是人与人之间传递思想、交流情感的最基本手段。而初恋的第一次交谈，更需要配以艺术的感染力。

怎样掌握初恋这一“艺术”使情窦初开的人彼此相互接触，并将丰富的思想、复杂的情怀、微妙的心声，用妥帖的语言表达出来，从而点燃爱的火花呢？

交谈是人与人之间传递思想、交流情感的最基本手段。如果一个人不善言辞、不会交谈，很难想象他能在社会这个广阔的舞台上演好自己的角色。而初恋的第一次交谈，却需要配以艺术的感染力。

有许多青年男女往往一见钟情。一见钟情是指爱情是在恋爱双方的直觉的作用下产生的，是对方的外貌、风度、言谈等给自己留下了极佳的印象，使男女双方的爱情发生在初次见面时。

大凡“一见钟情”的恋人，当触及“真爱”时，总是这样表述：“我好像被你深深地吸引住了”、“我或许爱上了你”、“你是我接触的女性中唯一吸住了我的心的人”、“你真的很可爱，只是这时间过得太快了，明天我……”。

青年男女很容易“变”友情为恋情。对于这样形式的恋人，不能去谈他们“第一次交谈”了，只能说：在经历了初识至普通朋友的漫长过程中，随着互相了解和感情的加深，逐渐发展到恋情，并首次坦陈萌芽了的爱情，启开对方的心扉时，才可以称为“第一次”。

有些男女属于性格内向、忠厚老实且不善言语的人。而在赴约相见的时候，无论男方或女方，都要克制忐忑不安的心情，用不着羞答答、

"犹抱琵琶半遮面"，更不应该木讷寡言、吞吞吐吐。

要落落大方、主动交谈。可以谈天气情况、周围环境、所见所闻，然后可言归正传，谈年龄、文化程度、工作、性格、嗜好、家庭情况、社会关系等。对于是非性的话题，可以谈清楚一些，有利于双方的了解，以免将来产生误会。对于心灵深处思想的流露、情感方面的表白，可含蓄、委婉、曲折些——这毕竟是"第一次交谈"，留点悬念或许下次交谈时易于"畅谈"。值得注意的一点是，交谈的双方都必须注意以适宜对方理解且易于接受的话为基础进行交谈，不然，你的"高谈"对方一知半解，可能会造成误解。

毋庸置疑，所谓第一次同恋人进行交谈，并没有什么模式。因为人与人的性情、文化修养、气质、职业、爱好、追求不同，他们的表达方式、言谈内容也都不尽相同。但是，根据人们初恋的共同规律，总体上可以列出一个"大纲"：在理想上要谈得远大些，实际些；在感情上要丰富些，情真意切些；在情态上要表现出诚恳、稳重；在情爱的流露上要含蓄；在学识上要表现渊博……当然，谈恋爱是一门高深的学问，更是一门学无止境的艺术，恋爱本身又是多种因素的总和。

倾听既是人的生理机能，又是人获得知识、感受、领悟的精神劳动，使倾听者获得艺术的享受，是你交谈成功的秘诀。美国作家马克·吐温说：给予人适当的赞扬，尽量使聆听者在愉悦中快乐，是你说话的魅力所在。

细节 104：用朴实无华的语言倾诉你的深厚情爱

夫妻间倾心商谈，语言虽然像感情一样朴实无华，却倾注了深厚情爱。这样，夫妻间的融洽就在平淡如水的话语中不知不觉地增强了。

夫妻间的和睦也同友情一样，最美满的是双方都不掩饰自己，又能协调相处。欺骗性的结婚是不幸的。

孙犁的名作《荷花淀》有如一幅富有诗意的爱情风俗画。水生夫妻的对话仿佛是一首回味无穷的爱情诗篇，其中洋溢着深厚的真诚和关切之情。

“月亮升起来了，院子里凉爽得很，干净得很！”水生嫂手指上缠绞着柔润修长的苇眉子，坐在院子里等候着丈夫。身边是一片洁白，淀里也是一片洁白，透明的雾、柔和的风，荷叶与荷花的清香飘了过来。在这朴素干净的农家院中，有一片安宁、一片温馨、一片思念牵挂的温情。辛劳了一天的公公熟睡了，玩耍了一天的儿子也进入了梦乡。水生嫂在月光下，一天的担心和思念，不正是可以在这种静寂的夜景中，轻柔地同丈夫叙说吗？宁静之夜是夫妻对话的一个充满诗意的极好环境，美妙的夜会给爱情增添甜蜜温柔。

“无情未必真豪杰”，生活在白洋淀地区的这些青年农民具有高尚的情操和健康的爱情生活。水生夫妻像所有的农民一样，相亲相爱、幸福美满。只是在那个抗日战争的广阔背景下，他们的夫妻之情深深地蕴藏在了爱国的境界中。

水生嫂以温柔体贴的话语表达出了对丈夫的深情，她了解丈夫——朴实勤劳、积极能干，小苇庄的游击组长、党支书记，她怎能不爱他呢？所以，当水生从区上回来时，她首先要问的便是“今天怎么回来得这么晚？”语气温柔，充满了体贴关切的感情。轻轻的一句话，却包含了这样的意思：今天你在外面怎么样？这么晚怎不叫人心急？你吃饭了吗？有的只是宽厚贤淑和温柔之情。这柔柔的一声仿佛是荷花淀飘来的温馨的荷香，让水生顿觉轻松，一天的疲劳也消失了。当水生询问儿子的情况时，她又轻言细语地说：“和爷爷收了半天虾篓，早就睡了。”言语不多，却有许多信息：她讲了儿子和公公的一天活动，以“儿子早睡了”含蓄地露出了那种嗔怪丈夫回来太晚的心境，但这种嗔怪却是一种关心、一种疼爱。

除了语言，水生嫂对丈夫的深情还表现在对丈夫表情的细微敏锐的观察上。当她看到水生脸有些红、说话气喘吁吁时，便关切地问道：“他们几个呢？”当她又看到丈夫的笑有些异常时，又询问了一句：“怎么了，你？”她是那么了解丈夫，他的举手投足皆在她的关注之中，足以表明她的细致入微、关切周到，也可以说明她与他的深厚感情。

当水生叙说了他第一个报名，要求明天到大部队去的时候，她低着头轻声说了句：“你总是积极的。”作为妻子，她既为丈夫积极向上的行为而骄傲、自豪，又为即将到来的夫妻别离而难舍难分。但她毕竟是水生的妻子，所以她在嗔怪中又能站在丈夫的角度，去替丈夫分忧。在水生对她进行了形势教育，并希望她支持他去参军时，她虽然说出了家里的困境，但最后还是深情地说：“你明白家里的难处就好了。”识大局顾大体、深明爱国大义、挑起家庭重担，解除了丈夫的后顾之忧。从水生嫂心灵深处不难看出千千万万个“水生嫂”的爱国爱家的深厚感情，也不难体会作者对中国妇女在革命时期做出的牺牲和贡献的赞美。

水生是个男子汉，虽豪爽刚毅，却胸怀博大、粗中有细。他懂得在怎样的时机用细腻体贴的语言安慰妻子，使她更支持自己的工作。所以，他的话从整体上说就表现出一种情与理结合的特点，道理简单，却情真意切。“我是游击组长，是干部，自然要站在头里。”这是对妻子温情的叙说；“他们全觉得你还开明一些”，则又是对妻子的由衷赞扬；“家里的事你就多做些”，则更是对离别后妻子独自担起家庭生活重担的处境的深情体谅；“千斤担子你先担着吧，打走鬼子，我回来谢你”，却更体现了丈夫对妻子给予的理解和支持的深深感谢与崇高敬意。还需要说什么呢？做妻子的足以能感觉到心灵的温暖和慰藉了。

有人说，夫妻对话也有技巧。但在水生和水生嫂这样一对仅仅是粗通文墨的青年农民夫妻的对话里面，却丝毫看不到一种技巧的运用或一种语言修辞的卖弄。这里有的只是夫妻间倾心商谈的语句，有的只是夫妻间倾注了深厚情爱的言辞。正因为此，这里的语言才显得像他们的感情一样朴实无华、简洁明了。

水生和水生嫂的感情是令人羡慕的，他们之间没有丝毫掩饰和造作，用简单的语言诉说各自的情感，夫妻间的融洽就在平淡如水的话语中不知不觉地增强了。

细节 105：轻轻的一声安慰使感情更深、更浓

也许女人天性多疑，也许女人情绪易变。当女友心情不好时，男方一定要用适当的语句给予安慰，千万不能慌不择言，让对方有火上浇油的感觉。

也许女人天性多疑，也许女人情绪易变。当女人情绪不稳的时候，男人就要多说一些安慰、体贴的话，缓和她的情绪。

当女人感觉到有人在背后支持她时，她的心情容易因此慢慢转好，双方即可度过短暂的低潮期。当女友心情不好时，男方一定要用适当的语句给予安慰，千万不能慌不择言，让对方有火上浇油的感觉。下面就一些比较具体的情况加以介绍。

1. 当她心烦意乱时

她会开始抱怨她的生活。这时，男人只要倾听她的抱怨，别拒绝她，也不要不耐烦。等她说完她的事后，男人别帮她寻求解决方案，她真正需要的是安慰。

如果她说："我没时间出去，我有好多事要做，做不完了。"

这时，男人不能说："那就别做这么多事，你应该好好休息、放松一下。"而是应该说："你真的有好多事要做。"

然后，体谅地听她细说每一件事。听她说完后，问问是否可以帮助她，这会令她感到宽慰。

2. 当她担心男友不够爱自己时

她可能会开始问很多问题，有的是关于恋爱双方之间的关系，有的则是关于男友的感觉。例如他有多爱她或他觉得她的身材如何等问题。这时候，不需要为这些问题寻求理智的答案，因为她只是想确定男友是否还爱她。

例如，如果她说："你觉得我胖吗？"

男友不能回答："是啊，你是没有模特的身材，可是模特都是饿出来的。"或"你不需要这么苛求自己，我不在乎你的身材。"

而是应该说："我觉得你很美，而且我喜欢这样的你。"然后给她一个拥抱。

如果她说："你觉得我们相配吗？你还爱我吗？"

男友不该说："我觉得我们还有些方面必须再沟通。"或"你还要问几次？这个话题我们已经讨论过了。"

而是最好这样说："是啊，我好爱你。你是我生命中最特别的女人。"或"我越了解你，就越爱你。"

3. 当她觉得怨恨时

女人都希望自己的付出能有所回报，这样她会更加努力。当她发现她付出的远比她所获得的要多，而且她心情正好又处于低潮时，她会产生怨恨的感觉。而怨恨对象有可能是她的伴侣、工作、生活、父母甚至交通状况或其他事情。男人在这时候千万别指责她，骂她想法太负面或不讲理，也不要尝试立即把她从这些情绪中拉出来。

如果女友说："我讨厌我的主管，他对我要求太多了。"

男友千万别说："他可能不知道你已经做了很多事了，他只是希望你能有最好的发挥。"或"你应该告诉他你的负担够大了，直接拒绝他。"

你可以说："他不知道你做了这么多事，他到底想怎样?"然后，听她抱怨。

如果一个女人因为某件事而产生怨恨的感觉，她最不希望的就是对方对那件事不屑一顾，认为她小题大做。她需要的是把事情说出来，发泄一下她的情绪，希望对方能跟她站在同一阵线上。这也就是亲密关系的意义所在。

安慰的话要起到缓解精神压力的作用，首先要重视对方情绪的不快，再以温和的语言劝解，男女双方的感情才会因此更加和谐。

细节 106：在平淡的生活中搞点“恶作剧”

在平淡的夫妻生活中，不妨搞点恶作剧，捉弄一下对方，在你高高兴兴地捉弄对方的同时，对方也会因实实在在地因被你捉弄而高兴。

孩提时代，人们常常为别人设计恶作剧，也尝到过别人恶作剧的折磨。比如说，看见小朋友从远处走来，自己躲在墙角。等小朋友走近时，忽然跳出来大叫一声“不许动”，小朋友吓了一跳，自己则乐不可支。这不仅仅是一种捉弄，更是一种愉悦。这就是恶作剧幽默法。

在平淡的夫妻生活中，不妨搞点恶作剧，捉弄一下对方，在你高高兴兴地捉弄对方的同时，对方也会因实实在在地被你捉弄而高兴。

何谓戏谑幽默术？就是带有很强的攻击性，或者表面攻击性强、其实是无攻击性的幽默；越是亲近的人攻击性越强烈，越是疏远的人攻击性就要越弱。简而言之，就是开的玩笑是带有机智、哲理的玩笑，目的是增加你与对方的亲切感。

场景一：某君的妻子好交际，颇有几分姿色。男士们爱和她谈话，遇上多情的，甚至谈得不愿离去。婚前丈夫猛追，婚后却一直为此担惊受怕。不过，妻子还算稳重，始终对丈夫一心不二，尽管时有树欲静而风不止的迹象。

一天晚上，某君的妻子接到一个电话，那是她中学时代的一位男同学打来的。说是出差从该市路过，想看看老同学。

十分钟后，那同学果然到了。兴奋的妻子向他问了好多事，丈夫一开始还在一旁端茶倒水，但见妻子眉飞色舞、忘乎所以的样子，便偷偷溜进书房去了。留下他们二人，直谈到深夜客人方才告辞。次日，妻子回家较晚，说是上车站送同学去了，丈夫的脸色便有些难看了，但马上又恢复了过来。丈夫脸色的变化，没能逃过妻子的眼睛，于是追问道：“怎么了，有什么不对吗，亲爱的?”

某君脸一红，一本正经地说：“昨晚为什么要拿你小时候没穿衣服的照片给他看?”

“怎么了?”妻子有点不耐烦了。

“你至少应该披上一条浴巾呀!”

场景二：就在离婚大潮席卷当代婚姻家庭的时候，王波的家庭生活却温馨得有点让人嫉妒。他与妻子结婚三年多了，夫妻感情始终都是那么火热。王波是一个开朗的男人，经常喜欢与妻子开开玩笑，还时不时地搞出点恶作剧捉弄一下妻子。

这天凌晨，王波把妻子推醒：“老婆你听，客厅里有响声!”妻子伸手就要开灯。王波却故弄玄虚地对着妻子的耳朵说：“别开灯，踮着脚出去，悄悄走过去给他来个措手不及。”

妻子顺从地穿上睡袍。当她走到卧室门口的时候，王波又加了一句：“回来时顺便给我带一杯牛奶!”

这时妻子大呼上当，但为时已晚。

场景三：小王和小张夫妻俩都是大学毕业。小王英俊潇洒、富有才华，在报社工作；而小张漂亮活泼，也很有才情，大学毕业后留校任教。熟悉他们的人都戏称他们为金童玉女。婚后两年多，他们的感情非常好。夫妻双方还时不时地互相捉弄一下，使得本来就很和谐温馨的家庭更加美满。

这一天，夫妻二人刚要入睡，一阵电话铃急促地响起，小张摇醒正要睡着的丈夫说：“电话铃响了。这么晚打来的，大概是你的。”

小王披起衣服，下床去接电话。回来时，发现妻子已经睡着，他便摇醒她说：“不是我的。”

小张只好起床、披衣。正要走出房门时，丈夫却一边笑一边说：“是拨错号了吧?”

小张看着得意扬扬的丈夫，是又好气又好笑，一跺脚，来到丈夫面前，一边用手捶打他一边嗔怪道：“你好坏……”

关于夫妻之间的谑笑，有这样一则笑话：

傍晚，妻子对丈夫说：“亲爱的，今天不要去啤酒馆了吧！我一个人在家里太寂寞了。”

“这我能理解，埃莉莎。可是，如果我待在家里，那么我们俩都会很寂寞的。”

这是一则令人深思的笑话。在现实生活当中经常可以看到，一对客气得让人羡慕的夫妻，连自己都不知为什么就莫名其妙地离了婚，其实都是寂寞惹的祸。所以，在夫妻的日常生活中搞上一点恶作剧，绝对不是坏事。这样，一方面能使得平静的生活多一些笑声，另一方面也让平时压抑的情感与欲望得到发泄。由此就不难理解以上几个场景中的家庭为什么那么美满了。这三个家庭中的夫妇，都能够通过夫妻之间的相互捉弄，使平淡的生活变得多彩，既增添了生活情趣，又加深了夫妻之间的感情，何乐而不为呢？

中国有句名谚：“出门观天色，进门观脸色。”戏谑幽默术要注意合时宜。在某些特定场合能发挥作用的戏谑幽默，在其他场合效果可能就差得多。特别是对不太了解或完全陌生的人，把握时机更显得重要。

可见，戏谑幽默术主要是把握分寸感，在你的夫妻交往中要有过人而精致的感觉能力、洞察能力和应变能力，要才思敏捷，妙语如珠，否则就不能幽默地戏谑你的爱人。

以下几点是你在夫妻戏谑交谈时必须注意的几点：

(1) 在平淡的夫妻生活中搞一点恶作剧，能够增进夫妻之间的感情。

(2) 千万不要把捉弄对方当成是炫耀自己的资本。捉弄对方的目的是让夫妻二人在捉弄与被捉弄当中同时感到愉悦，搞恶作剧时要考虑对方的感受。

(3) 不要拿对方的生活或心理缺陷搞恶作剧，那样的恶作剧就成了嘲弄，会激起对方对你的厌烦感。

细节 107：用充满爱意的情爱语言表达你的真爱之心

充满爱意的情爱语言是真爱之心与得体语言的最佳结合。夫妻之间的情爱语言虽不如恋人之间的语言那样味道浓烈，却如陈年老酒，甘甜醇美、回味悠长。

如果说爱情是夫妻感情的基石，那么充满爱意的情爱语言则是夫妻之间不可缺少的润滑剂。充满爱意的情爱语言是真爱之心与得体语言的最佳结合。夫妻之间的情爱语言虽不如恋人之间的语言那样味道浓烈，却如陈年老酒，甘甜醇美、回味悠长。

一般来说，夫妻间的情爱语言有这样几种形式：

1. 直抒爱意

当爱情之舟驶入婚姻的港湾之后，轰轰烈烈的爱情归依于平淡温馨的家庭生活。夫妻之间虽说不再把“我爱你”之类的词语总挂在嘴边，但也没有必要把这些话束之高阁。在某些时刻，一句深情的“我爱你”会勾起对方的美好回忆，在彼此的心中激起爱的涟漪。这对于加深夫妻感情是大有益处的。

有一对中年夫妻，工作都很忙，平时交谈的机会不多。可是每逢下班回家或休息日的时候，总要说一些情爱话题。他们共同看电视剧，看到剧中男女的恋爱情节时，经常一同回忆他们相恋的时光，说些过去甜蜜的经历。每逢对方的生日和共同的纪念日还举行一些小活动，共度欢乐时光，以此加深夫妻间的感情。

夫妻间直抒爱意并不是多余的，它可以给平淡的生活激起一串串五彩的浪花。但现实生活中却有许多人忽略了这一点，结果感到婚后的日子平淡无奇、少了激情，更有甚者陷入情感危机。其实有时候，一句直抒爱意的“我爱你”、分别时候的一句“我想你”，对你来说可能只是举“口”之劳，可对对方来说却是倍感温馨。所以，千万不要吝惜你的甜言蜜语，它会使你的婚姻生活更甜蜜。

2. 充满爱意的幽默

有些人十分幽默，喜欢在家里说些笑话，逗大家开心，创造欢乐的家庭氛围。有的夫妻一走进家门，就把自己的见闻趣事说给爱人听，特别是女性总是把自己以为最有趣的内容拿回来说给丈夫听，引出一阵笑声，其中就体现了深深的爱意。

在忙碌的生活中，运用幽默语言调节心情，缓解生活的重负，分担对方的痛苦，更是爱意的表现。

有一对夫妻因为一点小事闹别扭了，妻子赌气不吃饭，也不理睬丈夫。丈夫一见，赶紧哄妻子：“生气老得快，愁一愁白了头，你想弄个老妻少夫呀？”

妻子被逗笑了。

丈夫又说：“这就对了，笑一笑十年少，笑十笑老来俏！”

妻子的怨气顿时烟消云散，娇嗔地说：“哼，贫嘴，再说小心我休了你！”可心里却是甜滋滋的。

3. 体贴关爱的话语

充满爱意的语言并不一定都挂上“爱”字，关切、关怀、支持、祝福之类的语言同样可以包含深深的爱意，都是对方乐意听到的。

比如现在大家平时工作很忙，对家庭的投入相对少了许多。可是一定要记得在爱人生日时送上一份小礼物，并附张小卡片，借机说一些真诚而动听的语言以表达对爱人支持自己工作的感激之情和祝福之意，爱人听了一定十分感动，幸福之感在心中流淌。

体贴祝福之语能使爱人感到对方更可爱、家庭生活更温馨。

细节108：夫妻间多安慰、多商量、少泄气

作为截然不同的两个个体走在一起，要想相处融洽，语言的沟通有着极其重要的作用。只有多沟通，感情才不会贬值。

“相爱简单，相处太难”。在恋爱之初，相互觉得性格相投、相处融洽，而一旦缔结婚姻之后，却发现彼此间有那么多的差异，作为截然不同的两个个体，这时语言的沟通有着极其重要的作用。

性格不同的夫妻往往更容易发现对方有一些与自己不尽相同的特点，或者会在对方身上遭遇到一些不熟悉、不习惯的东西。如果你对那些与自己有不同的特点、习惯、兴趣和爱好的人过分挑剔，其结果是不堪设想的。

林肯一生的最大悲剧就是他的婚姻。请注意，是他的婚姻，而不是他

被刺杀。布斯开了枪以后，林肯就不省人事，永远不知道他被杀了。但是婚后几乎 23 年的每一天，他所得到的是什么呢？根据他的律师事务所的合伙人荷恩登的描述，是“婚姻不幸的结果”。说“婚姻不幸”还是婉转的呢！几乎有四分之一个世纪，林肯夫人唠叨他、骚扰他，使他不得安静。

她老是抱怨这、抱怨那，老是批评她的丈夫：他的一切从来就没有对的。他老是伛偻着肩膀，走路的样子也很丑。他提起脚走路，直上直下的，像一个印第安人。她抱怨他走路没有弹性，姿态不够优雅；她模仿他走路的样子以取笑他，并唠叨着要他走路时脚尖先着地，就像她从勒星顿德尔夫人寄宿学校学来的那样。

他的两只大耳朵成直角地长在他头上的样子，她也不喜欢。她甚至还告诉他，说他鼻子不直、嘴唇太突出。看起来像痨病鬼，手和脚太大，而头又太小。

亚伯拉罕·林肯和玛利·陶德，在各方面都是相反的：教育、背景、脾气、爱好及想法。他们经常使对方不快。

“林肯夫人高而尖锐的声音，”这一位最杰出的林肯研究权威、原参议员亚尔伯特·贝维瑞治写道，“在对街都可以听到，她盛怒时不停的责骂声远远传到附近的邻居家。她发泄怒气的方式常常还不仅是言语而已。她暴躁的行为简直太多了，真是说也说不完。”

举一个例子来说，林肯夫妇刚结婚时，跟杰可比·欧莉夫人住在一起——欧莉夫人是一位医生的遗孀，环境使她不得不分租房子和提供膳食。

一天早晨，林肯夫妇正在吃早饭，林肯做了某件事情，引起了他太太的暴躁脾气。究竟是什么事，现在已经没有人记得了。但是林肯夫人在盛怒之下，把一杯热咖啡泼在她丈夫的脸上，当时还有许多其他房客在场。

当欧莉夫人进来，用湿毛巾替他擦脸和衣服的时候，林肯羞愧地静静坐在那里，不发一言。

林肯夫人的行为是如此愚蠢、凶暴和令人不能相信，只要读到她在公共场合所弄出来的可悲而又有失风度的场面，即使在一百多年以后都叫人惊讶不已。她最后终于发疯了。对她最客气的说法是：有专家分析指出，她之所以脾气暴躁，或许是受夫妻之间缺少情感交流的影响。

恩爱夫妻有一个共同的特点，就是在通向恩爱和睦的大道上，情愿付出代价，因为爱情需要时间的考验、精神上的投资。他们有什么样的共同秘诀呢？

1. 多安慰

一个人在受到委屈时，特别需要谅解、关怀和安慰，女性更是如此。当她因家庭中某些事忙得心烦意乱而生闷气时，几句安慰话胜似“灵丹妙药”。周末是双职工最忙的时刻，偏偏这天你又加班，特别是几个星期连续加班，一切家务活都推到你爱人身上了。这时，她又要洗衣服，又要收拾屋子，可孩子又哭又闹，什么活也不让她干，她那个烦心劲就别提了。于是把气一股脑儿都发泄在你身上。你还没回家就开始骂了，骂你“瞎积极”，骂孩子不听话。这时，你如果有功臣思想，感到上班很累，回家应该好好休息一下。十之八九，你爱人不会给你好脸看，这个架就很可能吵起来。反之，你如果有一种内疚的心情，感到“我不在家，她太累了”，于是一进屋就拣好话说。比如，见到爱人正在洗衣服，就说：“我来洗”、“我来帮你晾，你洗这么多了，我还打算回来洗衣服呢”或“来！丽丽，看爸爸给你买什么了”。孩子高高兴兴地拿走了小玩具，家里活又有人帮忙了。这时，她的心中像流进了一股暖流，委屈消失了，脸上“多云转晴”。

2. 多商量

在家中，多点民主空气，凡事多商量，许多棘手的问题往往可迎刃而解。比如，过年过节，爱人要给岳母买点礼品，问你：买点啥，买多少。你可以说：“这些事用不着我管，一切由内务部长全权处理。”当爱人提出一个数目征求你的意见时，你不要说：“多了！”或者惊讶地说：“那么多！”而要说：“少了点吧，再添几个。妈妈把咱带大不易呀！”这样，不仅你把爱人打发得满意，而且为你给父母买点东西打下了基础。再如，小舅子、小姨子结婚要送礼，爱人问：“送多少钱？”你还是那句话：“这些事用不着我管。”夫妻双方有事共同商议，自然家中享太平。

3. 少泄气

夫妻间任何一方在生活中都难免遭受意外或“不幸”，在工作中难免有挫折。这时，对方的安慰和鼓励就十分重要了，它能给人勇气和力量。如果妻子把自行车丢了，十分焦急懊恼。这时，丈夫安慰说：“不要急，上派出所去挂失，也许会找到。实在找不到，就用我那辆，反正我离单位近。”妻子听了，觉得丈夫很大度，自然宽心。如果丈夫是这样说：“真是怪事，怎么没把自己也丢了呢？”妻子本来懊恼不止，丈夫又火上浇油，到头来肯定战事不休、鸡犬不宁。

诚然，夫妻间要注意的方面还有很多，但只要以诚相待，注意各自的修养，讲究交谈艺术，就能使生活更加幸福美满，夫妻恩爱。

细节109：针对具体矛盾，巧用言语结束家庭“冷战”

夫妻间闹矛盾，时常陷入冷战的局面是常见的事。这时，只要一方能针对矛盾的具体情况，采取相应的沟通方式，巧用言语，就可以很快打破僵局。

夫妻间有矛盾，不愿大吵大闹，又都不想主动认错，时常陷入冷战的局面。可是总是“冷”下去也不是个办法。这时候，某方一定要首先采取行动打破沉默，另一方就会响应，夫妻握手言和、重归于好。一般地，消除冷战的方式有以下几种：

1. 主动认错

如果一方意识到发生矛盾的主要责任在自己方面，就应主动向对方认错，请求谅解。小郑到外地出差，临回时改变航班。妻子按原来的时间去接他，等了很长时间，急得够戗。回家后，才接到电话，知道是计划改变。心是放下了，气却上来了。小郑回家后，妻子一句话也没对他说。小郑知道是自己不好，就赶紧道歉：“好了，这事是我不好，以后一定注意。我给你打电话，你已经出发了，是我不对，我赔不是，你就不要生气了。气出个好歹来可不好，今晚我下厨，算是给你赔罪！”妻子听了，怨气必定烟消云散。

退一步说，即使错误不在自己方面，夫妻之间也要以主动承担责任的高姿态影响对方，带来积极的效果。

2. 直言求和

如果双方的矛盾并不大，只是偶然出现的摩擦，就可以直截了当与对方打招呼，打破沉默。如可以这样说：“好了，过去的事就叫它过去吧，不要再生气了。”对方会立即回应，言归于好。

你也可以装作把不愉快忘掉了，像什么事也没有发生似的，主动与对方说话，对方顺水推舟地打破沉默。一天晚上，赵亮和妻子刘娜生气了，第二天早上上班前，赵亮突然对还在生气的妻子问：“我的公文包呢?”见丈夫没有记仇，妻子刘娜也不好意思不理睬，应声道：“不是在衣柜上吗。”就这样，僵局被打破了。

3. 幽默和好

如果开个玩笑打破僵局那将是最佳方式。小袁和妻子闹别扭，两人冷战了一天，谁都不说话。眼看吃晚饭了，妻子脸上还是阴阴的。为了消除冷战，小袁笑着对妻子说：“我说，你看这冷战都结束了十几年了，我们家的冷战是不是也可以松动一下？你看你的脸拉那么长干什么，天有阴晴，月有圆缺，你看外面的月亮都圆了，咱家的月儿也该圆了吧!”妻子听了，脸色立即多云转晴。

4. 求助中介

如果双方矛盾很大，当面说话担心对方不给面子，也可借助中介传递信息。比如，打电话就是一种。给爱人打电话，既可以认错也可以说明问题和愿望。只要对方接电话，就有助于实现沟通、实现和解。还可以借助孩子搭桥。星期天，爸爸叫小女儿拉上妈妈一起出去玩，还在生气的妈妈不去，女儿不干，硬是把妈妈拉出了家门。就这样，一家三口过了一个愉快的假日，回来的时候早把不愉快抛到九霄云外去了。

总之，只要一方能针对矛盾的具体情况，采取相应的沟通方式，巧用言语，就可以很快打破僵局，使家庭生活恢复往日的欢乐与和谐。